Das
internationale Prisenrecht

nach den Beschlüssen der II. Haager Friedens- und der Londoner Seekriegsrechts-Konferenz.

Von

Otto Hirschmann,

Dr. iur. et rer. pol.

1912.

München und Berlin.

J. Schweitzer Verlag (Arthur Sellier).

Inhalts-Übersicht.

I. Teil: Allgemeine Grundlegung.

II. Teil: Das Prisenrecht gegenüber dem Feind (sog. Seebeuterecht).

1. Kapitel: Objekt und Subjekt des Seebeuterechts.

2. Kapitel: Die Ausübung des Seebeuterechts und seine rechtlichen Wirkungen.

III. Teil: Das Prisenrecht gegenüber Neutralen.

Einleitung.

1. Kapitel: Die prisenrechtlichen Tatbestände und ihre Rechtsfolgen.

1. Abschnitt: Der Blockadebruch.

1. Hauptstück: Die Voraussetzungen des Blockadebruchs.

I. Die Voraussetzungen der Rechtswirksamkeit der Blockade.

Literatur-Verzeichnis.

I.

Deuxième Conference internationale de la Paix, Actes et Documents, Tome I, II, III; zit. Prot. I (II, III).

Deuxième Conférence internationale de la Paix, Documents diplomatiques, Paris 1908.

Ergebnisse der i. J. 1907 im Haag abgehaltenen II. intern. Friedenskonferenz, 12. Leg.-Per., I. Session 1907, Nr. 527, zit. Weißbuch.

Proceedings of the International Naval Conference, held in London, Dez. 1908—Febr. 1909; Miscellaneous Nr. 5, 1909; zit. Prot.

Correspondence and Documents, respecting the International Naval Conference; Miscellaneous Nr. 4 (1909).

Ergebnisse der in London vom 4. Dez. 1908 bis zum 26. Febr. 1909 abgehaltenen Seekriegsrechtskonferenz, Mat d. Reichstags, 12. Leg.-Per. 1907/09, I. Session, Nr. 1286.

Desgleichen. 12. Leg.-Per., II. Session, 1909/10 Nr. 33, zit. Weißbuch.

II.

Beckenkamp, Otto Dr., Die Kriegskonterbande, Breslau 1910.

Bentwich, Norman, The Declaration of London (in d. Fortnightly Review 1910, Augustheft S. 327 ff.)

Bernsten, Karl H., Das Seekriegsrecht, Berlin 1911.

Bluntschli, J. C., Das Beuterecht im Krieg und das Seebeuterecht insbesondere, Nördlingen 1878.

Boeck, Charles de, De la propriété privée ennemie sous pavillon ennemi, Paris 1882.

Bonfils, Henri, Lehrbuch des Völkerrechts, Berlin 1904.

Cohen, Arthur, The Declaration of London in der Law Quarterly Review 1911.

Egerton, Wilfried A., contraband of war, London, Portsmouth 1909.

Fell, Das Durchsuchungsrecht, Diss. Würzburg 1908.

Fellmann, Das Prisengerichtsabkommen, Diss. Würzburg 1911.

Fitger, E., Die Rückwirkung des ostasiatischen Kriegs auf das Völkerrecht, Berlin 1904.

— — Das Seekriegsrecht nach den Beschlüssen der intern. Konferenzen vom Haag 1907 und von London 1908/09. Berlin 1909.

Fitzgerald, C. C. Penrose, „A Reply to Excubitor", Aufsatz in der Fortnightly Review, Mai 1911.

Geffcken, F. H., Das Seekriegsrecht in Holtzendorffs Handbuch des Völkerrechts, Hamburg 1894.

Giordana, Tullio, La propietà privata nelle guerre maritime, Turin-Rom 1907.

Güldenagel, Verfolgung und Rechtsfolgen des Blockadebruchs, Abh. aus dem Staats- und Verwaltungsrecht VIII, 1.

v. Hansemann, Die Lehre von der einheitlichen Reise, Zeitschr. für Völkerrecht, Beiheft 1 zu Bd. IV, 1910.

Heffter-Geffcken, Das Europäische Völkerrecht, Berlin 1888.

La Hautière, Conférence navale de Londres 1910.

Hirsch, Die Kriegskonterbande und die verbotenen Transporte. Diss. Würzburg 1897.

Hirst Francis W., Commerce & Property in Naval Warfare, London 1906.

Hold v. Ferneck, Die Londoner Seekriegsrechtskonferenz, in der Zeitschr. f. d. Privat- und öffentl. Recht d. Gegenwart. Wien 1909.

Literaturverzeichnis.

Krauel, R., Das Recht der Durchsuchung neutraler Schiffe unter Geleit in Kriegszeiten, Marine-Rundschau 1909.
v. Labrés, Rudolf, Politik und Seekrieg, Berlin 1903.
v. Liszt, Das Völkerrecht, 6. Aufl, Berlin 1910.
Monselly, B. E., Abhandlung in der Fortnightly Review, Febr. 1911.
Myers, Denys P., The Legal Basis of Rules of Blockade in the Declaration of London, abgedr. in The American Journal of Intern. Law, Juli 1910.
Niemeyer, Th., Prinzipien des Seekriegsrechts, Berlin 1909.
— — Das Seekriegsrecht nach der Londoner Deklaration, Berlin 1910.
— — England und die Londoner Seekriegsrechts-Deklaration, abgedr. in „Der Tag", 5. Okt. 1910.
Nippold, Otfried, Seekriegsrecht, abgedr. in der Zeitschr. f. intern. Recht, Leipzig 1911.
— — Die zweite Haager Friedenskonferenz, in der Zeitschr. f. intern. Privat- u. öffentl. Recht, Bd. 17 S. 504 ff.
Pappenheimer, W., Die Behandlung der feindlichen Kauffahrteischiffe bei Ausbruch der Feindseligkeiten, Diss. Würzburg 1910.
Pohl, Deutsche Prisengerichtsbarkeit, Tübingen 1911.
— Die rechtliche Natur der Blockade, in der Zeitschr. f. intern. Priv.- u. öffentl. Recht, Bd. 17 S. 1 ff.
Perels, F., Das intern. öffentl. Seerecht der Gegenwart, Berlin 1903.
Roepcke, Willy, Das Seebeuterecht, Leipzig 1904.
Schramm, Georg, Das Prisenrecht nach den Beschlüssen der Londoner Seerechtskonferenz, Marinerundschau 1909.
Schreckenthal, Paul, Die Entwicklung des internationalen Seekriegsrechts seit der Pariser Deklaration etc., Wien 1909.
Trautmann, O., Die Frage der Zerstörung neutraler Prisen und ihre Erörterung auf der Haager und Londoner Konferenz im Arch. f. öffentl. Recht 1910.
Ullmann, Emanuel, Völkerrecht, Tübingen 1908.
— — Der deutsche Seehandel, Rektoratsrede 1900.
— — Die Haager Konferenz und die Weiterbildung des Völkerrechts, Jahrb. f. öffentl. Recht Bd. I, 1907.
— — Die Fortbildung des Seekriegsrechts durch die Londoner Deklaration, Jahrb. f. öffentl. Recht Bd. I, 1910.
Veröffentlichungen und Abhandlungen
1. in den Times vom Nov. 1910 bis April 1911.
2. in der Daily News, 25. Jan. 1911, Adm. Bridge.
3. in der Quarterly Review 1911, a) Abhandlung über die Immunität des Privateigentums im Seekrieg, Heft 1; b) über die Londoner Deklaration, Heft 2.
Wachenhusen, R., Der Seehandel im Seekrieg, Beiträge zur „Allgem. Zeitung" 1907 Nr. 148 u. 149.
Watanabe, T., Das Prisenverfahren etc., Jena 1903.
Wehberg, Hans, Das Beuterecht im Land- und Seekrieg, abgedr. in den Abhandlungen aus dem Staats-, Verwaltungs- und Völkerrecht, Bd. 6, Tübingen 1909.
— — Zur Schaffung eines intern. Seekriegsgesetzbuches, Marinerundschau, Nov. 1909, Berlin 1909.
— — Seekriegsrecht und Schiedsgerichtsbarkeit, Zeitschr. f. intern. Privat- u. öffentl. Recht, Bd. 19 S. 497.
Westlake, J., The Declaration of London, veröff. in den Times vom 31. Jan., 6. Febr., 9. Febr. 1911.
Wiegner, M., Die Kriegskonterbande, Berlin 1904.
Wiethaus, Der Blockadebruch, Diss. Würzburg 1908.
Zorn, Philipp, Die Fortschritte des Seekriegsrechts durch die II. Haager Friedenskonferenz, Tübingen 1908.

I. Teil.

Allgemeine Grundlegung.

§ 1.

Die Begriffe: Prise, Prisenrecht, Prisenverfahren, Seebeuterecht.

I. Unter Prise oder auch „guter Prise" versteht man Gegenstände des Privateigentums, die, beschlagnahmt während der Dauer eines Seekriegs, durch nachfolgendes Urteil des Prisengerichts in das Eigentum des feindlichen Staates übergegangen sind. Dabei ist besonders zu betonen, daß sowohl feindliches wie auch neutrales Privateigentum, letzteres allerdings nur unter beschränkteren Voraussetzungen, das Objekt einer Prise bilden kann.

II. Prisenrecht im objektiven Sinn[1]) ist sonach die Gesamtheit derjenigen Rechtsnormen, die sich mit dem oben geschilderten Eigentumsübergang befassen, während man unter Prisenrecht im subjektiven Sinn das Recht versteht, Gegenstände des Privateigentums durch Kriegsschiffe zu Seekriegszeiten in Beschlag zu nehmen.

Wie in anderen Rechtsdisziplinen weitere Unterscheidungen üblich sind, so besteht auch hier die Möglichkeit das Prisenrecht nach verschiedenen Gesichtspunkten zu gliedern.

1. Wir nennen an erster Stelle die grundlegende Unterscheidung von materiellem und formellem Prisenrecht.

Der erste der beiden Begriffe ist m. E. genügend klar. Der Ausdruck formelles Prisenrecht dagegen bezieht sich auf das Prisenverfahren, worunter man den „Inbegriff der Handlungen versteht, durch welche die einzelne Prisensache durch das zuständige Gericht endgültig entschieden wird".[2])

2. Eine weitere Einteilung geht aus von dem Objekt des Prisenrechts und unterscheidet folgerichtig zwischen Prisen-

[1]) So auch Ullmann, Völkerrecht, S. 512; Perels, Das internationale öffentliche Seerecht, S. 188; Pohl, Deutsche Prisengerichtsbarkeit, S. 16, während Röpcke, Das Seebeuterecht, S. 24 diesem Begriff jeden inneren Wert abspricht.

[2]) So Watanabe, Das Prisenverfahren etc., S. 10.

recht gegenüber Feinden, in der Regel Seebeuterecht genannt, und Prisenrecht gegenüber Neutralen. Im Interesse der wissenschaftlichen Behandlung der einschlägigen Rechtsnormen ist es zu bedauern, daß dieser Gegensatz in der Literatur nicht immer jene Beachtung gefunden hat, die ihm angesichts der Bedeutung für das Völkerrecht und seiner juristischen Normierung durch dasselbe gebührt. Beruht er doch auf der prinzipiell verschiedenen Rechtsstellung, welche das feindliche Privateigentum einerseits und das neutrale Privateigentum anderseits im Seekrieg einnimmt: alles feindliche Privateigentum ist grundsätzlich der Beschlagnahme durch den Gegner unterworfen; Güter neutraler Staatsangehöriger dagegen sind grundsätzlich frei, sie unterliegen der Beschlagnahme nur dann, wenn sich der Neutrale eines völkerrechtlichen Delikts z. B. der Konterbandebeförderung, des Blockadebruchs, der feindlichen Unterstützung usw. schuldig gemacht hat. Auch die Behandlung des zu Recht beschlagnahmten neutralen Gutes ist in manchen Punkten eine andere als die des beschlagnahmten feindlichen Gutes; doch möge es an dieser Stelle genügen, den Hauptunterschied zwischen dem Prisenrecht gegenüber Neutralen und dem sogenannten Seebeuterecht hervorzuheben.

Nicht ohne besondere Absicht ist bisher von dem sogenannten Seebeuterecht die Rede gewesen, wobei der Nachdruck auf dem Worte „Beute" liegt. Hier eine kurze Bemerkung zu diesem Ausdruck, der das juristische Wesen der Sache nur ungenau wiedergibt.[1])

Unter Beute — und hierin glaube ich mich in Übereinstimmung mit der gemeinen Meinung zu befinden — versteht man die form- und schrankenlose Aneignung irgendwelcher Güter.

Für den Ausdruck Seebeuterecht spricht also die Erwägung, daß das Privateigentum des Feindes, wie bereits oben ausgeführt wurde, seit Menschengedenken und auch heute noch der Wegnahme durch den Gegner unterliegt.

Gegen diesen Ausdruck spricht die Tatsache, daß diese Wegnahme eine rechtliche Ordnung erfahren hat. Der Eigentumsübergang wird nicht ohne weiteres mit der Wegnahme bewirkt, vollzieht sich vielmehr erst mit der Fällung des prisengerichtlichen Urteils. So war es von jeher bei der Mehrzahl der zivilisierten Staaten, so verhält es sich seit 1907 auch nach

¹) Vgl. hiezu auch Tullio Giordana, La proprietà privata nelle guerre maritime, S. 255: Noi abbiamo sin qui adoperato indifferentemente il nome di preda tanto nel senso convenzionale quanto in quello giuridico. Ma ci pare giunto il momento di far la distinzione. Per preda s'intende dunque la proprietà nemica che è stata aggiudicata dal Tribunale competente a colui che se ne è impadronito.

zwischenstaatlichem Recht, das außerdem das Privateigentum mit einer Reihe wirksamer rechtlicher Garantien umgeben hat.

Das Unzutreffende des Ausdrucks Seebeute wird am besten illustriert durch die Gegenüberstellung des Begriffes Kriegsbeute. Niemand wird es einfallen, die Berechtigung des Ausdrucks Kriegsbeute zu bestreiten; denn diese kommt zustande wie eben jede andere Beute auch: nämlich ohne rechtliches Verfahren, formlos. Die Bezeichnung Kriegsbeute ist also innerlich durchaus gerechtfertigt, nicht so der Ausdruck Seebeute. Gleichwohl besteht keine Notwendigkeit diesen in Theorie und Praxis durch althergebrachte Übung gangbar gewordenen terminus technicus fallen zu lassen. Doch ist es erforderlich sich die demselben anhaftenden Ungenauigkeiten einmal vor Augen zu führen um falsche Vorstellungen, zu denen er eventuell veranlassen könnte, zu vermeiden.

3. Als dritte und letzte Unterscheidung innerhalb des Prisenrechts sei jene genannt, die sich mit Rücksicht auf die Rechtsquellen ergibt, denen die einzelnen Normen ihr Dasein verdanken. Unter Zugrundelegung dieses Gesichtspunktes ergibt sich der Gegensatz zwischen nationalem und internationalem Prisenrecht, wobei unter internationalem Prisenrecht die Gesamtheit jener prisenrechtlichen Normen zu verstehen ist, die durch gemeinsame Vereinbarung der zivilisierten Mächte, speziell durch die zweite Haager Friedenskonferenz und noch mehr durch die Londoner Seekriegsrechtskonferenz zustande gekommen sind. Internationales Prisenrecht in diesem Sinne ist der Gegenstand der folgenden Abhandlung.

§ 2.

Die Berechtigung des sogenannten Seebeuterechts.[1])

Mit dieser Frage betreten wir ein Gebiet des Kampfes. „Hie Seebeuterecht, hie Freiheit des feindlichen Eigentums“, das sind die Losungsworte, die uns aus den Reihen der Kämpfer entgegenschallen.

[1]) Vgl. hinzu insbes. De Boeck, la propriété privée, S. 397--582 les partisans et les adversaires du principe. (sc. de l'inviolabilité). Principales raisons en faveur de son adoption. Ferner Bluntschli, Das Beuterecht im Krieg, S. 79—166; Perels a. a. O. S. 194 ff.; Niemeyer, Prinzipien, S. 20—22; Ullmann, im Jahrbuch für öffentliches Recht, 1905; Wehberg, Das Beuterecht im Land- und Seekriege, Kap. 4; Roepcke a. a. O. S. 36 ff.; Giordana, la proprietà privata nelle guerre maritime, S. 25 ff.; Fitger, Rückwirkung des ostasiatischen Kriegs auf das Völkerrecht; Francis W. Hirst, Commerce Property in Naval Warfare; Bonfils, Völkerrecht, S. 670 bis 692; Heffter-Geffken, Europ. Völkerrecht: Appropr. im Seekrieg, S. 299—307.

Von jeher war die Frage nach der Berechtigung des Seebeuterechts der Prüfstein, an dem sich die Geister schieden, und mit welchem Nachdruck, ja man darf sagen, mit welcher Erbitterung zum Teil auch heute noch der Kampf um das Seebeuterecht geführt wird, das zeigen am besten die Äußerungen zweier bedeutender Schriftsteller, deren Ansichten sich diametral entgegenstehen. Ullmann schreibt i. J. 1907:[1]) „Juristisch betrachtet steht das Seebeuterecht mit dem Kriegsrecht und der modernen Auffassung des Kriegs in grellem Widerspruch. Auch vom Standpunkte der Humanität aus muß die Abschaffung des Seebeuterechts gefordert werden.“ — Ihm stelle ich Bonfils[2]) gegenüber, der sagt: „Keine Aussicht hat die Anerkennung der unbedingten Unverletzlichkeit des Privateigentums. Sie ist ein Hirngespinst, das sich nicht verwirklichen läßt. Da sie weder dem Kriegszweck noch der Kriegsnotwendigkeit Rechnung trägt, so ist sie auch für die Seemächte unannehmbar.“

Der Kampf der Meinungen beschränkt sich aber nicht bloß auf die Wissenschaftler und Theoretiker, auch die Vertreter der Praxis nehmen an demselben regen Anteil.

So schreibt Labrés[3]) i. J. 1903: „Der Kaperkrieg wird, falls es unter gewissen Verhältnissen dazu kommt, in den meisten Fällen keine schwerwiegenden Konsequenzen haben...“ und an anderer Stelle: „es wird sich daher für die meisten Fälle empfehlen, auch im Krieg das Eigentum zur See zu respektieren.“

Kapitän Wachenhusen[4]) dagegen vertritt folgende Ansicht: „Der Schutz des feindlichen Privateigentums zur See ist eine Utopie und mit dem innersten Wesen des Kriegs unvereinbar . . ., der Krieg hat immer die Gestalt des Schreckens! . . . wie sollte da wohl erwartet werden können, daß Seekriege diesen Charakter völlig abstreiften und sich gleich römischen Naumachien oder mittelalterlichen Turnieren vollzögen?“

Gehen wir noch einen Schritt weiter, so finden wir, daß die Frage nach der Berechtigung des Seebeuterechts nicht nur bei Theoretikern und Praktikern, also in denjenigen Kreisen, die unmittelbar zur Entscheidung dieses Problems kompetent sind, sondern auch in der Laienwelt den Zwiespalt der Meinungen erweckt hat.

Soviel zur vorläufigen Skizzierung!

---

[1]) Ullmann, im 1. Bd. des Jahrbuches für öffentliches Recht, S. 109.

[2]) Lehrbuch des Völkerrechts, S. 691.

[3]) „Politik und Seekrieg“, S. 151 und 152.

[4]) In seinem Aufsatz: „Der Seehandel im Seekrieg“, abgedruckt in der Beilage der M. Allgemeinen Zeitung von 1907, Nr. 148 und 149, S. 204. — Im gleichen Sinn sind auch die Ausführungen des diplom. Vertreters Argentiniens auf der II. Haager Friedenskonferenz gehalten, Prot. III S. 810.

An welchen Kriterien ist nun die Berechtigung des Seebeuterechts zu messen?

Seit Hugo Grotius bis herauf zu Niemeyer sind alle Völkerrechtslehrer, denen es um Klarheit auf diesem Gebiete zu tun war, davon ausgegangen, daß das Seebeuterecht ein Kriegsmittel ist.

Die Frage, die wir uns daher vorzulegen haben und die ihre Entstehung allein juristischen Erwägungen verdankt, lautet: In welchen Fällen ist das Seebeuterecht als Kriegsmittel berechtigt?

Gelangen wir bei dieser Untersuchung, die im Gegensatz zur Fragestellung auch Erwägungen realpolitischer Natur zu berücksichtigen hat, zu der Ansicht, daß das Seebeuterecht in bestimmten Fällen Existenzberechtigung besitzt, so werden wir damit auch einen wichtigen Fingerzeig gewonnen haben für die weitere Frage, welche praktischen Konsequenzen sich für die Fortentwicklung des Seebeuterechts ergeben.

Zu den bedeutungsvollsten Kundgebungen menschlichen Geistes, die sich jemals mit der Prüfung der ersten Frage beschäftigt haben, zählt die Debatte der II. Haager Friedenskonferenz über die Unverletzlichkeit des Privateigentums im Seekrieg.

In erster Linie war es der Bevollmächtigte Amerikas, Choate, der, getreu der großen Tradition seines Volkes, in längeren Ausführungen für die Abschaffung des Seebeuterechts eintrat.[1]) Seine Rede vereinigt in sich die Mehrzahl aller Argumente, die von jeher zugunsten der Abschaffung des Seebeuterechts ins Feld geführt wurden. Sie bilde daher den Ausgangspunkt der Darstellung.

Der erste Teil der Rede Choates, der Geschichte des Prisenrechts, insbesondere der Haltung Amerikas gewidmet, wirft bedeutsame Streiflichter auf die Praxis anderer Staaten und sucht den Grundsatz der Freiheit des Privateigentums im Seekrieg durch Äußerungen bedeutender Staatsmänner und Schriftsteller zu rechtfertigen.

Der zweite ungleich wichtigere Teil der Rede läßt sich in folgende Leitsätze zusammenfassen:

Il y a analogie parfaite entre l'immunité dont jouit sur terre, la propriété privée de ne pas être saisie ni détruite . . . et la même immunité que nous réclamons pour la propriété sur mer.[2])

Das Seebeuterecht in der unscheinbaren Gestalt, die es seit 1856 besitzt, ist weder ein wirksamer Kriegsverhinderungs- noch auch ein wirksamer Kriegsbeendigungsgrund; das hat

[1]) Prot. III der II. Haager Friedenskonferenz, S. 750 ff., bzw. 766 ff. (englischer Wortlaut).

[2]) Prot. III S. 756.

sich klar im amerikanischen Bürgerkrieg erwiesen, in dessen Verlauf man die Wirkungen des Seebeuterechtes einfach dadurch zu paralysieren suchte, daß man den größeren Teil des Transporthandels auf neutrale Schiffe überleitete, das Risiko der verbleibenden Handelsbeziehungen aber im Wege der Versicherung auf die Schultern anderer Staaten abzuwälzen suchte. Wesentlich für die Beendigung des Krieges ist lediglich die Vernichtung der Streitkräfte zu Wasser und zu Land, nicht die Zerstörung der Handelsflotte. Niemals haben auch die eindringlichen Vorstellungen der um ihr Privateigentum besorgten Kaufleute bei ihrer Regierung einen Krieg zu verhindern vermocht, gegenüber der gekränkten Nationalehre, gegenüber der Leidenschaft, gegenüber dem Durst nach Eroberungen und gegenüber anderen ausschlaggebenden Faktoren, die unaufhaltsam zum Kriege drängten.

Gründe der Menschlichkeit, so führt Choate weiter aus, insbesondere die Rücksichtnahme auf die vielfach gehässige Behandlung der Mannschaften weggenommener Schiffe, sprechen nachdrücklich zugunsten der Abschaffung dieser pratique surannée et funeste,[1]) die, obgleich unblutig, den Gipfel der Unterdrückung und Ungerechtigkeit darstellt.

Da heutzutage ferner alle Völker durch Handelsbeziehungen verknüpft sind, so bedeutet das einem Staate gegenüber geübte SBR. die Zerstörung der ganzen gewaltigen organisierten Interessengemeinschaft der zivilisierten Nationen. Der erbärmliche und geringfügige Gewinn, den das Prisenrecht bestenfalls gewähren kann, steht in einem schreienden Mißverhältnis zu der enormen Schädigung des Handels der neutralen Staaten wie auch des eigenen Staates.

Gelingt dagegen die Abschaffung des SBR. — und niemand wird behaupten, daß es die Pflicht der Staaten ist, den Krieg durch Beibehaltung des SBR. möglichst abschreckend zu gestalten — dann ist es auch möglich alle Schiffe auf den militärischen Kampf zu konzentrieren, der wie im Land- so auch im Seekrieg allein die Entscheidung herbeizuführen vermag: denn das eigentliche Wesen des Kriegs ist une épreuve de puissance sur terre et sur mer entre les forces militaires et les ressources financières des combattants.[2]) Mit der Beseitigung des SBR. verschwindet auch einer der wichtigsten Faktoren, der bisher zum Seekrieg verleitet hat, mit ihm — und damit kommt Choate auf ein Argument zu sprechen, das auf dem letzten Parteitag der Sozialdemokraten eine bedeutsame Rolle gespielt hat — verschwindet dann auch die Notwendigkeit kostspielige Kriegsschiffe zum Schutze der eigenen und zur Verfolgung der feind-

---

[1]) Prot. III S. 751.
[2]) Prot. III S. 762.

lichen Handelsschiffe zu erbauen. Auch alle Rachegedanken und die vielfältigen Verstimmungen unter den einzelnen Staaten, die die Anwendung des SBR. regelmäßig im Gefolge hat und die den Keim zu neuen Kriegen in sich tragen, werden mit der Beseitigung dieses Instituts ein für allemal aus den gegenseitigen Beziehungen der Völker verbannt.

Dies in kurzen Zügen die Hauptgedanken der Rede Choates, an welche ich die ihren Tendenzen nach wesensverwandten Ausführungen des brasilianischen Bevollmächtigten Ruy Barbosa[1]) anreihen möchte.

Es erscheint begreiflich, daß sich seine Darlegungen vielfach in ähnlichen Ideenkreisen bewegen wie diejenigen Choates. Ich kann mich daher im Interesse der Kürze darauf beschränken diejenigen Gedanken herauszuheben, die gegenüber den Ausführungen des amerikanischen Delegierten das Verdienst einer relativen Neuheit für sich in Anspruch nehmen dürfen.

Nach Barbosas Ansicht sprechen alle Gründe, die i. J. 1856 zur Abschaffung der Kaperei führten, ebenso energisch für die Abschaffung des SBR. Les circonstances du monde contemporain ont désarmé l'ancien pouvoir de ce moyen de guerre;[2]) denn die Überleitung des Handels auf Neutrale und die Ausnützung der bestehenden Versicherungen ist imstande die Wirksamkeit dieses Kriegsmittels zu brechen. Nur die Inselstaaten sind es, die heutzutage noch eine Schädigung durch das SBR. zu fürchten haben, während für die Kontinentalstaaten infolge der Möglichkeit der Zufuhr von der Landseite her kein Grund zur Besorgnis besteht. Überdies ist das SBR. eine zweischneidige Waffe. Um sich das klar zu machen, braucht man sich nur daran zu erinnern, daß viele der weggenommenen Seeschiffe im Lande des seebeutenden Staates selbst versichert sind, der dann zu seinem großen Erstaunen entdeckt, daß er sich durch die Aneignung feindlicher Schiffe ins eigene Fleisch geschnitten hat. Folgt man dem Gedankengang der Verteidiger des SBR., die in demselben ein wichtiges Mittel zur Hintanhaltung von Kriegen erblicken, so führt Barbosa weiter aus, so könnte man logischerweise dazu kommen dem Krieg wiederum den alten barbarischen Charakter zu verleihen, um ihn möglichst abschreckend für kriegslustige Völker zu gestalten. Alle Bemühungen den Krieg zu zivilisieren, hätten sich demnach letzten Grundes als verfehlt erwiesen. On aurait travaillé contre la paix und hätte mit der Gefahr eines Krieges heutzutage eher denn je zu rechnen; denn plus vous la dépouillerez de sa figure terrible, en la civilisant, chaque fois plus on s'en approchera

---

[1]) Prot. III S. 780 ff.
[2]) Prot. III S. 783.

à coeur léger . . . Revenons donc à l'idéal de la barbarie et de la désolation.[1])

Diese äußersten Konsequenzen ergeben sich nach Barbosas Ansicht avec une évidence immédiate du raisonnement sophistique et funeste der Verteidiger des SBR.

Zum Schlusse seiner Ausführungen kommt Barbosa auf den eigentlich entscheidenden Punkt der ganzen Sache zu sprechen, indem er fragt: Le droit de capture est-il essentiel à la guerre maritime?[2]) Barbosa verneint diese Frage indem er ausführt, daß jedes Land gezwungen ist im Maße des Wachstums seiner Handelsflotte auch die Dimensionen seiner Kriegsflotte zu vergrößern; denn la marine de guerre est l'égide la protection nécessaire de la marine marchande. Das SBR. trägt daher zum großen Teil die Schuld an der übermäßigen Belastung der nationalen Budgets und bildet zugleich das Haupthindernis, das alle Abrüstungstendenzen auf maritimem Gebiet vereitelt.

Noch ein kurzes Wort über die Ausführungen des zweiten amerikanischen Bevollmächtigten Uriah M. Rose,[3]) die allerdings keine wesentlich neuen Gesichtspunkte zur Diskussion beisteuerten. Nach Roses Ansicht haben Ungerechtigkeit und Grausamkeit noch niemals zur Verminderung der Zahl der Landkriege beigetragen, eine Tatsache, die sich aus der Geschichte des Altertums und der Neuzeit in gleicher Weise ergibt. Auch die Seekriege wird die Furcht vor der Beschlagnahme des Eigentums niemals seltener und weniger langandauernd machen, denn il n'y a plus aujourd'hui à proprement parler . . . de nations commerçantes, comme l'étaient autrefois Gènes et Venise . . . dont toute l'existence reposait exclusivement sur le commerce. Behält man aber das SBR. bei, so ergibt sich die merkwürdige Konsequenz, daß die Handelsleute, also die Kreise, die sich am meisten um die Herstellung und Kräftigung friedlicher Beziehungen unter den Völkern verdient machen, bei Ausbruch des Krieges am empfindlichsten in ihrem ökonomischen Wohlstand getroffen werden. Die Kaperei von ehemals hatte in der Tat einen Sinn, sie war eine weitaus wirksamere Waffe als das jetzt bestehende SBR. Wenn man die bessere Waffe i. J. 1856 preisgab, warum kann man sich heute nicht dazu entschliessen, das SBR. aufzugeben, das auf den gleichen Prinzipien wie die Kaperei beruht? Denn niemals wird der bloße Übergang der Ausübung von Privatleuten auf Staatsorgane dem auch im Landkriege verpönten Beuterecht die Billigung der Allgemeinheit erringen.

---

[1]) Prot. III S. 785.
[2]) Prot. III S. 786.
[3]) Prot. III S. 795 ff.

Der Vollständigkeit halber erwähne ich noch, daß außer den genannten Rednern insbesondere die diplomatischen Vertreter Österreichs, Belgiens, der Niederlande, Italiens, Chinas, Griechenlands, Norwegens, Schwedens in kürzeren Erklärungen für die Integrität des Privateigentums eintraten, während Deutschland sich nur mit Vorbehalt für den amerikanischen Vorschlag aussprach.

Welches ist nun die Argumentation der Anhänger des SBR. und wie suchten sie ihre Haltung auf der Konferenz zu rechtfertigen?

Von jeher und auch auf der II. Haager Friedenskonferenz sind die Verteidiger des SBR. davon ausgegangen, daß der Zweck des Seekriegs erst dann erreicht ist, wenn es gelungen ist, den Handel des Gegners, seine sämtlichen handelspolitischen Beziehungen und damit seinen Nationalwohlstand zu erschüttern. Mag man nun mit Niemeyer[1]) annehmen, daß sich dieser besondere Charakter des Seekriegs daraus erklärt, „daß der Seekrieg eine unzureichende, niemals die letzten Kriegszwecke erreichende Art der Kriegführung ist", oder mag man — und diese Auffassung ist m. E. zutreffender — annehmen, daß der Seekrieg keinen vom Landkrieg verschiedenen Zweck verfolgt,[2]) sondern wie dieser ein Ringen zweier Völker um ihre nationale Existenz, um ihren nationalen Wohlstand und um ihre Konkurrenzfähigkeit auf dem Weltmarkt bedeutet: stets wird sich die Anschauung verteidigen lassen, daß das SBR. in bestimmten Fällen ein wirksames Mittel der Kriegführung darstellt. Die Gegner weisen demgegenüber darauf hin, daß der Krieg ein Kampf von Staat zu Staat ist und daß es deshalb vom Standpunkt ihrer Theorie aus als verwerflich erscheinen muß, in diesen Kampf der Staaten das Eigentum der Privaten hineinzuzerren. Eine solche Betrachtungsweise verdient m. E. den Vorwurf, daß sie an der Oberfläche der Dinge haften bleibt und gewaltsam über die, allerdings sehr unerfreuliche Tatsache hinwegsieht, daß der Krieg letzten Endes stets einen Angriff gegen das Wohl des Volkes bedeutet. Ich meine, zu diesem durch die Praxis klar vorgezeigten Resultat müßten auch die Gegner kommen, denn unter dem Begriff „Staat" versteht man eben nichts anderes als die Gesamtheit des organisierten Volkes.

Es ist in hohem Maße bezeichnend für die Bedeutung, die den Argumenten der Freunde des Privateigentums beigemessen werden kann, wenn ein Mann wie v. Martens, der nach seinem eigenen Geständnis partisan convaincu de l'inviolabilité war und als solcher von Choate zitiert wird, 40 Jahre

---

[1]) Niemeyer, Prinzipien des Seekriegsrechts, S. 16/17.
[2]) So auch Bonfils a. a. O., S. 685.

nach Erscheinen seines Werkes erklärt, daß depuis cette longue époque il est devenu plus circonspect sur cette question délicate[1]) und im Anschluß an diese Worte Gedanken ausspricht, die jeden Anhänger des SBR. mit Genugtuung erfüllen. Mit Recht vertritt sowohl er wie Renault[2]) den Gedanken, daß das SBR. der modernen Auffassung des Kriegs in keinem Punkte zuwiderläuft; denn unterzieht man das von den Gegnern zitierte Argument der Freiheit des Privateigentums im Landkriege, das zugestandenermaßen von wichtigen Ausnahmen durchbrochen ist, einer näheren Prüfung, und vergegenwärtigt man sich dann einen Augenblick die Schlußfolgerungen, die die Gegner aus diesem weitherzigen Prinzip für den Seekrieg herleiten, oder richtiger, herzuleiten bestrebt sind: so erweist sich diese ganze Beweisführung nach v. Martens Ansicht als Mißverständnis. La Conférence de 1899 a fondé pour ainsi dire une société d'assurance contre les abus de la force pendant la guerre sur terre; néanmoins si on les compare avec ceux de la guerre sur mer, ils sont bien plus terribles.[3]) Von hier aus wird es begreiflich, wenn Sir Edw. Fry[4]) zu dem paradox klingenden Satz kommt: Se plaindre donc de la capture des vaisseaux marchands sur mer et ne pas interdire la guerre sur terre, c'est choisir le plus grand des deux maux, denn die Mittel, die dem Seekrieg zu Gebote stehen, beschränken sich in der Hauptsache auf den militärischen Kampf, auf die Beschießung von der Seeseite her und auf die Blockade. Alle Wirkungen aber, die sich im Landkrieg in letzter Linie dadurch ergeben, daß der Gegner festen Boden unter den Füßen hat und die trotz des im Landkrieg herrschenden Prinzips der Freiheit des Privateigentums gestattet sind, nämlich militärische Besetzung, Requisition, Kontribution usf., fehlen im Seekrieg, da er sich auf offenem Meere abspielt. Nun besteht aber auch im Seekrieg die Notwendigkeit, qu'un belligérant ait le moyen d'arrêter la vie économique de son adversaire en entravant ou même en supprimant son commerce avec le dehors. Il s'agit moins des particuliers dont les biens vont être saisis que de l'État dont ils relèvent et qui est atteint par l'action exercée sur eux.[5]) Aus diesem Gedanken heraus rechtfertigt sich das SBR. Schafft man dagegen das SBR. ab, so ist die Stellung des feindlichen Privateigentums zur See eine unverhältnismäßig günstigere als die zu Land: elle sera même privilégiée, puisque leurs affaires augmenteront

---

[1]) Prot. III S. 833/34.
[2]) Prot. III S. 792 ff.
[3]) v. Martens, Prot. III S. 834.
[4]) Prot. III S. 800.
[5]) Renault S. 793.

et se feront au détriment des entreprises continentales paralysées par l'invasion.[1]) Damit ist m. E. auch der von Ullmann in seiner Rektoratsrede vom Jahre 1900 und mit den gleichen Worten im Jahrbuch für öffentliches Recht im Jahre 1907 vertretene Gedanke: „nämlich daß das Seekriegsfeld und die Seekriegsmittel eine exaktere Verwirklichung des Grundgedankens des modernen Krieges als Kampfes der offiziellen Streitkräfte gerade im Seekrieg möglich machen" zur Genüge als Trugschluß gekennzeichnet.

Zugleich wird dadurch der weitere Einwand entkräftet: „das SBR. bringe ja ohnedies keinen namhaften finanziellen Gewinn;"[2]) denn dessen sind sich auch die Verteidiger wohl bewußt und versuchen infolgedessen auch nicht mehr, das SBR. unter diesem Gesichtspunkt zu rechtfertigen.

Was ist nun auf die anderen Angriffe der Gegner zu sagen?

Es ist vor allem unzutreffend, daß das SBR. ohne Einfluß auf die Vermeidung von Kriegen und auf die raschere Beendigung derselben ist. Alle auf der Konferenz unternommenen Versuche, das Gegenteil durch den Hinweis auf geschichtliche Ereignisse oder auf die Ausführungen bedeutender Schriftsteller aus früheren Zeiten zu erhärten, lassen, wie sowohl Sir Ernest Satow[3]) als auch v. Martens[4]) treffend hervorhoben, die nötige Überzeugungskraft vermissen; denn die zitierten Schriftsteller haben ihre Werke unter dem Eindruck einer früheren, jetzt nicht mehr herrschenden Weltlage geschrieben; die angeführten Kriege aber, z. B. der 66 er Krieg und andere, waren von zu kurzer Dauer um einen Erfolg des SBR. zu ermöglichen. Ähnliche Gründe sprechen gegen die Beweiskraft des 70 er Krieges. Daß sich heutzutage die Wirksamkeit des SBR. in demselben Maße gesteigert hat, in dem der überseeische Verkehr der Völker und ihr Interesse an Handel, Industrie und Schiffahrt an Intensität gewonnen hat, das unterliegt, so viel ich sehe, keinem Zweifel. Alle Argumente, die aus nationaler Besorgnis heraus geboren sind und sich in kurzen Worten dahin zusammenfassen lassen: „Das Seebeuterecht schadet uns, daher muß es abgeschafft werden", basieren deshalb auf einer Verkennung des ganzen Problems und sind in Wirklichkeit ein Beweisgrund mehr für die Wirksam-

[1]) v. Martens S. 834. Vgl. hiezu auch die Ausführungen des russischen Vertreters Nelidow, Prot. III S. 842 (l'argument qui consiste à assimiler la propriété privée sur mer à celle sur terre lui paraît absolument inexacte).

[2]) Cf. hiezu die durch Choate zit. Stelle aus einem écrivaiu anglais très distingué, Prot. III S. 760.

[3]) Prot. III S. 832.

[4]) Prot. III S. 833/34.

keit dieses Kriegsmittels und seine steigende Bedeutung. Es will viel heißen, wenn selbst ein Mann der Praxis wie Labrés, der dem SBR. prinzipiell ablehnend gegenüber steht, sich in bestimmten Fällen gute Erfolge von demselben verspricht.[1]) Wenn sich im Laufe der letzten Jahre in England zu wiederholten Malen Stimmen vernehmen ließen, die nach Krieg verlangten, wenn Verblendung und Chauvinismus unreifer politischer Köpfe das Wohl zweier Nationen in unverantwortlich leichtfertiger Weise zu vernichten drohte, so war es wohl nicht zuletzt der Hinweis auf die ernsten Folgen des SBR., der sich als gewichtiger Faktor im Dienst der Friedenserhaltung bewährte, und wenn demgegenüber die Gegner die durch das SBR. unvermeidlich gewordene Schädigung der Neutralen lebhaft bedauern, so sollten sie doch anderseits nicht verkennen, daß gerade die Gefährdung des Welthandels auch die am Kampfe unmittelbar nicht beteiligten Völker aufs lebhafteste an der Aufrechterhaltung des internationalen Friedens interessiert.

Auch damit tut man m. E. der Wertschätzung des SBR. keinen Eintrag, daß man erklärt: bestenfalls führt es ja doch „nur" zum Stilliegen der Handelsschiffe in den Häfen, im übrigen leitet man einfach den nationalen Handel auf neutrale Schiffe über.[2]) Die Gegner übersehen dabei, daß beide Wirkungen des SBR. eine ungeheure finanzielle Schädigung des kriegführenden Landes zur Folge haben und daß der einmal den Neutralen abgetretene Handel trotz gewaltigster Anstrengungen vielleicht niemals mehr im alten Umfang zurückgewonnen werden kann.

Was vollends die behaupteten Unmenschlichkeiten des SBR. anlangt, so handelt es sich hier großenteils um eine Übertreibung, und wenn sich die Gegner von der Abschaffung des SBR. humanere Seekriege versprechen, so täuschen sie sich damit selbst, wie auch der Vertreter Englands, E. Satow,[3]) in richtiger Erkenntnis der Sachlage hervorhob. Im übrigen besteht keine Veranlassung auf die oben zitierten mehr pathetischen als sachlichen Ausführungen des Bevollmächtigten Barbosa einzugehen, der sich darin gefällt, gegen die extremsten und vielfach aus der Luft gegriffenen Konsequenzen eines an sich mit guten Gründen haltbaren Prinzips zu polemisieren.

Sir E. Satow[4]) hat ferner darauf hingewiesen, daß die Ab-

---

[1]) A. a. O. S. 149, 151.

[2]) So z. B. Geffcken in Holtzendorfs Handbuch des Völkerrechts, S. 598: der ganze Schaden besteht darin, daß sie brach liegen. Ebenso Heffter-Geffcken, Europäisches Völkerrecht: Geffckens Anm. S. 305 ff.

[3]) Prot. III S. 832.

[4]) S. 832.

schaffung des SBR. notwendig die Beseitigung der Blockade nach sich ziehe. In der Tat machen sich die Gegner eines Widerspruches schuldig, wenn sie die Berechtigung des SBR. negieren, dagegen für die Beibehaltung der Blockade stimmen, die, auf gleichem Grundgedanken wie das SBR. beruhend, demselben als Machtmittel um deswillen bedeutend überlegen ist, weil sie neben dem feindlichen auch den neutralen Handel in seiner Existenz bedroht.[1])

Eine der Hauptforderungen der Gegner ist weiterhin: Konzentration der Kriegsschiffe auf ihre eigentliche Aufgabe, den militärischen Kampf, dem sie durch Ausübung des SBR. entzogen werden.

Diese Forderung ist zweifellos berechtigt; indes abgesehen davon, daß durch diese Konzentration der eigentliche Entscheidungskampf um vieles erbitterter und blutiger ausfallen wird, handelt es sich hier in erster Linie um eine Frage der militärischen Taktik. Ich bin daher der Meinung, daß wir Juristen die Lösung dieser Frage der Admiralität überlassen sollten und daß speziell für uns Deutsche kein Anlaß besteht, die Leistungsfähigkeit unsrer trefflich geschulten Kriegsflotte in dieser Hinsicht trotz des bestehenden Seebeuterechts in Zweifel zu ziehen. Im übrigen stehen derselben ja bei der Ausübung des SBR. auch die in Kriegsschiffe umgewandelten Handelsschiffe zu Gebote.

Damit kommen wir zu einer neuen Frage. Die Gegner rechnen teils mit der Möglichkeit der Umwandlung der Handelsschiffe in Kriegsschiffe überhaupt nicht, teils tun sie dieselbe in kurzen Worten ab. Wenn auch zugegeben werden mag, daß nicht alle Handelsschiffe der Verwandlung in Kriegsschiffe zugänglich sind, so ist es doch ebenso richtig, daß gerade die bestgebauten Schiffe, die Schiffe neuer Konstruktion, dazu vorzüglich geeignet sind und daß bereits in Friedenszeiten diesbezügliche Verträge zwischen den Schiffseigentümern und der Admiralität abgeschlossen werden. Aber auch die übrigen Schiffe leisten, wie die Praxis zeigt, als Truppen-, Kohlen- und Proviant-transportschiffe der Kriegsflotte schätzbare Dienste. Auch unter diesem Gesichtspunkte rechtfertigt sich also ihre Wegnahme.

Und nun zum letzten Argument der Gegner: dem Hinweis auf die bestehenden Schiffsversicherungsverhältnisse.[2]) Demgegenüber ist vor allem zu betonen, daß der größte Teil der privaten Schiffe im eigenen Lande versichert ist. Auch das Risiko für die geringe Zahl der im Auslande versicherten Schiffe verteilt sich auf dem Wege internationaler Rückversicherung

[1]) Dieser Ansicht auch Bonfils a. a. O. S. 687.

[2]) Vgl. hiezu insbes. Wehberg, Das Beuterecht im Land- und Seekrieg, S. 107 ff. Seine Ausführungen lassen sich ebensogut zur Verteidigung des SBR. verwenden.

auf mehrere Staaten. Zu beachten ist ferner, daß sich zu Kriegszeiten wohl die Mehrzahl der bestehenden Versicherungsgesellschaften sträuben wird den Angehörigen des feindlichen Staates Prämien auszubezahlen.[1]) Daß dann aber auch der gegnerische Staat zu Retorsionsmaßregeln schreiten wird, bedarf keines weiteren Beweises. Sollte sich aber wirklich die Prämienzahlung als unvermeidlich herausstellen, so hätte das SBR. trotzdem seinen Zweck erfüllt; denn das Ziel, die Schädigung des feindlichen Handels, wäre auch in diesem Falle erreicht. Sie wäre um dieses verhältnismäßig geringfügige finanzielle Opfer durchaus nicht zu teuer erkauft; denn daß das SBR. vom Standpunkt materiellen Gewinnes aus nicht gerechtfertigt werden darf, wurde bereits oben betont.

Zum Schlusse noch ein kurzer Ausblick auf den Seekrieg der Zukunft, den Seekrieg ohne SBR.! Ob sich wohl die Gegner jemals eine klare Vorstellung über das von ihnen ersehnte Zukunftsideal gemacht haben? Der friedliche Wettbewerb beider Völker auf dem Gebiet des Handels würde also ungehemmt seinen Fortgang nehmen. Nicht nur der zwischen den Kriegführenden und neutralen Staaten bestehende Handelsverkehr, auch die zwischen den kriegführenden Nationen selbst im Laufe der Zeit entstandenen Handelsbeziehungen würden sich einer ungestörten Fortdauer erfreuen. Nur draußen, irgendwo auf dem fernen Ozean, würden sich die Kriegsflotten im ernsten Entscheidungskampfe begegnen. Und von solch einem Kampfe erhoffen sich die Gegner definitive Entscheidung?! Es besteht nicht der leiseste Zweifel: Die Kriege würden um vieles länger dauern, denn die finanziellen Grundlagen nationaler Kraft blieben intakt; die Kriege würden aus dem gleichen Grunde leichtfertig vom Zaun gebrochen werden, und was das schlimmste wäre: es würde eine ebenso schrankenlose wie willkürliche Suprematie derjenigen Staaten entstehen, die gegenwärtig über eine mächtige Kriegsflotte gebieten.

Angesichts solcher Konsequenzen und nach reiflicher Abwägung aller Gesichtspunkte dafür und dawider möchte ich meine Ansicht über die ganze bestrittene Frage dahin zusammenfassen, daß gewichtige Gründe für die Beibehaltung des SBR. in bestimmten Fällen sprechen.

Es bleibt nunmehr die Aufgabe, diese Fälle, die sich ja eigentlich von selbst aus der ganzen Art der Darstellung ergeben, des näheren zu charakterisieren.

Erste Voraussetzung der Berechtigung des SBR. ist, daß sich der Kampf in ausgedehntem Maße auf die See erstreckt.

Als zweite Voraussetzung möchte ich, indem ich mich eines kurzen Ausdrucks bediene, die richtige Parteikon-

---

[1]) Wehberg muß das ebenfalls zugeben; S. 112 letzter Absatz.

stellation bezeichnen, d. h. es müssen entweder auf einer Seite allein oder auf beiden Seiten namhafte Handelsflotten als Angriffspunkte in Betracht kommen. Je größer dieselben sind und je mehr sie sich über den Weltenozean hin zerstreuen, desto empfindlicher wird sich das SBR. geltend machen, denn unter diesen Umständen wird es dem betreffenden Staate nur schwer gelingen seine Kriegsflotte zum Schutze der Handelsflotte entsprechend zu verteilen. Daß natürlich die Stärke der Kriegsflotte vor allem in die Wagschale fällt, ist ohne weiteres klar.

Als dritte und letzte Voraussetzung, die in der Literatur allerdings nicht genügend gewürdigt wird, nenne ich: Beherrschung der Taktik, Schulung der Mannschaften, Geistesgegenwart und geschicktes Erfassen der augenblicklichen Lage.

Wirken diese drei Faktoren zusammen, dann ist das SBR. berechtigt.

Fragen wir schließlich nach dem tieferen Grund, der einem positiven Ergebnis der kulturhistorisch so bedeutungsvollen Debatte auf der II. Haager Friedenskonferenz im Wege stand, so werden wir nicht fehlgehen, wenn wir die Antwort auf diese Frage in einigen ebenso kurzen wie treffenden Worten des Bevollmächtigten von Columbien[1]) erblicken. Er sagt: Nous représentons ici des Nations, c'est-à-dire des organismes collectifs humains qui ont leurs traditions, leurs aspirations et leurs nécessités, leur temperament et leurs préjugés. C'est notre devoir de tenir compte des exigences de ces organismes en face des besoins de leur vie interne et de leurs relations avec les autres nations. Mit andern Worten: es handelt sich um eine Frage, die wichtige nationale Lebensinteressen der einzelnen Staaten betrifft. Eine solche Frage kann aber eigentlich niemals mit Aussicht auf Erfolg den Gegenstand der Beratung und Regelung durch eine internationale Konferenz bilden. Was man auf der Haager Konferenz zustande brachte — und mehr hätte man billigerweise von ihr gar nicht verlangen sollen — das war eine Modifikation der Ausübung des SBR. Im übrigen scheiterten die auf die Abschaffung des SBR. gerichteten Bestrebungen.[2]) In London aber tat man wohl daran die ganze Streitfrage auf sich beruhen zu lassen.

---

[1]) Prot. III S. 790 ff.

[2]) Selbst der von v. Martens in Vorschlag gebrachte „Wunsch": Die Konferenzstaaten möchten in künftigen Kriegen unmittelbar nach Beginn der Feindseligkeiten und freiwillig erklären, ob und unter welchen Bedingungen sie entschlossen seien, auf das Seebeuterecht zu verzichten, wurde schließlich, hauptsächlich mit Rücksicht auf die Haltung Englands, das davon eine Beschränkung seiner Handlungsfreiheit befürchtete, zurückgezogen. Prot. III S. 845/46.

Eine gleichweit von übertriebenem Optimismus wie von unberechtigtem Pessimismus entfernte Betrachtung der Geschichte und der tatsächlich bestehenden Verhältnisse muß zu folgender Ansicht über die völkerrechtliche Weiterentwicklung des ganzen Problems führen:

Staaten, die sich einen bedeutsamen Erfolg von der Ausübung des SBR. versprechen, werden aus diesem notwendigen Übel auch fernerhin im Seekrieg Kapital zu schlagen suchen, Staaten dagegen, in deren gegenseitigen Beziehungen das SBR. keine Rolle zu spielen berufen ist — und wir haben da, wie die Abstimmung auf der Haager Konferenz zeigt, mit einer bedeutenden Zahl zu rechnen — sollten die nötige Selbstüberwindung besitzen, durch Abschluß von Konventionen auf die Ausübung des SBR. zu verzichten; denn würden auch sie vom SBR. Gebrauch machen, so würden sie sich einer ebenso zwecklosen wie verwerflichen Handlungsweise schuldig machen. Daß dieser Gedanke mehr als eine bloße Utopie ist, beweist die Geschichte. Seiner Verwirklichung kommt auch die durch die II. Haager Friedenskonferenz inaugurierte Praxis zustatten, Schiedsverträge zur Beseitigung staatlicher Streitigkeiten abzuschließen.

§ 3.

Die Berechtigung des Prisenrechts gegenüber Neutralen.

Im Gegensatz zur einheitlich ausgestalteten Materie des SBR. zerfällt das Prisenrecht gegenüber Neutralen in verschiedene Einzelrechtsinstitute. Die Frage nach der Berechtigung des Prisenrechts gegenüber Neutralen enthält also implicite eine Mehrheit von Fragen, die sich mit der Rechtfertigung dieser einzelnen Rechtsinstitute befassen.

I. Sehen wir hier zunächst ab von der Theorie der fortgesetzten Reise, die bereits eine Darstellung des prisenrechtlichen Systems voraussetzen würde und deren kritische Würdigung daher an einer späteren Stelle nachgeholt werden möge, so bleiben uns für unsere Prüfung als Hauptrechtsinstitute die Blockade und die Konterbande.

1. Die Blockade war niemals, auch nicht bei den Gegnern des SBR., der Gegenstand ernsthafter Bestreitung, und auch auf den Konferenzen zu Haag und London adoptierte man die diesbezüglichen Rechtsbestimmungen ohne an der Frage der Berechtigung zu rühren. Maßgebend für die Beurteilung der Blockade war von jeher und ist auch heute noch der Gedanke, „daß der Hauptzweck derselben die Abschließung des Küstenbereichs oder eines bestimmten Platzes von allem kommerziellen Seeverkehr ist und daß eine solche Maßregel ebenso

zulässig ist wie die Absperrung einer Grenze oder eines Platzes des feindlichen Landgebietes".[1]) Mit andern Worten: die Blokkade erscheint dem Feinde gegenüber als wirksames Pressionsmittel, das seine Rechtfertigung in der Kriegsnotwendigkeit findet;[2]) deshalb haben die Gegner und auch die Neutralen die Blockade zu respektieren und ihre Versuche dieselbe zu durchbrechen, führen notwendig zur Konfiskation von Schiff und Ladung.

Es fehlt nun nicht an doktrinären Versuchen,[3]) die sich bemühen, die rechtlichen Folgen des Blockadebruchs auf eine andere juristische Grundlage zu stellen; sie glauben dieselbe in der Annahme einer Eroberung des betreffenden feindlichen Küstenstrichs durch die Blockade zu finden.[4])

Daß diese These keinen Anspruch auf Stichhaltigkeit erheben kann, liegt auf der Hand. Die Völkerrechtswissenschaft hat denn auch in richtiger Erkenntnis des Irrtums nicht versäumt darauf hinzuweisen, daß von einer Eroberung angesichts der Möglichkeit, das blockierende Geschwader jederzeit zu vertreiben, nicht die Rede sein kann. Der allein zutreffende und auch vollkommen ausreichende Rechtstitel der Blockade bleibt die Kriegsnotwendigkeit.[5])

2. Während nun Doktrin und Praxis eine erfreuliche Übereinstimmung aufweisen, soweit es sich um die Rechtfertigung der Blockade handelt, begegnen wir bei der Lösung des gleichen Problems für die Konterbande ganz erheblichen Meinungsverschiedenheiten.[6]) Auch auf der II. Haager Friedenskonferenz,

---

[1]) Perels, a. a. O., S. 262.

[2]) Vgl. hiezu auch Wiethaus, Der Blockadebruch. Würzburger Diss. S. 11 ff.

[3]) Hiezu Güldenagel, Verfolgung und Rechtsfolgen des Blockadebruchs, S. 51 ff., der eine Zusammenstellung der verschiedenen Theorien gibt; desgl. Pohl, Die rechtliche Natur der Blockade.

[4]) So z. B. Tullio Giordana, La proprietà privata nelle guerre maritime, S. 214: Quando una squadra del nemico si dispone nell' alto oltre la linea di rispetto, ma in modo da coprire con i suoi fuochi il mare territoriale, essa in effetto se ne impossessa, succede nel diritto di giurisdizione al proprietario d'origine.

[5]) Der Begriff Kriegsnotwendigkeit bedeutet nach Meurer (Kriegsrecht S. 14): „Daß eine Verletzung des Kriegsrechts als nicht vorhanden anzusehen ist, wenn die Kriegshandlung zur Erhaltung der Truppen oder zur Abwehr einer derselben drohenden und auf andere Art nicht abwendbaren Gefahr oder auch erforderlich ist, um eine an sich nicht unzulässige Kriegsunternehmung entweder wirklich durchzuführen oder deren Erfolg zu sichern." Güldenagel a. a. O. S. 74 ff. vertritt in sehr beachtenswerten Ausführungen die Anschauung, daß die auf eine überlegene Militärmacht gestützte Okkupation die tatsächliche Unterlage für die Errichtung der Blockade sei, während Pohl (a. a. O. S. 34, 35 und 40) „die absolute militärische Gewalt im Blockadebereich" schlechthin als juristisches Fundament des Blockaderechts anspricht.

[6]) Vgl. hiezu auch La Hautière, Conférence navale de Londres, in dem Kapitel: Maintien de la contrebande S. 35 ff.

wo man zum erstenmal eine völkerrechtliche Regelung der verworrenen Materie in Angriff nahm, ohne indes zu einer endgültigen Lösung zu gelangen, gingen die Ansichten der diplomatischen Vertreter weit auseinander. Die radikalste Ansicht vertrat — wie Zorn bemerkt,[1]) zur allgemeinen Überraschung — Lord Reay, der Bevollmächtigte Englands, der nichts Geringeres forderte als die vollständige Abschaffung der Konterbande. Seine Ausführungen gipfeln in folgenden Hauptpunkten:[2])

Die gegenwärtige Weltlage ist charakterisiert durch eine enorme Ausdehnung aller Handelsbeziehungen. Die Zahl derjenigen Artikel, die möglicherweise als Konterbande in Betracht kommen, ist daher in stetem Anwachsen begriffen. Im Gegensatz zu den früheren einfachen Verhältnissen ist die Handhabung der Konterbande gegenwärtig mit außerordentlichen Schwierigkeiten und mit einer Schädigung der Neutralen verbunden, die in keinem Verhältnis steht zu dem für die Kriegführenden daraus erwachsenden Gewinn. Auf den Neutralen lastet außerdem der Beweis der unschuldigen Bestimmung. Die Theorie der fortgesetzten Reise, obgleich nach englischer Auffassung berechtigt, ist eine weitere Belästigung der Neutralen. Auch die vielfach so unbestimmt gefaßten und außerdem durch Zusatzerklärungen der Erweiterung zugänglichen Konterbandelisten bilden einen bedauerlichen Mangel des gegenwärtig herrschenden Systems. Schafft man, um diesen Mißständen zu steuern, die relative Konterbande allein ab,[3]) so ist die Schädigung der Neutralen durch die absolute Konterbande immer noch zu groß. Da aber eine internationale Regelung des gesamten Rechtsinstituts, die allein Abhilfe schaffen könnte, nicht zu erhoffen ist, so muß man sich zur Beseitigung des ganzen Instituts entschließen.

In ähnlichen Ausführungen traten die Bevollmächtigten Argentiniens, Schwedens, Norwegens, Brasiliens, der Schweiz, Belgiens, Spaniens und Chiles für den englischen Antrag ein. Sie wiesen u. a. auf die abnehmende Bedeutung der Konterbandepraxis hin angesichts der Möglichkeit sich von der Landseite her die nötigen Materialien zu verschaffen. Es sei durchaus ungerechtfertigt, von der Beseitigung der Konterbande eine Verlängerung des Krieges zu befürchten; denn die Länge des Kriegs würde doch in erster Linie durch die Kriegführenden und nicht durch die infolge der Abschaffung der Konterbande an einer möglichst langen Dauer des Kriegs interessierten Neutralen bestimmt. Gerade, wenn man die Konterbande beseitige,

[1]) A. a. O. S. 198.
[2]) Prot. III S. 854 ff.
[3]) So z. B. die Anträge Spaniens und der Niederlande auf der Londoner Konferenz, Prot. S. 136.

seien endlich die Inselstaaten, was die Zufuhr anbelange, in gleich günstiger Lage wie die Landstaaten.

Für die Beibehaltung der Konterbande traten in besonders bemerkenswerten Reden Kriege,[1]) der Bemächtigte Deutschlands und Renault[2]) ein.

Kriege erblickt das eigentliche Fundament der Konterbande im Prinzip legitimer Verteidigung. Es kann dem Kriegführenden durchaus nicht zugemutet werden ruhig zuzusehen, wie seinem Gegner die notwendigsten Kriegsmittel auf neutralen Schiffen zugeführt werden. Nun existiert aber keine völkerrechtliche Verpflichtung des neutralen Staates, seinen Untertanen die Zufuhr an den Feind zu untersagen. Aus diesem Mangel entspringt mit unleugbarer Notwendigkeit die Befugnis des Kriegführenden, sich selbst sein gutes Recht zu verschaffen.[3]) In der zur Diskussion stehenden Frage kann es sich daher nur um möglichsten Ausgleich der einander widerstrebenden Interessen der Kriegführenden und der Neutralen, um Beseitigung bedauerlicher Auswüchse, niemals aber um eine Abschaffung des gesamten Rechtsinstituts der Konterbande handeln.

Die Ausführungen Renaults stützen sich zum Teil auf ähnliche Erwägungen. Seine Ansicht geht dahin, daß sich die Durchsuchung der Schiffe in der Praxis durchaus nicht so schwierig gestalte wie Englands Vertreter glaubhaft zu machen suche. Mit der Abschaffung der Konterbande steigere sich das Interesse der Neutralen an der Verlängerung des Kriegs (und wenn wir an dieser Stelle gegenüber den Darlegungen Lord Reays darauf hinweisen, daß die Neutralen ganz naturgemäß dieses ihr Interesse auch aktiv durch entsprechende Einwirkung auf die Kriegführenden betätigen, so werden wir mit dieser Annahme gewiß nicht fehlgehen). Im übrigen wies Renault darauf hin, daß Englands Absicht nur scheinbar auf Beseitigung der Konterbande gerichtet sei, während es in Wirklichkeit ein Fortbestehen derselben durch Einführung des Begriffes „vaisseau auxiliaire“ beabsichtige.

Als besonderes Kuriosum darf es nicht unerwähnt bleiben, daß auch Amerika, das so eifrig für die Abschaffung des SBR. eintrat, die Konterbande beibehalten sehen wollte als dernière ressource de faire la guerre effective.[4])

Die Abstimmung über die ganze Frage ergab, daß 25 Staaten, hauptsächlich kleinere, für Englands Vorschlag eintraten gegen die Stimmen Deutschlands, Amerikas, Frankreichs,

---

[1]) Prot. III S. 859.
[2]) Prot. III S. 866.
[3]) La Hautière a. a. O. S. 47: La saisie au cas de transport de contrebande est la contrepartie indispensable de l'irresponsabilitè de l'État nentre, à raison du trafic de ses ressortissauts.
[4]) So Contre-Admiral Sperry, Prot. III S. 870.

Rußlands und Montenegros, während sich 5 Staaten der Abstimmung überhaupt enthielten.

Erst der Londoner Konferenz, die sich übrigens mit der Frage der Berechtigung nicht mehr beschäftigte, blieb es vorbehalten, zu einer einheitlichen internationalen Regelung der ganzen Materie zu gelangen. Das hier zum Abschluß gebrachte Kodifikationswerk, das man noch zwei Jahre vorher englischerseits für ein Ding der Unmöglichkeit erachtete, stellt in vielen Punkten einen billigen Ausgleich zwischen den Interessen der Neutralen und der Kriegführenden dar. Es ist m. E. der beste Beweis dafür, daß sich das zugunsten der Konterbande geltendgemachte Prinzip legitimer Verteidigung als brauchbare Basis einer internationalen Verständigung erwiesen hat.[1])

In neuester Zeit hat Niemeyer[2]) durch interessante Ausführungen an den juristischen Grundlagen der Konterbande zu rütteln versucht. Nach seiner Ansicht steht die Konterbande in unlösbarem Widerspruch zu dem Effektivitätsprinzip bei der Blockade, dessen Wirksamkeit dadurch Einbuße erleidet. Sie entbehrt des rechtlichen Fundaments, ist vielmehr ebenso wie die Theorie der fortgesetzten Reise lediglich ein juristisches Waffensurrogat und widerstreitet daher der durch das Prinzip des Seekriegs geforderten unbeschränkten Gestattung aller geeigneten militärischen Mittel einschließlich des SBR.

Diese Theorie hat sicher auf den ersten Blick etwas Bestechendes, vermag indes einer kritischen Würdigung nicht wohl standzuhalten.

Niemeyers Gedankengang beruht m. E. auf einer allzu starken Betonung des Effektivitätsprinzips zuungunsten der Konterbande. Es ist gewiß richtig, daß für eine rechtsgültige Blockade vollkommene Effektivität erforderlich ist; es ist des weiteren richtig, daß die Erfolge der Konterbandepraxis die Wirksamkeit einer Blockade bis zu einem gewissen Grade zu beeinträchtigen vermögen; aus dem Umstand aber, daß sich beide Kriegsmittel in ihrer Wirksamkeit eventuell gegenseitig Konkurrenz machen, die Notwendigkeit der Beseitigung der Konterbande herleiten zu wollen, geht m. E. nicht an. Mit gleich gutem Grunde könnte man die Beseitigung der Blockade verlangen, weil man annähernd denselben Effekt mittels Konterbande und SBR. erreicht. Wenn Niemeyer die Beseitigung der Konterbande verlangt, weil sie ihm nur ein juristisches Waffensurrogat ist, das die Neutralen in ungerechtfertigte Mitleidenschaft zieht, so fragt man sich unwillkürlich: ja muß man denn dann nicht in erster Linie mit dem SBR. aufräumen, das doch das

[1]) Hirsch, Die Kriegskonterbande und die verbotenen Transporte, Würzburg. Dissert. 1897, S. 29 ff.

[2]) Niemeyer, Prinzipien, S. 28 ff.

Waffensurrogat κατ' ἐξοχήν des Seekriegs darstellt und das, wie auch die Verteidiger desselben zugeben, die Neutralen ebenfalls in Mitleidenschaft zieht? Es ist zum mindesten merkwürdig — und auf diese Konstatierung möchte ich mich hier beschränken — wenn Niemeyer die Wegnahme des feindlichen unschuldigen Privateigentums rechtfertigt, dagegen Konterbandeartikeln gegenüber, an deren uneingeschränkter Wegnahme der Kriegführende doch sicher das gleiche Interesse hat wegen ihrer speziellen Widmung für den Kriegszweck, sich mit bloßer Expropriation gegen Entschädigung begnügt. Endlich ist es mehr als zweifelhaft, ob das von Niemeyer an Stelle der Konfiskation befürwortete Expropriationssystem wirklich jener gefürchteten Entkräftigung des Effektivitätsprinzips der Blockade zu steuern vermag. Ist das aber nicht der Fall — und an Gründen für diese Annahme fehlt es gewiß nicht — dann muß Niemeyers Forderung auch unter diesem Gesichtspunkt als unhaltbar erscheinen.

II. Die rechtliche Folge der Konterbande und des Blockadebruchs ist die Konfiskation. Auch hier gehen die Ansichten bezüglich der juristischen Berechtigung auseinander: die Vertreter der einen Gruppe rechtfertigen die Konfiskation vom Standpunkt der Kriegsnotwendigkeit aus, die der andern Gruppe begnügen sich damit nicht, sondern nehmen ihre Zuflucht zu einem strafrechtlichen Gesichtspunkt. Auch in London waltete, wie aus den vielfach wiederkehrenden Ausdrücken: pénalité, punition, amende zur Genüge hervorgeht, der strafrechtliche Gesichtspunkt in den Ausführungen der Vertreter vor.

Es ist nun nicht zu bestreiten, daß sich die Konfiskation unter dem Einfluß strafrechtlicher Anschauungen im Laufe der Zeit auch auf den unschuldigen Teil der Ladung und auf das Schiff erstreckt hat. Es ist aber ebenso falsch, die rechtlichen Folgen der Konterbande von diesem Standpunkt aus rechtfertigen zu wollen, wie denn überhaupt die Völkerrechtswissenschaft aus einer allzu großen Anlehnung an bürgerlichrechtliche Begriffe keinen Vorteil zu ziehen vermag. Es ist nicht einzusehen, wieso plötzlich der nehmende Staat in Verfolgung seiner besonderen Kriegsinteressen die Stellung eines strafrechtlichen Organs gegenüber neutralen Staatsangehörigen für sich in Anspruch nehmen könnte.[1]) Will man vielleicht deshalb in der Konfiskation eine Strafmaßregel sehen, weil man sich von derselben eine Präventivwirkung auf andere neutrale Staatsangehörige verspricht? Das wäre dann allerdings die

---

[1]) Vgl. hiezu auch M. Wiegener, Die Kriegskonterbande, S. 236 ff., Perels a. a. O. S. 253, Ullmann, Völkerrecht, S. 533, Pohl a. a. O. S. 35, 38, 39, die ebenfalls die strafrechtliche Auffassung für unrichtig erklären.

einzige Ähnlichkeit, die die Begriffe Konfiskation und Strafe verbindet. Richtig und konsequent ist allein die Anschauung, die den rechtlichen Titel der Konterbande wie auch ihrer juristischen Folge in dem Begriff der Kriegsnotwendigkeit erblickt.

Legt man sich auf diesen Standpunkt fest, dann muß man allerdings zugeben, daß die Wegnahme des unschuldigen Teils der Ladung der Rechtfertigung entbehrt. Denn es besteht kein triftiger Grund dafür, weshalb die Kriegsnotwendigkeit oder auch das Prinzip der legitimen Verteidigung auch die Wegnahme unschuldiger Güter erfordern sollte. Wohl aber bleibt auch von diesem Standpunkt aus die Wegnahme des Schiffes gerechtfertigt,[1]) dann nämlich, wenn die Konterbande nach Gewicht, Menge, Volumen usw. mehr als die Häfte der Ladung ausmacht; denn man wird sich in diesen Fällen, ohne den Neutralen irgendwie zu nahe zu treten, sagen müssen, daß das Schiff hauptsächlich einem unerlaubten Zweck gedient hat, daß also die Grundsätze einer rationellen Kriegführung gebieten, einem solchen Schiff in Zukunft das Handwerk zu legen.

Die Kriegsnotwendigkeit ist also das juristische Fundament des Prisenrechts gegenüber Neutralen; sie liefert uns auch die Richtungslinien, in denen sich seine Reform zu bewegen hat.

§ 4.

Rechtsquellen und Geltungsbereich des internationalen Prisenrechts.

In den verschiedenen Schriften, die sich mit der Londoner Seerechtsdeklaration befassen, ist vielfach der Satz vertreten: Die Londoner Konferenz habe ein internationales Prisenrecht geschaffen.[2]) Ohne nun den hervorragenden Leistungen der Konferenz irgendwie Abbruch tun zu wollen, so muß doch behauptet werden, daß der Satz in dieser Ausdehnung wohl nicht haltbar ist. Richtig ist, daß alle auf der Konferenz zum Abschluß gebrachten Kapitel prisenrechtlichen Inhalt besitzen, aber nicht alle Bestimmungen prisenrechtlichen Inhalts sind in den Abmachungen der Londoner Konferenz enthalten. Eine erschöpfende Darstellung des internationalen Prisenrechts ist vielmehr nur möglich unter Heranziehung der Bestimmungen

[1]) Nach Perels rechtfertigt die bewußte Zufuhr von Kriegskonterbande die strengsten Repressivmaßregeln etc., S. 255. Aehnlich, ja vielfach in wörtlicher Anlehnung an Perels: Wiegener a. a. O. S. 250.

[2]) Z. B. Schramm, in der Marinerundschau 1909, der seine Abhandlung über die LD.: „Prisenrecht“ betitelt; auch Schreckenthal, Die Entwicklung des internationalen Seekriegsrechtes, S. 43.

der Pariser Seerechtsdeklaration und der II. Haager Friedenskonferenz.

Als Rechtsquelle zu der nachfolgenden Abhandlung ist somit an erster Stelle zu nennen die Pariser Seerechtsdeklaration v. J. 1856, deren Festsetzungen über Beseitigung der Kaperei, über feindliche Eigenschaft sowie über die Effektivität der Blockade auch durch die beiden nachfolgenden Konferenzen in keinem Punkte alteriert worden sind. Der ursprünglich noch beschränkte Geltungsbereich der Deklaration hat seit 1856 erheblich an Ausdehnung gewonnen, insofern i. J. 1907 Spanien und Mexiko, i. J. 1909 die Vereinigten Staaten von Amerika ihren nachträglichen Beitritt zu den Abmachungen des Jahres 1856 erklärten. Die Bestimmungen der Pariser Deklaration dürfen sonach als rechtsverbindlich für alle bedeutenden Kulturstaaten der Gegenwart angesprochen werden; sie bilden einen der solidesten Grundpfeiler des modernen internationalen Prisenrechts.

An zweiter Stelle kommen als Rechtsquellen nachfolgende 6 Abkommen der II. Haager Friedenskonferenz in Betracht:

1. das Abkommen über die Behandlung feindlicher Kauffahrteischiffe bei Beginn der Feindseligkeiten,

2. das Abkommen über die Umwandlung feindlicher Kauffahrteischiffe in Kriegsschiffe,

3. das Abkommen über gewisse Beschränkungen in der Ausübung des SBR.,

4. das Abkommen betr. die Rechte und Pflichten der Neutralen,

5. das Abkommen über die Errichtung des internationalen Prisenhofes, und

6. in beschränktem Maße: das Abkommen über die Anwendung der Grundsätze der Genfer Konvention auf den Seekrieg.

Die genannten Abkommen sind, mit Ausnahme desjenigen über den internationalen Prisenhof, das bis zur Stunde von keinem Staate angenommen worden ist, von der Mehrzahl der auf der Konferenz beteiligten Mächte ratifiziert worden.[1])

Das ihnen gemeinsame Merkmal besteht darin, daß sie sich sämtlich, wiederum mit Ausnahme des Prisenhofabkommens, ausschließlich auf das sogenannte SBR. beziehen.

Als letzte und hauptsächlichste Rechtsquelle ist die Londoner Seerechtsdeklaration vom Jahre 1909 zu nennen, deren sämtliche Kapitel als gleich wesentlich für

---

[1]) Über den gegenwärtigen Stand der Ratifizierung vgl. bei Bernsten, Das Seekriegsrecht, S. 34 ff.

unsre Abhandlung in Betracht kommen. Scheidet man dieselben unter Berücksichtigung ihrer Beziehungen auf das SBR. einer- und das Prisengericht gegenüber Neutralen andererseits, so ergibt sich, daß sich mit dem SBR. nur die Kapitel über Flaggenwechsel und feindliche Eigenschaft befassen, während die Kapitel über Blockade, Konterbande, neutralitätswidrige Unterstützung, Zerstörung neutraler Prisen, Geleite und Widerstand gegen die Durchsuchung als Rechtsquellen κατ' ἐξοχήν des neutralen Prisenrechts angesehen werden müssen. Dagegen sind die Bestimmungen über Schadensersatz ebenso für das SBR. wie für das neutrale Prisenrecht von Wichtigkeit. Das Charakteristische der Londoner Seerechtsdeklaration besteht also darin, daß sie im Gegensatze zu den einschlägigen Abkommen der Haager Friedenskonferenz die grundlegenden Bestimmungen des Prisenrechts gegenüber Neutralen enthält.[1])

Es kann nicht ohne Bedauern konstatiert werden, daß die Vereinbarungen der Londoner Konferenz, obwohl von den diplomatischen Vertretern aller Konferenzmächte in der Hauptsache angenommen, bis zum heutigen Tage noch von keinem der beteiligten Staaten ratifiziert worden sind.[2]) Gerade der Hauptkomplex des neugeschaffenen internationalen Prisenrechts wie auch die durch das Prisenhofabkommen geplante Verwirklichung desselben durch die Rechtsprechung stehen also noch auf dem Papiere. Fragen wir uns angesichts dieser Tatsache, welches Prisenrecht denn eigentlich im Falle eines plötzlich ausbrechenden Seekriegs zur Anwendung kommen müßte, so präsentiert sich uns ein wegen seiner Viel-

---

[1]) Vgl. hiezu auch das Weißbuch Nr. 1286 zur LK., das die Ergebnisse derselben folgendermaßen beurteilt: „Der Gesamterfolg der Konferenz besteht darin, daß eine nahezu vollständige Kodifikation der Regeln über die Rechte und Pflichten der Kriegführenden in Ansehung des neutralen Seehandels und der neutralen Schiffahrt erreicht und dadurch eine wichtige Bürgschaft für die Rechtssicherheit auf dem Meer in Zeiten des Seekriegs geschaffen ist. Die Regelung ist erfolgt in gerechter Abwägung der Interessen der Kriegführenden und der Neutralen sowie unter möglichster Berücksichtigung der hochentwickelten Verkehrsverhältnisse der Neuzeit . . . . Auf der Konferenz waren die verschiedenen politischen, militärischen und wirtschaftlichen Interessen und Anschauungen so vollständig vertreten, daß das Ergebnis über den Kreis der Konferenzteilnehmer hinaus als billiger Ausgleich allenthalben anerkannt werden dürfte. Es besteht daher die Hoffnung, daß die vorliegende Erklärung auch von den übrigen Mächten in Ausübung der ihnen im Art. 70 a. a. O. ausdrücklich vorbehaltenen Befugnis angenommen und somit zum allgemeinen Weltrecht erhoben werden wird." So auch Bentwich, The D. of L., Fortnightly Review, Augustheft 1910. S. 330.

[2]) Über die praktische Tragweite der L.D. vgl. insbes. Hold v. Ferneck, Die L.S.R.D., Zeitschrift für Privat- und öffentl. Recht, Bd. 36 S. 336 ff.

gestaltigkeit äußerst unerfreulich wirkendes Rechtsgebilde. An internationalem Recht kommen vor allem die Pariser Seerechtsdeklaration und die zitierten Abkommen der II. Haager Friedenskonferenz in Betracht. Daneben gilt aber an Stelle der noch nicht ratifizierten Londoner Seerechtsdeklaration nationales, ferner in einzelstaatlichen Verträgen niedergelegtes wie auch durch internationale Praxis zu allgemeinerer Geltung gelangtes Prisenrecht. Angesichts dieses verworrenen Rechtszustandes, der geeignet ist die Interessen der Kriegführenden wie die der Neutralen aufs schwerste zu beeinträchtigen, kann man nur wünschen, daß die Ratifizierung der Londoner Deklaration in nicht zu ferner Zukunft erfolgen möge!

II. Teil.

Das Prisenrecht gegenüber dem Feind
(sogenanntes Seebeute-Recht).

I. Kapitel: Objekt und Subjekt des Seebeute-Rechts.

§ 5.

Kriegsbeute und Seebeute; die Gegenstände derselben.

Nicht alle Gegenstände, die im Seekrieg der Wegnahme durch den Gegner ausgesetzt sind, sind deshalb auch Objekte des SBR. Es ist vielmehr zu unterscheiden zwischen Kriegsbeute und Seebeute, eine Unterscheidung, die auch in der Praxis von weittragender Bedeutung ist. Maßgebend für die Gegenüberstellung dieser beiden Begriffe ist ausschließlich der Zweck, dem die im Seekrieg weggenommenen Gegenstände gewidmet sind. Der Begriff der Kriegsbeute umfaßt nämlich solche Gegenstände, deren Beschaffenheit oder Bestimmung auf kriegerische Zwecke abzielt, in erster Linie also Kriegsschiffe, Kanonen, Waffen der Mannschaften usw. Keinen Unterschied macht es dagegen, ob diese Gegenstände dem Staat oder einzelnen Privatpersonen gehören, von ihnen aber zum Zwecke der Kriegführung gebraucht werden.

Im Gegensatz dazu unterliegt dem SBR. nur das zu friedlichem Gebrauch bestimmte und zu einem Seehandelsbetrieb gehörige Eigentum, also Schiff und Ladung, soweit es einem Untertanen des feindlichen Staates gehört, während das dem feindlichen Staate selbst zustehende bewegliche Eigentum der Wegnahme schlechthin unterworfen ist.[1])

Die Unterscheidung zwischen Kriegsbeute und Seebeute ist deshalb so bedeutsam, weil beide Enteignungsprozesse praktisch verschieden gehandhabt werden. Während nämlich bei der Kriegsbeute der Eigentumsübergang mit der bloßen Wegnahme vollzogen ist, kommt er bei der Seebeute erst mit dem auf die Wegnahme folgenden prisengerichtlichen Urteil zustande.

---

[1]) Dieser Ansicht auch Meurer, Vorlesung über Völkerrecht; Wehberg a. a. O. S. 3, 11, 63; Bernsten a. a. O. S. 106, 107; a. M. dagegen Roepcke a. a. O. S. 11 ff.

Alle Gegenstände, die weder unter den Begriff Kriegsbeute, noch auch unter den der Seebeute fallen, wie z. B. zum persönlichen Gebrauch bestimmte Sachen von Passagieren und Mannschaften, sind auch im Seekrieg geschützt. Der Satz: feindliches Privateigentum unterliegt im Seekrieg der Wegnahme, bedarf also in dieser Richtung einer modifizierenden Interpretation.

§ 6.

Das Prinzip der feindlichen Eigenschaft in seiner völkerrechtlichen Normierung.[1])

Da nur feindliches Eigentum der Wegnahme unterliegt, so sollte man meinen, der als unerläßliche Voraussetzung der Wegnahme erforderliche feindliche Charakter bestimme sich für Schiff und Ladung getrennt und unabhängig. Die auf einem neutralen Schiff verstaute feindliche Ware müßte also der Beschlagnahme unterliegen, während das Schiff selbst nach Auslieferung derselben ungestört seine Fahrt fortsetzen könnte. Zu diesem Resultat würde das Prinzip der Logik führen.

Zweckmäßigkeitserwägungen, insbesondere die Rücksichtnahme auf die ungestörte Fortdauer der neutralen Schiffahrt, haben jedoch eine andere Lösung als wünschenswert erscheinen lassen, die, verhältnismäßig jungen Ursprungs, sich als erfreuliches Kompromiß verschiedener widerstreitender Prinzipien darstellt.

1. In besonders rücksichtsloser Weise verfuhren die Engländer. Sie huldigten dem schon oben angedeuteten und auch bereits durch das Consolato del mare sanktionierten Prinzip der Logik und ließen demgemäß über Schiff und Ladung gesondert die Nationalität des Eigentümers entscheiden. Die von ihnen befolgte Theorie, die ich nach Meurers Vorgang kurz als Eigentumstheorie bezeichne und die sich zusammenfassen läßt in dic Parömie: Unfrei Schiff, frei Gut; frei Schiff, unfrei Gut, bot ihnen willkommenen Anlaß, jedes einzelne Schiff anzuhalten, es zu durchsuchen und mit Rücksicht auf die an der Ladung bestehenden Eigentumsverhältnisse zu prüfen. Sie gewährleistete zwar der neutralen Ware auf feindlichen Schiffen Schutz gegen Beschlagnahme, führte aber anderseits zu einer enormen Schädigung der neutralen Schiffahrt; denn auch neutrale Schiffe mußten die auf feindliches Privateigentum abzielende Durchsuchung seitens englischer Kriegsschiffe über sich ergehen lassen.

2. Noch einen Schritt weiter in der Begünstigung des Kriegführenden geht das an Willkür grenzende System der Franzosen. Ausgehend von dem Satze: Unfrei Schiff,

---

[1]) Vgl. hiezu insbes. Perels a. a. O. S. 223 ff.; Bernsten S. 107 ff.; Ullmann, Völkerrecht, S. 510 ff.

unfrei Gut, fand es seinen krönenden Abschluß durch ein Edikt Franz II., das die Regel normierte: confiscantur ex navibus res, ex rebus naves, m. a. W.: das Schicksal des Schiffes und das der Ladung waren derart eng miteinander verbunden, daß es zur Wegnahme beider genügte, wenn das Schiff, die Ladung oder auch nur ein Teil derselben feindlichen Charakter besaßen. Nur in dem Falle, wo neutrales Gut auf neutralen Schiffen verladen war, kam es zu keiner Beschlagnahme. In allen andern Fällen dagegen war der Gedanke maßgebend, der Neutrale müsse dafür „gestraft" werden, daß er sein Schiff feindlichen Transporten zur Verfügung stellte; Schiff und Ladung infizierten sich also gewissermaßen gegenseitig in ihrem Nationalitätscharakter. Man kann daner die der französischen Praxis zugrunde liegende Theorie ebenso kurz wie treffend als Infektionstheorie bezeichnen.

3. Die Ungerechtigkeiten, die die beiden genannten Theorien im Gefolge hatten, haben schon seit Ende des 15. Jahrhunderts zu einer Reihe von vertragsmäßigen Vereinbarungen geführt, die, geleitet von einer humaneren Auffassung der Kriegführung, den Grundsatz: frei Schiff, frei Gut zur Geltung brachten. Insbesondere war es Holland, seit 1713 auch Frankreich, und seit Abschluß der bewaffneten Neutralität im Gegensatz zu England die Mehrzahl der kontinentalen Staaten, die in Theorie und Praxis die Flagge über das Schicksal von Schiff und Ladung bestimmen ließen. Die Kehrseite dieser Flaggentheorie führte allerdings zur Konsequenz: unfrei Schiff, unfrei Gut. Neutrales Gut auf feindlichen Schiffen war also der Beschlagnahme ausgesetzt.

4. Diesen unleugbaren Mißstand beseitigt zu haben, ist das große Verdienst der Pariser Seerechtsdeklaration vom Jahre 1856. Seitdem gilt der Satz: frei Schiff, frei Gut; unfrei Schiff, frei Gut. Entstanden aus einer Verschmelzung der englischen Eigentumstheorie und der kontinentalen Flaggentheorie, bedeutet er einen Ausgleich zwischen den widerstreitenden Interessen der neutralen und der feindlichen Schiffahrt, zu dem man die Praxis des Völkerrechts nur aufrichtig beglückwünschen kann. Seit dem Jahre 1856 sind demnach nur mehr feindliche Schiffe und feindliche Ladungen auf solchen Schiffen dem SBR. unterworfen, während feindliches Eigentum auf neutralen Schiffen der Enteignung entzogen ist.

Das Prinzip der feindlichen Eigenschaft ist also durch das Völkerrecht nicht in seiner reinen, durch die Logik geforderten Gestalt zur geltenden Rechtsnorm erhoben worden, es erlitt vielmehr eine Beschränkung im Interesse der neutralen Schiffahrt.

§ 7.

Das Prinzip der feindlichen Eigenschaft in seiner völkerrechtlich praktischen Durchführung.

I. So begrüßenswert das Ergebnis der Pariser Seerechtsdeklaration an und für sich erscheinen mag, die völkerrechtliche Praxis hatte davon so gut wie gar keinen Gewinn; denn es fehlte den Kriegführenden nach wie vor an einem Kriterium, das ihnen gestattet hätte, sicher und einheitlich in allen Fällen die Nationalität des Schiffes und der Ladung festzustellen und darnach ihr Vorgehen einzurichten. Was das Jahr 1856 dem Völkerrecht gebracht hatte, waren lediglich Rechtsnormen; es fehlten sozusagen die Ausführungsbestimmungen. Erst der Londoner Seerechtsdeklaration von 1909 war es vorbehalten, auf diesem Gebiete Wandel zu schaffen und durch die Bestimmungen ihres 6. Kapitels die Lücke — wenn auch nicht ganz — auszufüllen. „Die Bestimmung der neutralen oder feindlichen Eigenschaft erscheint somit als die Weiterentwicklung der beiden im Jahre 1856 festgelegten Grundsätze oder vielmehr als das Mittel, ihre praktische Anwendung sicherzustellen.“[1])

A. Ausschlaggebend für die Nationalität des Schiffes ist demnach die rechtmäßig geführte Flagge.

Dieser Satz ist das Ergebnis eines zum Studium dieser Frage eigens eingesetzten Komitees.

Drei verschiedene Möglichkeiten der Bestimmung der Schiffseigenschaft hatte man ursprünglich ins Auge gefaßt: die Persönlichkeit des Schiffseigentümers, den Heimatshafen und die Flagge. Indes der Gedanke an die Schwierigkeiten, die sich insbesondere bei der gesetzlichen Normierung der Eigentümerpersönlichkeit als Kriteriums ergeben hätten, die Rücksichtnahme auf die überwiegende völkerrechtliche Praxis, insbesondere auf die verhältnismäßig leichte Kontrollierbarkeit der rechtmäßigen Flaggenführung und nicht zum mindesten die Erwägung, daß die Flagge am sichersten das Ziel des SBR., die Schädigung des feindlichen Handels in seiner Gesamtheit, verwirklichen hilft, verschafften ihr schließlich den Sieg.

Die Rechtmäßigkeit der Flaggenführung setzt in erster Linie voraus, daß das Schiff nach einschlägigem nationalen Recht zur Führung der betreffenden Flagge befugt ist. Dieses Erfordernis hat Art. 57 im Auge, wenn er von der Flagge des Schiffes spricht, „zu deren Führung es berechtigt ist“. Hiezu bemerkt der Generalbericht: „Darunter ist natürlich die Flagge zu verstehen, die das Schiff gemäß den die Füh-

[1]) Deutsches Weißbuch zur L.D. S. 77.

rung dieser Flagge regelnden Gesetzen gehißt hat oder zu hissen berechtigt ist."[1])

Der Begriff der rechtmäßigen Flaggenführung erfordert in zweiter Linie, daß das Schiff auch vom Standpunkt des internationalen Rechts zur Führung der Flagge berechtigt ist. Dieses Erfordernis kleidet Art. 57 in die Worte: „Vorbehaltlich der Bestimmungen über den Flaggenwechsel," m. a. W. das Schiff darf die neutrale Flagge nicht in einer Weise erlangt haben, die im Widerspruch steht mit den in Art. 55 und 56 normierten Rechtsregeln über den Flaggenwechsel. Das Schiff muß also sowohl nach nationalem wie nach internationalem Recht die Befugnis zur Führung der neutralen Flagge besitzen. Fehlt es an derselben in der einen oder andern Richtung, so ist die feindliche Partei berechtigt das Schiff zu kapern.

Keine internationale Regelung wurde jenen Fällen zuteil, in welchen neutrale Schiffe zu Kriegszeiten Dienst bei einer der Kriegsparteien nehmen und dabei eine Art der Schiffahrt z. B. Küstenschiffahrt betreiben, die in Friedenszeiten den Schiffen der betr. Kriegspartei vorbehalten ist. In derartigen Fällen wird die nationale Gerichtsbarkeit auch in Zukunft freie Hand behalten, deren bisherige Praxis in solcher Weise tätige Schiffe als ihrer neutralen Eigenschaft verlustig und deshalb dem SBR. unterworfen behandelte. Eine andere Frage ist es, ob auch der künftige internationale Prisengerichtshof sich zu dieser Rechtsprechung bekennen wird, der ja, was die rechtliche Behandlung dieser Schiffe anlangt, durch keine völkerrechtlichen Regeln gebunden ist. Jedenfalls zeigten die Verhandlungen auf der Londoner Konferenz, daß mehrere Delegierte den Vorschlag, die in Frage stehenden Schiffe als feindlich zu behandeln, förmlich ablehnten.[2])

B. Ungleich größere Schwierigkeiten brachte die Frage nach dem Charakter der Ware mit sich. Im Gegensatz zu den Schiffen besitzt sie keine eigene Persönlichkeit. Es ergab sich daher die Notwendigkeit zum Zwecke der Bestimmung des Ladungscharakters nach einem außerhalb der Ladung gelegenen Merkmal zu greifen. Man fand es in der neutralen oder feindlichen Eigenschaft des Eigentümers. Diese Regel, die in der völkerrechtlichen Praxis von der überwiegenden Zahl der Staaten beobachtet wurde, ergab sich auf der Londoner Konferenz als Resultat verschiedener Ansichten, die teils im Ursprung der Ware, teils in der Person des Empfangsberechtigten, teils in der Person des Gefahrträgers und des Absenders das maßgebende Kriterium erkannten.

[1]) S. 79.

[2]) Vgl. auch Generalbericht S. 65 zu Art. 46.

Insbesondere war es der Vertreter Deutschlands, der in bemerkenswerten Darlegungen für den Gefahrträger eintrat und sich dabei auf folgende Hauptgedanken stützte:[1]) Die Frage nach dem Eigentümer schwimmender Güter ist mit Rücksicht auf die in den einzelnen Ländern herrschenden Gesetzgebungen der verschiedenartigsten Lösung fähig. Erkennt man die Person des Eigentümers als ausschlaggebend an, so gelingt die Schädigung des feindlichen Eigentümers vielfach überhaupt nicht, weil derselbe nicht immer auch zugleich Gefahrträger ist. Der ratio der Pariser Seerechtsdeklaration: Schutz dem neutralen Eigentum, Schädigung des feindlichen Eigentums, werde man viel eher gerecht, wenn man den Gefahrträger als maßgebenden Faktor zugrunde lege.

Dem gegenüber ging Renaults[2]) Ansicht dahin, daß sich auch die Bestimmung des Gefahrträgers nach den einzelnen nationalen Gesetzgebungen verschieden gestalte, und daß andererseits die Verschiedenheiten in der Bestimmung des Eigentümers nicht so bedeutsam seien, als es auf den ersten Blick erscheine.

Nach einer gründlichen Prüfung der ganzen Frage in einem besonderen Komitee kam man schließlich dazu, dem Eigentümer den Vorzug zu geben und zwar dem Eigentümer zu Beginn der Feindseligkeiten.

Wonach sollte sich nun aber der Charakter des Eigentümers bestimmen?

Hier standen sich zwei Ansichten gegenüber. Die Vertreter der einen Gruppe plaidierten für den Wohnsitz, die der andern für die Staatsangehörigkeit.[3])

[1]) Prot. der LK. S. 168 ff.

[2]) Prot. der LK. S. 170.

[3]) Für das Nationalitätsprinzip trat die Mehrzahl der Staaten ein, darunter auch Deutschland. Als Gründe hierfür machte man geltend:

1. Da die Nationalität des Eigentümers für den Charakter des Schiffes entscheidend ist, soll sie auch für den Charakter der Ware maßgebend sein.

2. Das Staatsangehörigkeitssystem spielt im internationalen Recht bereits eine bedeutende Rolle, so in den Haager Abkommen von 1902 und 1904 und in Art. 16 des Kriegsrechtskodex von 1907. Im Interesse einer einheitlichen Regelung ist es daher zu wünschen, daß dieses Prinzip auch im Seekrieg zur Anerkennung gelangt.

3. Die Feststellung des Wohnsitzes erweist sich in der Praxis für die ausübenden Organe als äußerst schwierig.

4. Das Domizilsystem führt zu unhaltbaren Konsequenzen: z. B. müßte man die Schiffe eigener, aber im Feindesland wohnhafter Staatsangehöriger konfiszieren. Würde man sich hiezu nicht entschließen, sondern eigene Staatsangehörige verschonen, so müßte man diese privilegierte Rechtsstellung wohl oder übel auch neutralen, aber im Feindesland wohnhaften Personen einräumen. Beide Eventualitäten seien unannehmbar. Ferner führt das Wohnsitzsystem dazu, daß gegenüber einem feindlichen, aber im eigenen Lande wohnhaften Staatsangehörigen das Seebeuterecht wohl hinsichtlich des Schiffes, nicht aber hinsichtlich der Waren ausgeübt werden könnte. (Vgl. hiezu das Exposé Krieges Annexe 71).

Zu einer Einigung in dieser Frage gelangte die Konferenz nicht und so fehlt gerade in dem für die Praxis ausschlaggebenden Punkt eine bindende völkerrechtliche Norm. Ob es einer künftigen Konferenz gelingen wird die bestehenden Unstimmigkeiten zu beseitigen, ist mehr als zweifelhaft. Dagegen besteht die berechtigte Hoffnung, daß es dem internationalen Prisenhof glücken wird, durch seine Rechtsprechung auf diesem Gebiete ersprießliche Dienste zu verrichten.[1])

II. Bezüglich der Dauer der feindlichen Eigenschaft gilt das allgemeine Prinzip: Während der Feindseligkeiten findet ein Wechsel der feindlichen Eigenschaft nur in beschränkter Form statt. Dieses Prinzip gilt vor allem für das Schicksal des Schiffes und ist als solches festgelegt in den Abmachungen der Konferenz über den Flaggenwechsel; es gilt aber auch gemäß Art. 60 für die Ladung. Art. 60 ist demnach das Analogon zu den Bestimmungen über Flaggenwechsel und könnte daher folgerichtig mit Eigentumswechsel überschrieben werden.

1. Der Übergang des Schiffes zur neutralen Flagge.

Es ist ohne weiteres klar, daß die Furcht vor dem Ausbruch der Feindseligkeiten die kriegführende Partei veranlaßt,

---

5. Das Staatsangehörigkeitssystem trifft den feindlichen Handel am wirksamsten. Wenn sich das Domizilsystem diesen Vorzug vindiziert, so geschieht es zu Unrecht; denn der im Feindesland sich entfaltende Handel der dort domizilierten eigenen Staatsangehörigen bildet in Wahrheit keinen Bestandteil des feindlichen Handels. Trifft man ihn gleichwohl infolge des Domizilsystems, so schädigt man tatsächlich die eigenen Interessen.

Die Vertreter des Domizilsystems, insbes. England, Holland und Amerika in seiner Praxis, machen geltend:

1. Der Wohnsitz ist leichter bestimmbar als die Nationalität.
2. Das Domizilsystem trifft den feindlichen Handel wirksamer als das Nationalitätssystem; denn für den Handel ist vor allem das Land wichtig, wo derselbe betrieben wird.

Man hatte auf der Konferenz schließlich folgenden vermittelnden Vorschlag ausgearbeitet, der die Vorzüge beider Systeme zu vereinigen suchte:

„Der neutrale oder feindliche Charakter der an Bord eines feindlichen Schiffes vorgefundenen Waren wird bestimmt durch die neutrale oder feindliche Staatsangehörigkeit des Eigentümers, und falls dieser keine Staatsangehörigkeit oder sowohl neutrale wie feindliche Staatsangehörigkeit besitzt, nach seinem Wohnsitz im neutralen oder feindlichen Lande.

Jedoch werden die Waren, die einer anonymen oder einer Aktiengesellschaft gehören, als neutral oder feindlich angesehen, je nachdem die Gesellschaft ihren Sitz im neutralen oder feindlichen Lande hat."

Auch über diesen Vorschlag konnte indes keine Einhelligkeit erzielt werden. (Vgl. hiezu auch den Bericht der Kommission über „feindliche Eigenschaft", Annexe 115).

[1]) Hold v. Ferneck a. a. O. S. 329 meint, der internationale Pr. H. werde sich für das Staatsangehörigkeitsprinzip entscheiden.

ihre Handelsschiffe möglichst in Sicherheit zu bringen und ihnen zu diesem Zwecke die neutrale Flagge zu erwirken. Das Interesse der Gegenpartei ist natürlich darauf gerichtet, derartige Transaktionen, die sie um einen beträchtlichen Teil ihrer Seebeute verkürzen würden, nach Kräften hintanzuhalten. Am einfachsten wäre es nun entschieden gewesen, schlechthin zwischen Schiffsübertragungen vor und nach Beginn der Feindseligkeiten zu unterscheiden. Dieses System wäre insoferne von Vorteil für die Kreuzer gewesen, als dieselben dann nur das Datum der Schiffsübertragung nachzukontrollieren gehabt hätten. Billigkeitsrücksichten ließen indes eine andere Lösung rätlich erscheinen und der Generalbericht bemerkt daher treffend: „Glücklicherweise hat man sich über eine Regelung verständigt, welche die beiden Interessen nach Möglichkeit in Einklang bringt und dem Kriegführenden und dem neutralen Handel Klarheit gibt."

a) Was nun den Übergang des feindlichen Schiffes zur neutralen Flagge vor Beginn der Feindseligkeiten betrifft, so gilt folgende Grundregel: ein Übergang vor Beginn der Feindseligkeit ist rechtsgültig „unter der Voraussetzung, daß die allgemeinen rechtlichen Bedingungen für die Gültigkeit erfüllt sind". Sonderbarerweise hat nun aber die kriegführende Partei die Möglichkeit vor dem Prisengericht den Beweis zu liefern, daß der erfolgte Übergang den Zweck hatte, den mit der Eigenschaft eines feindlichen Schiffes verbundenen Folgen zu entgehen. Gelingt dieser Beweis, so unterliegt das beschlagnahmte Schiff als feindlich der Konfiskation. Diese Rechtsnorm ist m. E. deshalb merkwürdig, weil hier den beteiligten Parteien aus dem aufseiten des feindlichen Verkäufers vorliegenden Motiv ein Fallstrick gedreht wird. Nun sind aber Motive für die rechtliche Beurteilung in der Regel irrelevant. Es besteht durchaus kein zwingender Grund für das Völkerrecht eine Ausnahme und deshalb einen Rechtsnachteil zu konstruieren, weil der feindliche Handelsmann angesichts des drohenden Krieges in menschlich sehr begreiflicher Weise sein Schiff zu verkaufen sucht. Das berechtigte Interesse des Kriegführenden geht allein dahin, Scheinübertragungen und solche Transaktionen, bei denen in irgendeiner Weise Rückgängigmachung vorbehalten ist, auszuschließen. Diese Geschäfte allein sollte das Völkerrecht verbieten. In allen anderen Fällen der rechtsgültigen Übertragung dagegen hat das SBR. ohnehin schon seine Wirksamkeit entfaltet, indem sich der feindliche Handelsmann gewissermaßen unter seinem Druck zum Verkauf des Schiffes entschließt. Daß er bei diesem Verkaufe der Geschädigte sein wird, da er unter einer Zwangslage feilbietet, bedarf m. E. keines Beweises. Zu beachten ist ferner, daß der durch die Bestimmung des Art. 55 an zweiter Stelle eventuell Geschädigte der Neutrale sein wird, der das Schiff unter solchen Umständen definitiv gekauft hat, denn ihm wird nun das Schiff konfisziert. Die Bestimmung des Art. 55 bewirkt somit, daß nicht nur der eigentliche Seekrieg, sondern auch die demselben vorangehende zweimonatliche Zeitperiode bereits unter dem Zeichen des SBR. steht; sie trägt infolgedessen in wesentlichem Maße dazu bei, das SBR., dieses an sich berechtigte Kriegsmittel, zu diskreditieren. Die Regel des Art. 55 bedeutet demnach eine Überspannung des dem SBR. zugrundeliegenden Prinzips, der gegenüber absolute Beschränkung desselben auf die zur Zeit des Kriegbeginns auf beiden Seiten vorhandenen Handelsschiffe zu fordern ist.[1])

Dem Prinzip des Art. 55 stehen zwei Vermutungen zur Seite. Bei der ersteren handelt es sich um eine Präsumtion der Nichtigkeit, sofern die Übertragungsurkunde an Bord fehlt und der Flaggenwechsel weniger als 60 Tage vor Beginn der Feindseligkeit stattgefunden hat. Diese Vermutung findet ihre Rechtfertigung in dem durch die gekennzeichneten Umstände nahegelegten Verdacht, daß in diesem Falle lediglich ein Scheingeschäft vorliegt. Damit diese Vermutung zugunsten der nehmenden Kriegspartei wirkt, hat dieselbe vor dem Prisengericht erstens den Mangel der Übertragungsurkunde darzutun, zweitens zu beweisen, daß der Flaggenwechsel weniger als 60 Tage zurückliegt.

Da es sich aber bloß um eine praesumtio iuris handelt, hat das von der Beschlagnahme betroffene feindliche Schiff vor dem Prisengericht die Möglichkeit die Gültigkeit des Eigentumsübergangs zu beweisen, indem es dartut, daß der Übergang nicht zum Zwecke der Vermeidung der Kriegsfolgen geschah.

Die Möglichkeit des Gegenbeweises erscheint somit als eine besondere Vergünstigung des in solcher Situation betroffenen feindlichen Schiffes, m. a. W. es handelt sich um einen Exkulpationsbeweis.

Liegt der Übertragungsakt mehr als 60 Tage zurück, so kann sich die nehmende Kriegspartei natürlich nicht auf die Vermutung des Art. 55 Abs. 1 Satz 2 stützen. Dagegen bleibt ihr die Beweismöglichkeit nach Art. 55 Abs. 1 Satz 1, so-

---

[1]) Der von mir im Text vertretene Gedanke findet sich auch bei Arthur Cohen, The Declaration of London, in der Law Quarterly Review 1911, S. 23: I also think, that the bona fide and out-and-out sale of merchantships in contemplation of or during war should be allowed. Dagegen fordert Kriege in seinem Exposé über den Ausdruck „bonne foi", (Prot. der L K. S. 260) daß die bona fides auch den Mangel der Absicht den nachteiligen Folgen des SBR. zu entgehen, mit umfassen müsse.

fern nicht die Voraussetzungen der Gültigkeitsvermutung nach Art. 55 Abs. 2 Satz 1 gegeben sind.

Art. 55 Abs. 2 enthält eine präsumtio iuris et de iure zugunsten des von der Beschlagnahme betroffenen feindlichen Schiffes. Er sucht die dem ganzen Artikel zugrundeliegende, oben näher gekennzeichnete Härte zu mildern, indem er eine gewisse Art der Schiffsübertragungen gegen den Einwand schützt, als seien sie nur zwecks Vermeidung der Kriegsfolgen ausgeführt worden. Mit diesem Einwand wird die nehmende Kriegspartei nämlich dann nicht gehört, wenn der „Übergang mehr als 30 Tage vor Beginn der Feindseligkeiten herbeigeführt worden ist, unbedingt und vollständig ist, der Gesetzgebung der beteiligten Länder entspricht und zur Folge hat, daß die Verfügung über das Schiff und der Gewinn aus seiner Verwendung nicht in denselben Händen wie vor dem Übergang bleiben". Sache des beschlagnahmten Schiffes ist es, den Beweis dieser Tatsachen vor dem Prisenhof zu erbringen, um damit definitiv der Konfiskation zu entgehen. Ist dagegen der Übergang nur 30 Tage oder weniger als 30 Tage vor Beginn der Feindseligkeiten erfolgt, so kann die praesumtio iuris et de iure niemals Platz greifen. Vielmehr kommt dann Art. 55 Abs. 1 Satz 1 und eventuell die Vermutung des Satzes 2 zur Anwendung.

Auch in dem durch Art. 55 Abs. 2 bezeichneten Falle definitiver Schiffsübertragung soll ein Schiff, dessen Übertragung weniger als 60 Tage zurückliegt, die Übertragungsurkunde an Bord führen; denn nur dann kann es Schadensersatz für ungerechtfertigte Beschlagnahme geltend machen; andernfalls hätte es der nehmenden Kriegspartei als zum mindesten verdächtiges Schiff berechtigten Anlaß zur Beschlagnahme gegeben und müßte deshalb, obwohl freizulassen, den durch die Beschlagnahme verursachten Schaden selbst tragen.[1])

Die Schadensersatzregel des Abs. 2 findet natürlich entsprechende Anwendung auf die Fälle des Abs. 1; denn wenn schon ein mehr als 30 Tage vor Kriegsbeginn definitiv übertragenes Schiff im Falle der Beschlagnahme mit der eventuellen Kostentragung zu rechnen hat, dann gilt das um so mehr für die Übertragungen des Abs. 1, die keine 30 Tage zurückzuliegen brauchen.

b) Um vieles einfacher gestaltet sich die Regelung der Schiffsübertragungen nach Beginn der Feindseligkeiten. Ein derartiger Übergang zur neutralen Flagge ist prinzipiell nichtig (Art. 56). Das feindliche Schiff

[1]) Mit Recht bezeichnet Hold v. Ferneck (a. a. O. S. 326) die vorstehenden Regeln als „allzu kompliziert" und ihrer Redaktion nach „als nicht gelungen".

unterliegt also nach wie vor dem SBR., doch kann es vor dem Prisengericht den Beweis erbringen, daß dieser Übergang nicht herbeigeführt worden ist, um den mit der Eigenschaft eines feindlichen Schiffes verbundenen Folgen zu entgehen.[1]) Der Beweis erscheint also auch in diesem Falle wiederum als ein dem feindlichen Schiffe zugestandener Exkulpationsbeweis.

Eine unwiderlegliche Vermutung spricht indes für die Nichtigkeit:

1. wenn der Übergang herbeigeführt worden ist, während sich das Schiff auf der Reise oder in einem blockierten Hafen befand;

2. wenn ein Rückkaufsrecht oder Rückfallrecht vorbehalten ist;

3. wenn die Bedingungen nicht erfüllt worden sind, von denen das Flaggenrecht nach der Gesetzgebung der geführten Flagge abhängt.

Die Berechtigung dieser praesumtio iuris et de iure ist nicht zweifelhaft, wenn man bedenkt, daß im ersten der genannten Fälle „die Beziehung zwischen dem Übergang und der dem Schiffe drohenden Kriegsgefahr offen zutage tritt",[2]) während im zweiten Falle „der Erwerber als Strohmann erscheint, der während eines gefährlichen Zeitraums als Eigentümer des Schiffes gelten und später das Schiff dem Verkäufer zurückgeben soll".[3]) Die ausdrückliche Erwähnung des dritten Falles dagegen muß als überflüssig erscheinen, denn sind die Bedingungen des Flaggenwechsels nicht erfüllt, dann ist das Schiff zur Führung der neutralen Flagge — und um diese handelt es sich nur im gegebenen Falle — nicht berechtigt, es unterliegt somit nach Art. 57 Abs. 1 ohnehin dem SBR. Es ist selbstverständlich, daß die nehmende Kriegspartei, die sich den Erfolg dieser praesumtio iuris et de iure, nämlich die Konfiskation des Schiffes, zu sichern gedenkt, den Beweis ihrer Voraussetzungen vor dem Prisengericht zu erbringen hat.

2. Die Übertragung von Waren an Neutrale.

Es liegt nahe, ähnlich wie die Schiffe auch die Ware dadurch gegen Wegnahme zu schützen, daß man sie auf Neutrale überträgt. Nur tritt dies Bedürfnis im Gegensatz zu der gegenüber Schiffen befolgten Praxis nicht schon mit Kriegsbeginn in die Erscheinung, sondern erst im Moment der Verfrachtung, da ja das Privateigentum erst von diesem Moment ab dem SBR. unterworfen ist. Die Frage der Über-

---

[1]) Z. B.: Eigentumsübergang infolge Erbfalls.
[2]) So deutsches Weißbuch S. 76, 77.
[3]) Weißbuch S. 77.

tragung des Privateigentums vor Beginn der Feindseligkeiten steht sonach überhaupt nicht zur Diskussion, und auch unter den Eigentumsübertragungen nach Beginn der Feindseligkeiten besitzen lediglich diejenigen juristisches Interesse, die zugleich nach Beginn der Beförderung vonstatten gehen, während die vor demselben erfolgenden Übertragungen ohne weiteres gültig sind.

Die nach Beginn der Beförderung an Neutrale vollzogenen Übertragungen gelten als nicht geschehen. Die feindliche Eigenschaft der an Bord eines feindlichen Schiffes verladenen Ware bleibt also bis zur Ankunft am Bestimmungsorte bestehen.

Im Vergleich zu der Bestimmung des Art. 56 ist also die für die Ware geltende Regel um vieles strenger, insoferne der eventuell denkbare Beweis, daß dieser Übergang nicht herbeigeführt worden ist, um den mit der Eigenschaft einer feindlichen Ware verbundenen Folgen zu entgehen, überhaupt nicht zugelassen ist. Diese Verschiedenheit hat ihren Grund in der Tatsache, daß bei Waren die Möglichkeit, sich durch den Verkauf derselben vor der Ausübung des SBR. sicherzustellen, eine ungleich größere, mannigfaltigere und viel schwerer kontrollierbare ist, als bei Schiffen. Es ist daher nicht mehr als billig, wenn Art. 60 die kriegführende Partei bei Übertragungen von Waren nach Beginn der Feindseligkeiten durch ein um vieles radikaleres Schutzmittel sicherzustellen sucht, als da, wo es sich um Schiffsübertragungen handelt.

Die Regel des Art. 60 gilt für die Fälle, in denen das Schiff auf hoher See von dem Ausbruch der Feindseligkeiten überrascht wird. Ein während der dem Schiff zuteil werdenden Schonzeit ausgeführter Warenverkauf ist sonach ebenfalls unwirksam.

Warenübertragungen, die dagegen vor Beginn der Feindseligkeiten in der ausgesprochenen Absicht vorgenommen werden, dem SBR. zu entgehen, sind völkerrechtlich einwandfrei. Sie genießen also die gleich günstige rechtliche Behandlung wie alle Übertragungen, die ohne diese Absicht ausgeführt werden und die deshalb gegen die Unbilden des SBR. geschützt sind, weil sie im Vertrauen auf die Fortdauer des Friedens unternommen worden sind.

Die Regel von der Fortdauer der feindlichen Eigenschaft der an Bord eines feindlichen Schiffes verladenen Ware erleidet aus Billigkeitserwägungen in einem einzigen Falle eine Ausnahme, nämlich:

> „Übt jedoch vor der Wegnahme im Falle des Konkurses des derzeitigen feindlichen Eigentümers ein früherer neutraler Eigentümer ein gesetzliches Rückforderungsrecht in

Ansehung der Ware aus, so nimmt diese die neutrale Eigenschaft wieder an“ (Art. 60 Abs. 2).

Das Deutsche Weißbuch begründet diese Ausnahmebestimmung folgendermaßen:

„In einer großen Anzahl von Ländern hat der nicht bezahlte Verkäufer im Falle des Konkurses des Käufers ein gesetzliches Rückforderungsrecht (stoppage in transitu) in Ansehung der Waren, die bereits Eigentum des Käufers geworden, aber noch nicht bei ihm angelangt sind. In einem solchen Falle wird der Verkauf rückgängig gemacht; der Verkäufer erlangt kraft seiner Rückforderung die Ware wieder und es wird so angesehen, als ob er niemals aufgehört hätte, Eigentümer zu sein. Hierin liegt für den neutralen Handel im Fall eines nicht nur zum Scheine[1]) herbeigeführten Konkurses eine Sicherheit, die zu wertvoll ist, als daß sie preisgegeben werden dürfte; der Artikel 60 Abs. 2 bezweckt, sie aufrechtzuerhalten.“

Was die Verteilung der Beweislast anlangt, so ist es in den Fällen des Art. 60, I Sache der nehmenden Partei zu beweisen, daß es sich um Eigentumsübertragungen nach Beginn der Feindseligkeiten handelt, während es in den Fällen des Abs. II dem Neutralen überlassen bleibt darzutun, daß keine Übertragung nach Abs. I in Frage steht. Demgegenüber kann nun allerdings die nehmende Kriegspartei den Beweis führen, daß in Wirklichkeit ein Scheinkonkurs des feindlichen Käufers vorliegt, daß also ein Rückforderungsrecht seitens des Neutralen n i c h t geltend gemacht werden kann.

III. Der Satz der Pariser Deklaration: frei Schiff, frei Gut, bietet für seine völkerrechtlich praktische Durchführung keinerlei Schwierigkeit. Der Kreuzer, der des neutralen Schiffes ansichtig wird, befolgt diese Rechtsregel einfach dadurch, daß er das neutrale Schiff samt der eventuell an Bord befindlichen feindlichen Ladung unbehelligt seines Weges ziehen läßt. Der Satz: frei Schiff, frei Gut, ist also Rechtsnorm und Ausführungsbestimmung zugleich.

Nicht so einfach gestaltet sich die praktische Handhabung der Parömie: unfrei Schiff, frei Gut. Hier ergeben sich für den feindlichen Kreuzer dann Schwierigkeiten, wenn ihm die neutrale Eigenschaft der an Bord vorgefundenen Ware nicht nachgewiesen wird. In diesem Falle bedarf er einer besonderen Ausführungsbestimmung. Sie steht der Rechtsnorm in Gestalt einer Vermutung zur Seite und besagt gerade das Gegenteil derselben, nämlich: unfrei Schiff, unfrei Gut. Die nehmende Kriegspartei ist somit berechtigt, Ladung

---

[1]) Vgl. auch die Ausführungen F u s i n a t o s, Prot. S. 206.

zweifelhafter Natur an Bord feindlicher Schiffe einstweilen mit Beschlag zu belegen. Die Vermutung des Art. 59 überhebt sie der Notwendigkeit, die feindliche Eigenschaft solcher Waren vor dem Prisengericht darzutun, vielmehr ist es Sache des beteiligten Interessenten, den Beweis der Neutralität zu liefern und dadurch die Freigabe der beschlagnahmten Ware zu erwirken.

§ 8.

Vom Seebeuterecht ausgenommene Gegenstände.

Es war der II. Haager Friedenskonferenz nicht beschieden, das SBR. aus der Zahl der Kriegsmittel zu entfernen. Dagegen einigte man sich über gewisse Beschränkungen in der Ausübung desselben, ein Resultat, das vom Standpunkt allgemeiner Billigkeitserwägungen aufs lebhafteste zu begrüßen ist und sich auch auf Seiten der Anhänger des SBR. ungeteilten Beifalls erfreut; denn in diesen Fällen das SBR. zur Anwendung zu bringen wäre zwecklos und daher verwerflich. Das als Rechtsquelle einschlägige Abkommen der II. Haager Konferenz über gewisse Beschränkungen in der Ausübung des Beuterechts im Seekrieg erscheint zum überwiegenden Teil als Sanktionierung einer althergebrachten völkerrechtlichen Praxis. Die in Betracht kommenden Bestimmungen sind im einzelnen folgende:

1. „Unverletzlich sind vor allem die auf See auf neutralen oder feindlichen Schiffen vorgefundenen Briefpostsendungen der Neutralen oder der Kriegführenden, mögen sie amtlicher oder privater Natur sein."

Diese Bestimmung ist neu und war auch im Programm der Konferenz nicht enthalten; ihre völkerrechtliche Normierung ist deutscher Initiative[1]) zu danken. Sie stellt eine wirksame Garantie für den Fortbestand friedlicher Handelsbeziehungen dar und beruht, wie das deutsche Weißbuch (S. 12) erklärt, auf dem Gedanken, daß die Vorteile, die der Kriegführende von der Überwachung des Postverkehrs seines Gegners erwarten kann, zu den damit verbundenen Belästigungen des friedlichen Verkehrs in keinem Verhältnis stehen. Erfolgt die Beschlagnahme des Schiffes, so sind die Briefpostsendungen von dem Beschlagnehmenden möglichst unverzüglich weiter zu befördern. Eine Ausnahme von dieser Regel gilt nur dann, wenn das die Post befördernde Schiff einen Blockadebruch unternimmt. In diesem Falle kann das nehmende Kriegsschiff die auf dem Blockadebrecher befindlichen, nach dem Hafen bestimmten oder von ihm kommenden Briefpostsendungen ohne weiteres wegnehmen.

---

[1]) Prot. III S. 1173.

Die geschilderte seebeuterechtliche Exemtion erstreckt sich nicht auf Postkollis, wie auf eine diesbezügliche Anfrage Italiens[1]) ausdrücklich festgestellt wurde. Auch unterliegen die Postdampfer selbst nach wie vor den für Kauffahrteischiffe geltenden Vorschriften.[2])

2. Befreit von der Wegnahme sind die ausschließlich der Küstenfischerei oder den Verrichtungen der kleinen Lokalschiffahrt dienenden Fahrzeuge, sowie ihr Fischereigerät, ihre Takelage, ihr Schiffsgerät und ihre Ladung.

Diese Bestimmung erscheint als die Sanktionierung eines alten völkerrechtlichen Brauches, den man beibehalten hat, nicht um damit eine besondere Sparte des Seehandels zu protegieren, sondern um eben den nicht gerade reichen Leuten, die diese Schiffahrt betreiben, eine Schädigung zu ersparen, die dem Kriegführenden zu keinem Vorteil verhelfen würde.[3]) Es muß sich also um Schiffe handeln, die die Küstenfischerei als förmliches Gewerbe betreiben. Schiffe, die nur gelegentlich zu dieser Beschäftigung herangezogen werden, sind dieser Befreiung nicht teilhaftig, ebensowenig Schiffe, die ständig oder neben der Küstenschiffahrt zur Hochseeschiffahrt verwendet werden. Gleichgültig ist es dagegen, ob die Küstenschiffahrt an der eigenen oder an der Küste des feindlichen Staates betrieben wird, ob sie in geringer oder erheblicher Entfernung von der Küste stattfindet;[4]) unerheblich ist schließlich auch die Konstruktion, die verwendete motorische Kraft, der Tonneninhalt des Schiffes und die benötigte Zahl der Bedienungsmannschaft.[5])

Unter der Lokalschiffahrt, die die gleiche Befreiung genießt, versteht man völkerrechtlich diejenige Schiffahrt, die, betrieben mit Schiffen und Barken geringer Größe, den Transport landwirtschaftlicher Produkte und die Bewerkstelligung eines bescheidenen lokalen Handels besorgt, z. B. zwischen der Küste und Inseln oder benachbarten Inselbewohnern.

Die Befreiung hört auf, sobald die genannten Schiffe, sei es nun direkt oder indirekt, in irgendwelcher Weise an den Feindseligkeiten teilnehmen.

---

[1]) Prot. III S. 1122.

[2]) Desgleichen unterstehen neutrale Postdampfer trotz der Unverletzlichkeit der Briefpostsendungen den Gesetzen und Gebräuchen des Seekriegs, welche die neutralen Kauffahrteischiffe im allgemeinen betreffen. Doch soll ihre Durchsuchung nur im Notfall unter möglichster Schonung und mit möglichster Beschleunigung vorgenommen werden.

[3]) Vgl. hiezu und zum Folgenden insbes. Fromageots Bericht, Prot. I S. 269 ff., Prot. III S. 970 ff.

[4]) Prot. III S. 967 ff.

[5]) Vgl. hiezu auch Wehberg S. 48 ff.

Die Vertragsmächte haben außerdem die Verpflichtung auf sich genommen, den harmlosen Charakter dieser Fahrzeuge nicht dazu auszunutzen, um sie unter Beibehaltung ihres friedlichen Aussehens zu militärischen Zwecken zu verwenden.

3. Von der Wegnahme sind gleichermaßen die Schiffe befreit, die mit religiösen, wissenschaftlichen oder menschenfreundlichen Aufgaben betraut sind. Auch diese Bestimmung, die ihre Einstellung in dieser Fassung einem Vorschlag des italienischen Gesandten[1]) verdankt, hat ihre Grundlage in einer seit lange geübten Staatenpraxis. Die Fassung der Regel ist im Gegensatze zu den unter 1 und 2 aufgezählten Bestimmungen eine weitere. Es ist demgemäß nicht erforderlich, daß das betreffende Schiff ständig oder auch nur die meiste Zeit in solcher Weise verwendet wird, vielmehr genügt die im einzelnen Falle vorliegende Widmung zu dem betreffenden Zweck. Auch geht die Vergünstigung nicht deswegen verloren, weil das Schiff neben dem privilegierten Zweck kommerzielle Interessen verfolgt. Wohl aber büßt es seine bevorzugte rechtliche Stellung dann ein, wenn es in irgendeiner Weise an den Kriegsoperationen teilnimmt.

4. Zu achten und von der Wegnahme während der Dauer der Feindseligkeiten ausgeschlossen sind die vom Staat ausgerüsteten militärischen Lazarettschiffe. Auch dürfen diese Schiffe bei einem Aufenthalt in neutralen Häfen nicht als Kriegsschiffe behandelt werden. Diese Bestimmung bedeutet eine Ausnahme vom Kriegsbeuterecht.

In gleicher Weise sind dem SBR. entzogen Lazarettschiffe, die ganz oder teilweise auf Kosten von Privaten oder von amtlich anerkannten Hilfsgesellschaften ausgerüstet worden sind. Bezüglich der Voraussetzungen, unter denen solche Schiffe völkerrechtlich privilegiert sind, kann ich mich auf das Abkommen betreffend die Anwendung der Grundsätze des Genfer Abkommens auf den Seekrieg beziehen.

5. Der Vollständigkeit halber ist zu erwähnen, daß auch Kartellschiffe, d. s. Schiffe „die im Laufe eines militärisch maritimen Unternehmens mit einer auf Unterhandlungen oder Abgabe von Erklärungen abzielenden Sendung betraut sind“,[2]) dem SBR. nicht unterliegen. Die genannten Schiffe führen als Erkennungszeichen eine weiße Flagge im Großtop oder auch das Parlamentärsignal N. C. Y. des internationalen Signalbuchs. Für ihre völkerrechtliche Behandlung finden die für die Parlamentäre des Landkriegs geltenden Rechtsregeln analoge Anwendung.

---

[1]) Prot. III S. 981 und 1180.

[2]) Perels S. 204.

6. Bezüglich des Eigentums feindlicher Passagiere, insbesondere der Schiffsbesatzung, verweise ich auf meine Ausführungen zu § 5.

Kommt es in einem der unter 1—6 aufgeführten Fälle zu einer Beschlagnahme deshalb, weil die kriegführende Partei infolge ausreichender Verdachtsmomente hiezu berechtigt zu sein glaubt, so hat nicht der von der Beschlagnahme Betroffene durch die Antretung des Gegenbeweises die Freigabe zu erwirken, vielmehr ist es Aufgabe der nehmenden Kriegspartei den Beweis für die Nichtexistenz einer völkerrechtlichen Exemtion infolge tatsächlicher oder rechtlicher Gründe zu erbringen.

§ 9.

Die Seebeuteberechtigten und ihre ausübenden Organe.

I. Das SBR. steht nur denjenigen öffentlich-rechtlichen Gemeinwesen zu, auf deren gegenseitige Beziehungen im Falle eines ausbrechenden Kampfes das Kriegsrecht Anwendung findet. Seebeuteberechtigt sind demzufolge nur Staaten, die als Völkerrechtssubjekte anerkannt sind. Eine Ausnahme gilt nur insoweit, als beide Staaten auf die Ausübung des SBR. verzichten, während ein einseitiger Verzicht eines Staates auf die Anwendung dieses Kriegsmittels keine entsprechende völkerrechtliche Verpflichtung nach sich zieht.

Dem eben aufgestellten Grundsatz gemäß sind also wohl die zu einer Personalunion oder zu einem Staatenbund vereinigten Einzelstaaten zur Ausübung des SBR. befugt, nicht aber die Glieder einer Realunion oder eines Bundesstaates, da deren völkerrechtliche Selbständigkeit ganz oder teilweise zu Verlust gegangen ist.

Vom SBR. ausgeschlossen sind ferner aufständische politische Parteien, denn ihnen stehen keinerlei kriegsrechtliche Befugnisse zur Seite. Würden sie gleichwohl zur Ausübung des SBR. schreiten, so hätten sie zu gewärtigen, daß die einzelnen Ausübungsakte nach straf- und standesrechtlichen Gesichtspunkten, nicht aber nach Kriegsrecht abgeurteilt würden.

Unfähig zur Ausübung des SBR. sind schließlich auch die Kolonien zivilisierter Staaten, da sie der völkerrechtlichen Persönlichkeit ermangeln. Es ist indes wohl möglich, daß der Staat, zu dem sie in einem staatsrechtlichen Unterordnungsverhältnis stehen, sie zur Kriegführung beauftragt; in einem solchen Falle sind sie dann berechtigt feindliches Privateigentum wegzunehmen, genauer gesprochen: sie erlangen damit das exercitium des SBR., während Rechte und

Pflichten aus demselben in der Person des übergeordneten Staates als Auftraggebers zur Entstehung gelangen. Ein selbständiges Ausübungsrecht dagegen entsteht für die Kolonien erst in dem Moment, in dem die Umbildung zum Staat als vollendet zu erachten ist.[1])

II. Das Hauptorgan der Ausübung des SBR. ist seit 1856 die feindliche Kriegsflotte, d. i. die Gesamtheit derjenigen Schiffe, die, im Eigentum des feindlichen Staates befindlich, zum Zwecke der Kriegführung besonders ausgerüstet und militärisch bemannt sind, unter militärischem Kommando stehen und auch äußerlich als Kriegsschiffe erkennbar sind.

Die Pariser Deklaration vom Jahre 1856 brachte die Abschaffung der Kaperei im Verhältnis der meisten zivilisierten Staaten untereinander. Spanien und Mexiko traten der Deklaration im Jahre 1907 auf der II. Haager Friedenskonferenz, die Vereinigten Staaten von Nordamerika im Jahre 1909 auf der Londoner Seerechtskonferenz bei. Die Kaperei spielt daher augenblicklich nur mehr in den gegenseitigen Beziehungen einiger kleinerer Staaten eine Rolle; als solche kommen in Betracht: Venezuela, Neugranada, Bolivia und Uraguay. Angesichts ihrer untergeordneten Bedeutung in der Gegenwart kann ich mich mit einer kurzgefaßten Schilderung dieses einst so weit verbreiteten Seebeuteorgans begnügen.

Unter einem Kaperschiff versteht man ein Privatschiff, das von einem der kriegführenden Staaten ermächtigt ist auf Handelsschiffe feindlicher Flagge Jagd zu machen. Die staatliche Autorisation wird dem betreffenden Schiff in Form eines Kaperbriefes, auch lettre de marque genannt, ausgehändigt. Die Kaperei ist also ein System des legalisierten und organisierten Seeraubs,[2]) das seine Entstehung dem Grundsatz verdankte: der Zweck heiligt das Mittel. Seinen Ursprung hatte es in der mittelalterlichen Selbsthilfe. Es entstand zu einer Zeit, wo der Staat, zu schwach die Rechte des einzelnen Untertanen zu schützen, diesem selbst die tatkräftige Durchführung seiner Interessen nach außen hin in weitestem Maße überließ.

In der Folgezeit, namentlich zu Ende des 18. Jahrhunderts, nahmen die Mißstände, die dieses System zeitigte, außerordentlich überhand. Vielfach eröffneten die Kaper die Feindseligkeiten mit Angriffen auf das Privateigentum des Gegners. Die landesgesetzliche Reglementierung erwies sich gegenüber den Ausschreitungen, die sie sich zuschulden

---

[1]) Vgl. hiezu auch Roepcke S. 48 ff.
[2]) So Meurer, Vorlesung über Völkerrecht.

kommen ließen, als ohnmächtig; nicht selten waren es geradezu die Staaten selbst, die das Treiben der Kaperschiffe unterstützten oder doch zum mindesten duldeten. Zwar fehlte es schon vor 1815 nicht an Staatsverträgen, die die Kaperei im Falle eines ausbrechenden Krieges aus der Zahl der zur Anwendung gelangenden Kriegsmittel verbannten. Allein erst vom Jahre 1815 ab sahen die Kontinentalstaaten tatsächlich davon ab weitere Freibriefe zu erteilen, während das Jahr 1856 die formelle Aufhebung der Kaperei für die Mehrzahl der Großmächte brachte.

Das Jahr 1907 schuf ein neues Organ zur Ausübung des SBR.; es sind die in Kriegsschiffe umgewandelten Handelsschiffe.

Man hat zu wiederholten Malen behauptet — und auch auf der Haager Konferenz wurde diese Befürchtung laut[1]) — damit kehre man zu der im Jahre 1856 abgeschafften Kaperei zurück; das nunmehr völkerrechtlich sanktionierte System der freiwilligen Seewehr sei nichts anderes als eine verschleierte Form der Kaperei; in ihrem Endzweck kämen beide Einrichtungen auf dasselbe hinaus.

Nichts ist verkehrter als diese Ansicht, die das Wesen beider Einrichtungen gründlich verkennt. Wie ernst es den Konferenzmächten mit der Beibehaltung des durch das Jahr 1856 geschaffenen Zustandes war, das mag man am besten aus Fromageots Bericht zu Art. 1 des Abkommens über die Umwandlung von Kauffahrteischiffen in Kriegsschiffe ersehen. Er sagt: „Art. 1 hat den Zweck jegliche Garantie gegen eine mehr oder minder verschleierte Rückkehr zur Kaperei zu geben". In der Tat, die Unterschiede zwischen dem vor 1856 herrschenden und dem durch das zitierte Abkommen neu geschaffenen Rechtszustand sind so tiefgreifender Natur, daß von einer Rückkehr zur Kaperei nicht gesprochen werden kann. Ein Handelsschiff, das, umgewandelt in ein Kriegsschiff, die völkerrechtliche Stellung eines solchen, somit auch die Befugnis zur Ausübung des SBR., besitzen will, muß zu diesem Zweck dem direkten Befehle, der unmittelbaren Aufsicht und der Verantwortlichkeit der Macht, deren Flagge es führt, unterstellt sein; es muß die äußeren Abzeichen der Kriegsschiffe seines Heimatlandes tragen, der Befehlshaber muß im Staatsdienst stehen und von der zuständigen Staatsgewalt ordnungsgemäß bestellt sein. Sein Name muß in der Rangliste der Kriegsmarine stehen. Die Mannschaft muß den Regeln der militärischen Disziplin unterworfen sein. Endlich hat das Schiff bei seinen Unternehmungen die Gesetze und

[1]) Prot. III S. 815 ff. (Barbosa), vgl. aber auch die Ausführungen des österreich. Bevollmächtigten Lammasch, Prot. III S. 820/21 und des engl. Bevollmächtigten Reay, Prot. III S. 931.

Gebräuche des Krieges zu beobachten. Der Kriegführende hat die erfolgte Umwandlung möglichst bald auf der Liste seiner Kriegsschiffe zu vermerken. Werden diese Bedingungen erfüllt, dann ist das Schiff brauchbares Organ zur Ausübung des SBR. Es handelt sich also im wesentlichen um Vorschriften, die teils den Neutralen, teils den Feinden die nötigen Anhaltspunkte darüber geben sollen, wessen sie sich bei Begegnungen mit Handelsschiffen zu versehen haben. Der große, zwischen der Kaperei und der Tätigkeit der nunmehr in Kriegsschiffe verwandelbaren Handelsschiffe bestehende Unterschied läßt sich also dahin präzisieren, daß es sich bei der Umwandlung von Kauffahrteischiffen um ein staatlich geleitetes und unter staatlicher Verantwortlichkeit stehendes Unternehmen handelt. Die Ausübung des SBR. durch diese Schiffe wird sich infolgedessen in den gleichen Bahnen bewegen wie die durch Kriegsschiffe. Mißbräuche, wie sie die Kaperei mit sich brachte, sind damit ein für allemal unmöglich gemacht.[1])

Man hat die erfolgreiche Wirksamkeit der in Kriegsschiffe umgewandelten Kauffahrteischiffe speziell in ihrer Verwendung als seebeutende Organe wiederholt in Zweifel gezogen: man machte geltend, die Umwandlung der Schiffe gestalte sich außerordentlich schwierig, sie besäßen nicht die genügende Schnelligkeit, um auf feindliche Handelsschiffe mit Erfolg Jagd zu machen.[2]) M. E. fußen diese Zweifel mehr auf den Erfahrungen, die man mit den Schiffen alter und ältester Konstruktion gemacht hat; Schiffstypen moderner Konstruktion gegenüber erscheinen sie als unbegründet. Auch die gefürchteten Schwierigkeiten der Umwandlung lassen sich auf ein bescheidenes Maß zurückführen, wenn man bedenkt, daß verschiedene Mächte bereits in Friedenszeiten diesbezügliche Verträge mit den einzelnen Schiffahrtsgesellschaften abschließen [3]) und sich in diesen Abmachungen vielfach einen maßgebenden Einfluß auf die Bauart der neu zu konstruierenden Schiffe sichern. Die zu Beginn des Krieges erfolgende Umwandlung erscheint somit als ein zu Friedenszeiten wohl vorbereiteter Akt.

---

[1]) Zorn a. a. O. S. 196: Durch diese strengen Vorschriften darf die in den Verhandlungen lebhaft geltend gemachte Befürchtung, es handle sich bei derartigen Umwandlungen nur um eine verschleierte Rückkehr zur Kaperei, als gegenstandslos betrachtet werden. — Dagegen Schreckenthal, Die Entwicklung des internationalen Seekriegsrechtes, S. 11: „In dieser Umwandlung . . . . . . liegt in gewissem Sinn eine moderne Ausgestaltung der Kaperei."

[2]) Vgl. Fitger, Rückwirkung usf. S. 14 ff., 44, 45.

[3]) Ähnlich auch Zorn a. a. O. S. 105; Schreckenthal a. a. O. S. 6; Niemeyer, Seekriegsrecht S. 14; Bentwich a. a. S. S. 331.

II. Kapitel: Die Ausübung des Seebeuterechts und seine rechtlichen Wirkungen.

§ 10.

Der Schauplatz des Seebeute-Rechts.

Der Schauplatz des SBR. deckt sich mit dem Schauplatz des Seekriegs überhaupt. Wie dieser umfaßt er sonach das offene Meer und die Eigentumsgewässer der Kriegführenden; er erstreckt sich dagegen nicht auf Küstengewässer der Neutralen und ebensowenig auf die verschiedenen Arten neutralisierter Gewässer, z. B. die neutralisierten Binnengewässer, Meere, Meerengen und Strommündungen. Rechtmäßig ist demnach nur die innerhalb des so bezeichneten Seekriegsschauplatzes betätigte Aufbringung, während alle von den Kriegsschiffen der Kriegführenden innerhalb der Küstengewässer einer neutralen Macht begangenen Feindseligkeiten mit Einschluß der Wegnahme und der Ausübung des Durchsuchungsrechts eine Neutralitätsverletzung darstellen und unbedingt untersagt sind. Diese Regel enthält das leitende Prinzip. Sie läßt sich zurückführen auf jenen allgemeinen Satz, wonach die Kriegführenden die Hoheitsrechte der neutralen Mächte zu achten und sich in deren Gebiet und Gewässern jeder Handlung zu enthalten haben, die aufseiten der Mächte, die sie dulden, eine Verletzung ihrer Neutralität darstellen würde.[1])

Zu den durch das Abkommen verbotenen feindseligen Handlungen gehört aber nicht nur die Durchsuchung und Wegnahme, sondern auch die bis innerhalb des neutralen Hoheitsbereiches fortgesetzte Verfolgung eines Schiffs, ferner das Auflauern auf feindliche Schiffe durch Kreuzen in neutralen Gewässern;[2]) außerdem ist die neutrale Regierung verpflichtet, die Ausrüstung oder Bewaffnung jedes Schiffes innerhalb ihres Hoheitsbereiches zu verhindern, bei dem sie triftige Gründe für die Annahme hat, daß es zum Kreuzen oder zur Teilnahme an feindlichen Unternehmungen bestimmt ist.[3]) Sie ist ferner verpflichtet dieselbe Überwachung auszuüben, um zu verhindern, daß aus ihrem Hoheitsbereich irgendein zum Kreuzen oder zur Teilnahme an feindlichen

---

[1]) Art. 1 des Haager Abkommens betr. die Rechte und Pflichten der Neutralen im Falle eines Seekriegs. Hieraus erklärt sich auch die Vorschrift des Art. 4, wonach von einem Kriegführenden auf neutralem Gebiet oder auf einem Schiffe in neutralen Gewässern kein Prisengericht gebildet werden darf.

[2]) Art. 2 des zit. Abkommens und Bernsten a. a. O. S. 216 ff.

[3]) Art. 8 des zit. Abkommens.

Unternehmungen bestimmtes Schiff ausläuft, das innerhalb ihres Hoheitsbereichs ganz oder teilweise zum Kriegsgebrauche hergerichtet worden ist. Dagegen stellt die bloße Durchfahrt von Prisen und Kriegsschiffen durch neutrale Küstengewässer keine Neutralitätsverletzung dar; auch darf die neutrale Macht zulassen, daß die Kriegsschiffe der Kriegführenden sich ihrer bestallten Lotsen bedienen.[1])

Kommt die neutrale Macht den oben erwähnten Verpflichtungen nicht nach, so handelt sie völkerrechtswidrig und es interessiert daher die Frage: Welches ist die Rechtslage, die durch eine auf neutralem Gebiet vorgenommene Wegnahme erzeugt wird? Welcher Art sind insbesondere die Ansprüche der dadurch geschädigten Partei und gegen wen sind dieselben gerichtet?

Die Antwort gibt uns das Abkommen der II. Haager Friedenskonferenz, betreffend die Rechte und Pflichten der Neutralen im Falle eines Seekriegs.

I. Der Ausbruch des Seekriegs bringt für den neutralen Staat zweierlei Pflichten mit sich. Gegenüber zukünftigen Neutralitätsverletzungen hat er die nötigen Präventivmaßregeln zu ergreifen, gegenüber geschehenen zu Repressivmaßregeln zu schreiten. Die erstere Pflicht normiert Art. 25. Darnach ist eine neutrale Macht verpflichtet, nach Maßgabe der ihr zur Verfügung stehenden Mittel die erforderliche Aufsicht auszuüben, um innerhalb ihrer Häfen, Reeden und Gewässer jede Verletzung der vorstehenden Bestimmungen zu verhindern. Sie ist daher auch gehalten, innerhalb ihres Hoheitsbereichs beabsichtigte Anhaltungen, Durchsuchungen und Wegnahmen nach Kräften zu verhindern.

II. Einen breiteren Raum widmet das Abkommen der Verpflichtung des neutralen Staates zur Ergreifung von Repressivmaßregeln. Es unterscheidet im Hinblick auf dieselben zwei Hauptfälle, nämlich die Aufbringung eines Schiffs innerhalb neutraler Gewässer einerseits und die Verbringung eines außerhalb des neutralen Gebietes weggenommenen Schiffes in neutrale Gewässer andererseits.

1. Im ersten Falle können nun die tatsächlichen Verhältnisse so gelagert sein, daß sich das Schiff nach erfolgter Beschlagnahme noch im Hoheitsbereich der neutralen Macht befindet.

a) Ist dem so, dann hat die neutrale Macht die ihr zur Verfügung stehenden Mittel anzuwenden, um die Befreiung der Prise mit ihren Offizieren und Mannschaften herbeizuführen und die von dem Wegnehmenden auf die Prise gelegte

---

[1]) Art. 10 u. 11 des zit. Abkommens.

Besatzung bei sich festzuhalten.[1]) Voraussetzung für diese Pflicht zu positivem Einschreiten ist indes, daß dem neutralen Staat hinreichende Mittel zur Verfügung stehen. Mit Rücksicht darauf, daß diese Voraussetzung nicht bei allen Staaten und auch nicht zu allen Zeiten zutrifft, hat man davon Abstand genommen, dieser Verpflichtung eine absolutere Fassung zu geben.[2])

Die neutrale Macht kann also selbst zu Gewaltmitteln schreiten um die Befreiung der Prise zu bewerkstelligen. Es besteht daher m. E. auch kein Bedenken, dem Neutralen die unmittelbare Verfolgung eines ursprünglich noch in seinem Hoheitsbereich befindlichen, dann aber mit seiner Prise entfliehenden Kriegsschiffes zu gestatten.[3]) Voraussetzung für diese Nacheile muß dabei allerdings sein, daß sie in continenti erfolgt; denn andernfalls hätte der neutrale Staat nach Maßgabe des weiter unten zu besprechenden Art. 3 Abs. 2 zu verfahren.

Da die Wegnahme eines Schiffes auf neutralem Gebiet rechtswidrig ist, so hat das Prisengericht auf die Restitution des Schiffes, wie auch auf Zuerkennung eines angemessenen Schadenersatzes zu erkennen. Nebenher aber geht die Berechtigung des neutralen Staates, von der nehmenden Kriegspartei Genugtuung und Schadensersatz wegen der ihm zugefügten Neutralitätsverletzung zu verlangen.

Wie aber, wenn der Nehmestaat behauptet, daß die Wegnahme tatsächlich auf dem eigentlichen Kriegsschauplatz stattgefunden hat, daß also der neutrale Staat gar nicht berechtigt war die Befreiung der Prise zu bewirken?

Mit dieser Fragestellung wird zunächst zum Ausdruck gebracht, daß auch in den Fällen, in denen eine Befreiung des Schiffes stattgefunden hat, die Möglichkeit eines Prisenprozesses gegeben ist. Gelingt es der nehmenden Kriegspartei in diesem Prozeß die Rechtswidrigkeit der Befreiung darzutun, dann ist klar, daß die Prise, falls die sonstigen Voraussetzungen zutreffen, dem Nehmestaate zugesprochen werden muß und daß der neutrale Staat dem Nehmestaat gegenüber zu Schadensersatz verpflichtet ist. Es folgt daraus für den neutralen Staat die Notwendigkeit, sich, bevor er zur Befreiung einer Prise schreitet, genau über den Ort der Beschlagnahme zu vergewissern, um sich derartigen Forderungen des Nehmestaates gegenüber sicherzustellen.

Es wäre nun denkbar, daß der neutrale Staat mit Rücksicht auf die ihm eventuell erwachsende Schadensersatzpflicht allzu ängstlich mit der Befreiung von Prisen zu Werke

[1]) Art. 3, I des zit. Abkommens.
[2]) Vgl. hiezu den von Renault verfaßten Bericht, Prot. I S. 295 ff.
[3]) Vgl. hiezu Bernsten a. a. O. S. 218, Anm. Nr. 5.

geht oder dieselben überhaupt unterläßt, obwohl er dazu gemäß Art. 3 verpflichtet ist. Was ist dann Rechtens? Wer ist insbesondere befugt, das passive Verhalten des neutralen Staates geltend zu machen?

Diese Frage ist dahin zu beantworten, daß es Sache des benachteiligten Staates und nicht des geschädigten Privaten ist, Schadensersatzansprüche gegen den neutralen Staat zu erheben; denn es handelt sich hier um eine völkerrechtliche Verpflichtung der Staaten in ihrem gegenseitigen Verhältnis. Bei dieser Sachlage wäre es m. E. nicht mehr als billig, wenn dem erwähnten Recht des Staates auch eine entsprechende völkerrechtliche Pflicht desselben zur Geltendmachung dieses Schadensersatzanspruches zur Seite stünde. Soviel ich sehe, ist das nicht der Fall. Es ergibt sich daraus die Konsequenz, daß dem Privaten, falls der eigene Staat die Geltendmachung von Ansprüchen gegenüber dem neutralen Staat ablehnt, mit der Befreiungspflicht des letzteren nicht das mindeste gedient ist, es müßte denn sein, daß ihm die nationale Gesetzgebung eine Handhabe bietet, um den eigenen Staat zu einem entsprechenden Vorgehen zu veranlassen.

b) Der zweite, um vieles einfacher gelagerte Fall des Art. 3 berücksichtigt diejenige Situation, bei der die innerhalb des neutralen Gebietes gemachte Prise noch vor dem Einschreiten der neutralen Macht aus dem Hoheitsbereiche derselben weggebracht worden ist. Die neutrale Macht hat infolgedessen, wie Renaults Bericht dazu bemerkt, keine Möglichkeit direkter Einwirkung auf das gekaperte Schiff. Das einzige was sie tun kann, ist ein entsprechendes Ersuchen auf diplomatischem Weg, gerichtet auf Freigabe der Prise mit ihren Offizieren und ihrer Mannschaft. Eine Verpflichtung zur Einleitung diplomatischer Reklamationen besteht indes für den neutralen Staat nicht. Vielmehr kann er statt dessen auch den Rechtsweg beschreiten, indem er im Falle der Verurteilung des in seinen Küstengewässern gekaperten feindlichen Schiffes durch das nationale Prisengericht Rekurs zum internationalen Prisenhof einlegt (Art. 3 Ziff. 2b und Art. 4 Ziff. 1 des Pr.-Hof-Abk.).[1])

c) Endlich ist Art. 3 Abs. 1 für den neutralen Staat auch dann maßgebend, wenn das auf neutralem Gebiet beschlagnahmte Schiff den neutralen Hoheitsbereich verläßt, nachträglich aber infolge irgendwelcher Umstände wiederum in demselben auftaucht.

2. Im Gegensatz zu dem bisher Besprochenen steht der

---

[1]) Vgl. hiezu auch Bernsten a. a. O. S. 219 und Wehberg a. a. O. S. 44/45.

Fall, in dem sich zwar die Wegnahme des Schiffes außerhalb des neutralen Hoheitsbereiches abgespielt hat, nachträglich aber die Verbringung in denselben stattfindet. Leitendes Prinzip in diesem Falle ist: die Einbringung von Prisen in neutrale Häfen ist verboten.[1]) Um jeglichem Zweifel an der Richtigkeit dieses Prinzips von vornherein zu begegnen, möchte ich gleich hier auf die systematische Stellung des Art. 9 zu sprechen kommen und auf sein Verhältnis zu Art. 21 und 23.

Ein flüchtiger Blick auf Art. 9 könnte zu der Annahme verleiten, als ob derselbe die unbeschränkte Möglichkeit der Zulassung von Prisen durch den neutralen Staat normiere. Diese Annahme trifft indes nicht zu. Art. 9 steht keineswegs im Widerspruch mit dem oben aufgestellten Prinzip. Er sagt im Gegenteil nur, daß die neutrale Macht die Bedingungen, Beschränkungen und Verbote hinsichtlich der Zulassung von Prisen auf beide Kriegführende gleichmäßig zu verteilen hat. Voraussetzung ist aber, daß es sich um ausnahmsweise und völkerrechtlich gemäß Art. 21 und 23 gestattete Fälle der Zulassung von Prisen handelt. In diesen Fällen allein ist die nähere Regelung durch Bedingungen, Beschränkungen und Verbote der nationalen Gesetzgebung des neutralen Staates anheimgegeben. Von einer generellen Zulassungsbefugnis auf Grund autonomer einzelstaatlicher Gesetzgebung ist also in Art. 9 mit keinem Worte die Rede.

Das Abkommen begnügt sich aber nicht mit der Normierung des Prinzips der Nichtzulassung von Prisen in neutralen Häfen, es verpflichtet die neutrale Macht, die Befreiung aller Prisen herbeizuführen, für die keiner der Zulassungsgründe des Art. 21 oder 23 einschlägig ist.

Zu einer Durchbrechung des Prinzips der Nichtzulassung kommt es dagegen: bei Seeuntüchtigkeit der Prise, bei ungünstiger See, wegen Mangels an Feuerungsmaterial oder Vorräten. In diesen Fällen muß die Prise wiederum auslaufen, sobald die Ursache ihres Einlaufens weggefallen ist. Tut sie es nicht, so muß ihr die neutrale Macht eine Aufforderung zum sofortigen Auslaufen zukommen lassen; sollte sie dieser nicht nachkommen, so muß die neutrale Macht die ihr zur Verfügung stehenden Mittel anwenden, um die Befreiung der Prise mit ihren Offizieren und ihrer Mannschaft herbeizuführen, sowie um die von dem Wegnehmenden auf die Prise gelegte Besatzung bei sich festzuhalten.

Ferner gibt Art. 23 der neutralen Macht die Möglichkeit, Prisen, sei es mit, sei es ohne Begleitung, den Zutritt zu ihren Häfen und Reeden zu gestatten, wenn sie dorthin ge-

[1]) Art. 21 des zit. Abkommens und Renaults Bericht hiezu.

bracht werden, um bis zur Entscheidung des Prisengerichtes in Verwahrung gehalten zu werden. Sie kann die Prise in einen andern ihrer Häfen führen lassen: eine Bestimmung, die m. E. mit Rücksicht auf den viel allgemeiner gehaltenen und oben bereits gewürdigten Art. 9 des gleichen Abkommens als überflüssig erscheint. Die Verpflichtung der neutralen Macht im Falle des Art. 23 gestaltet sich äußerlich verschieden, je nachdem es sich um eine von einem Kriegsschiff geleitete oder um eine ungeleitete Prise handelt. Beiden Fällen gemeinsam ist indes, daß die neutrale Macht, da es sich ja um eine ausdrücklich gestattete Einbringung handelt, nicht befugt ist, die Befreiung der Prise oder auch die Festhaltung der Besatzung zu betätigen. Die näheren einschlägigen Bestimmungen enthält Art. 23 Abs. 2 und 3.

Die tiefere ratio des Art. 23 ist die Absicht, Zerstörungen von Prisen möglichst zu vermeiden.[1]) Art. 23 wird demnach besonders in jenen Fällen eine vorteilhafte Wirkung ausüben, in denen die nehmende Kriegspartei über eine nur geringe Zahl von maritimen Stützpunkten verfügt, infolgedessen ohne die durch Art. 23 vorgesehene Möglichkeit vielfach gezwungen wäre, mangels einer geeigneten Verwahrungsstätte zur Zerstörung der Prise zu schreiten.

§ 11.

Die Dauer des Seebeute-Rechts.

Die Wirksamkeit des SBR. ist ebenso wie die der anderen Kriegsmittel auf die Dauer des Kriegszustandes beschränkt. Das Recht zur Ausübung des SBR. beginnt also mit dem Ausbruch und endigt mit dem Abschluß des Krieges, jedoch mit der Maßgabe, daß prisengerichtliche Urteile über Schiffe, die noch während des Kriegszustandes aufgebracht worden sind, nach Maßgabe des Landesrechts auch nach Beendigung des Krieges rechtsgültig gefällt werden können.[2]) Um die Dauer der Wirksamkeit des SBR. feststellen zu können, ist es also zunächst erforderlich, den Moment des Kriegsbeginnes zu ermitteln.

I. Seit der II. Haager Friedenskonferenz vom Jahre 1907 ist der rechtsgültige Beginn des Krieges an das Erfordernis einer Kriegserklärung gebunden. Maßgebend ist das Ab-

[1]) Vgl. Renaults Bericht, Prot. I S. 320/21.
[2]) Sehr gut bemerkt Giordana hiezu (a. a. O. S. 282): È nell interesse dei predati che esso (il Tribunale) continui la sua opera anche dopo la fine della guerra, per evitare il pericolo che siano ritenute valide prede fatte nei giorni seguenti la conclusione della pace, e per accordare indennità nel caso di catture illegali; ferner Roepcke a. a. O. S. 125/126.

kommen über den Beginn der Feindseligkeiten, dessen 1. Artikel folgendermaßen lautet: „Die Vertragsmächte erkennen an, daß die Feindseligkeiten unter ihnen nicht beginnen dürfen ohne eine vorausgehende unzweideutige Benachrichtigung, die entweder die Form einer mit Gründen versehenen Kriegserklärung, oder die eines Ultimatums mit bedingter Kriegserklärung haben muß."

Die Regel ist klar und bündig, gleichwohl bleibt es zweifelhaft, welcher Moment nun für den Beginn des Krieges und damit für den Beginn der Wirksamkeit des SBR. in Betracht kommt.

1. Die Kriegseröffnung durch Übersendung einer Kriegserklärung.

Man denkt in erster Linie an den Moment der Absendung der Kriegserklärung, aber auch an den des Zuganges derselben bei dem Feind oder der Kenntnisnahme durch den Feind; doch könnte auch der Moment des Ablaufs einer bestimmten Frist nach Empfang der Kriegserklärung oder der Vornahme der ersten feindseligen Handlung durch einen der beiden Kriegführenden eine maßgebende Rolle spielen.

Um die Lösung dieser verschiedenen Möglichkeiten gleich vorwegzunehmen: Ausschlaggebend für den Kriegsbeginn ist der Moment des voraussichtlichen Zugangs der Kriegserklärung beim Feind.[1]) Es genügt also einerseits nicht die bloße Absendung der Kriegserklärung, wie es anderseits nicht erforderlich ist, daß der Feind von derselben Kenntnis genommen hat. Der Kriegszustand hat vielmehr mit dem Momente der Kenntnismöglichkeit auf seiten des Feindes begonnen. Diese in kluger Weise die Mitte zwischen den verschiedenen Möglichkeiten haltende Lösung des Problems entspricht ebensosehr den bedeutsamen, mit dieser Frage verknüpften Interessen der Kriegführenden, wie sie in Einklang steht mit den im bürgerlichen Rechte herrschenden Prinzipien.[2])

---

[1]) Vgl. hiezu Renaults Bericht zum Abkommen der 2. Haager Konferenz über den Beginn der Feindseligkeiten, Prot. I S. 133.

[2]) Angesichts des Themas meiner Abhandlung, insbesondere mit Rücksicht darauf, daß die meisten zivilisierten Staaten dem erwähnten Abkommen zugestimmt haben, könnte ich eigentlich davon absehen, in eine Erörterung der Frage einzutreten, wann der Krieg zwischen Staaten beginnt, deren keiner oder von denen nur der eine dem Haager Abkommen zugestimmt hat. Insbesondere der erstere der beiden Fälle besitzt nachgerade nur mehr doktrinäres Interesse. In keinem der beiden Fälle gilt das Erfordernis der Kriegserklärung. Steht also ein Signatarstaat einem Nicht-Signatarstaat gegenüber, so ist er nicht zur Absendung einer Kriegserklärung verpflichtet, kann sich aber andererseits auch auf die rechtliche Wirksamkeit einer trotzdem abgesandten Kriegserklärung nicht berufen. Der Kriegsbeginn

Vom Moment des Zuganges der Kriegserklärung an kann es sich also nur mehr um eine Aufhebung, nicht aber um eine Hinausschiebung des bereits existierenden Kriegszustandes handeln. Unter diesem Gesichtspunkt ist das Verhalten des Gegners auf das Eintreffen der Kriegserklärung hin zu würdigen (z. B. Schweigen, Anerbietungen). Seebeuterechtliche Unternehmungen jeder Art sind also von diesem Moment an nach Kriegsrecht zu beurteilen.

2. Die Kriegserklärung durch Übersendung eines Ultimatums mit bedingter Kriegserklärung.

Da das Ultimatum dem Gegner eine bestimmte Frist auferlegt, innerhalb deren er sich zu erklären hat, so beginnt in diesem Falle der Kriegszustand in dem Moment, in welchem die Frist ohne Antwort, bzw. ohne befriedigende Antwort, verstrichen ist. Es ist klar, daß im letzteren Fall die Bestimmungen des Ultimatums von ausschlaggebender Bedeutung sind. Im Vergleich zur Kriegserklärung bietet das Ultimatum jedenfalls den Vorteil, daß sich der Moment des Kriegsbeginnes mit vollständiger Genauigkeit feststellen läßt, während im Falle der Kriegserklärung dem Ermessen des die Initiative ergreifenden Staates ein gewisser, wenn auch in enge Grenzen gebannter Spielraum gelassen ist.

II. Die Beschlagnahme feindlicher Kauffahrteischiffe muß vor Beendigung des Krieges stattgefunden haben. Nachher erfolgende Beschlagnahmen sind rechtswidrig und können niemals zu einem Eigentumserwerb seitens des Nehmestaates

---

und damit die Wirksamkeit des SBR. datiert vielmehr in solchen Fällen nach völkerrechtlicher Anschauung vom Moment des tatsächlichen Ausbruchs der Feindseligkeiten auf beiden Seiten. Nach dieser Auffassung genügt einseitige Waffengewalt nicht, vielmehr ist gewaltsame Abwehr des Angriffs durch den Angegriffenen (vis mutua) zur Erzeugung des Kriegsbeginns erforderlich. — Dieser Ansicht kann ich nicht zustimmen; m. E. ist einseitige Waffengewalt dann genügend, wenn sie Veranlassung zum Ausbruch eines regelrechten Krieges geworden ist. Bezüglich der Gründe, die für diese Ansicht sprechen, kann ich mich auf die m. E. zutreffenden Ausführungen Roepckes*) zu dieser Frage berufen. Es kann nun freilich eingewendet werden: Die Bedeutung einer einseitigen Waffengewalt als kriegseröffnenden oder nicht kriegseröffnenden Faktors läßt sich erst post festum beurteilen, infolgedessen ist man für eine gewisse Zeitperiode im unklaren darüber, ob Kriegszustand herrscht oder nicht. Dieser an sich berechtigte Einwand ist m. E. praktisch ohne nachteilige Folgen: denn die Notwendigkeit eines prisengerichtlichen Urteils ergibt sich erst nach Ablauf eines gewissen Zeitraums seit der ersten einseitigen Waffengewalt. Bis dorthin ist man aber längst im klaren, ob sie als kriegseröffnender Faktor in Betracht gezogen werden muß oder nicht, und ob infolgedessen Kriegsrecht zur Anwendung zu kommen hat oder Friedensrecht.

---

*) A. a. O. S. 92.

führen. Es wird somit in zweiter Linie der Moment der Kriegsbeendigung von Bedeutung. Da eine ausdrückliche völkerrechtliche Regelung dieser Frage nicht existiert, sind die in der völkerrechtlichen Praxis herrschenden verschiedenen Möglichkeiten in Betracht zu ziehen.

Der Krieg kann sein Ende erreichen durch den Abschluß eines förmlichen Friedensvertrages — dies ist der Regelfall des modernen Krieges —; er kann aber auch sein Ende erreichen infolge tatsächlicher Einstellung der Feindseligkeiten oder infolge Eroberung.

1. Im ersten der drei genannten Fälle ist der Zeitpunkt der Unterzeichnung des Friedensvertrages entscheidend, nicht jener der Ratifizierung. Es ist aber denkbar, daß der Zustand offenen Kampfes schon eine geraume Zeit vor Abschluß des Friedensvertrages geendigt hat, und daß die kontrahierenden Teile mit Rücksicht auf diesen Umstand einen bestimmten Zeitpunkt als abschließenden Moment für kriegerische Unternehmungen festsetzen. Die als maßgebend zugrundegelegten Zeitpunkte sind naturgemäß von Fall zu Fall verschieden; vielfach wählt man indes den Tag der Unterzeichnung oder der Ratifizierung des Friedensvertrages. Alle seebeuterechtlichen Aktionen nach diesem Zeitpunkt verpflichten den Nehmestaat infolgedessen zur Herausgabe, selbstverständlich ohne Schadensersatzleistung, da der maßgebende Zeitpunkt in diesem Falle ja erst nachträglich festgesetzt wurde. Auch dann, wenn von einzelnen Organen nach Abschluß des Friedensvertrages in Unkenntnis desselben seebeuterechtliche Aktionen unternommen werden, entsteht lediglich eine Verpflichtung auf Rückgabe der unrechtmäßig weggenommenen Gegenstände.

2. Anders gestaltet sich die rechtliche Situation im Falle der Debellation. Hier endigt der Kriegszustand und infolgedessen auch das Recht auf Seebeute in dem Moment, in dem der eroberte Staat seine völkerrechtliche Existenz eingebüßt hat. Seebeuterechtliche Aktionen einzelner Glieder des unterworfenen Staates nach diesem Zeitpunkt werden daher nach dem Landesrecht des siegreichen Staates beurteilt. Geschehen sie ohne Kenntnis der vollendeten Debellation, so verpflichten sie zwar zur Rückgabe der gemachten Seebeute, nicht aber zu einer Entschädigung.

3. Zu Unklarheiten über die beiderseitigen Besitzverhältnisse kann es kommen, wenn der Krieg sein Ende durch Einstellung der Feindseligkeiten erreicht. Maßgebend ist in diesem Falle der status quo post bellum. Diese Art der Kriegsbeendigung ist jedoch in neuerer Zeit außerordentlich selten geworden.

III. Im Gegensatz zum Friedensvertrag, der den Kriegszustand definitiv beendet, bedeutet der Waffenstillstand nur eine Unterbrechung der Feindseligkeiten. Das Recht auf Ausübung der Seebeute dauert also fort, dagegen ist seine Wirksamkeit unterbrochen. Dieser Satz gilt uneingeschränkt dann, wenn es sich um einen allgemeinen Waffenstillstand handelt. Würden die kriegführenden Parteien daher gleichwohl das SBR. ausüben, so würden sie sich einer rechtswidrigen Handlungsweise schuldig machen und wären infolgedessen nicht nur zur Restituierung, sondern eventuell auch zu Schadensersatzleistung verbunden. Handelt es sich dagegen um einen besonderen Waffenstillstand, so kann derselbe unter Umständen auf die Kriegsoperationen zu Lande beschränkt sein.[1])

In analoger Weise ist die juristische Bedeutung des Präliminarfriedens im Hinblick auf die Wirksamkeit des SBR. zu beurteilen.

IV. Für die Ausübung des zeitlich also beschränkten SBR. war es bis zur Mitte des 19. Jahrhunderts gleichgültig, ob der Eigentümer des Schiffs im Moment der Anhaltung vom Ausbruch der Feindseligkeiten Kenntnis hatte oder nicht. Das Seebeuterecht trat mit dem Kriegsbeginn prinzipiell allen Schiffen gegenüber in gleicher Weise in Wirksamkeit. Es bedarf keiner näheren Darlegung, daß dieses System zu empfindlichen Schädigungen des feindlichen Handels führte in all den Fällen, in denen im Vertrauen auf die Sicherheit des bestehenden Friedens begonnene Unternehmungen plötzlich durch den Ausbruch des Krieges überrascht wurden. Die ganze Härte des herrschenden Systems bekamen insbesondere diejenigen Schiffe zu fühlen, die beim Beginn der Feindseligkeiten im Hafen ihres Gegners lagen oder gerade in einen einliefen und Schiffe, die im fraglichen Moment in Unkenntnis des Kriegsbeginnes auf hohem Meer vom Gegner angetroffen wurden.

Seit dem Krimkrieg des Jahres 1854 ging daher das Streben der kriegführenden Mächte dahin, die Härten der überlieferten Praxis zu mildern. Es bildete sich das System des sogenannten délai de faveur, das sich in den auf das Jahr 1854 folgenden Kriegen mehr und mehr befestigte und nunmehr dem Abkommen der II. Haager Friedenskonferenz über die Behandlung der feindlichen Kauffahrteischiffe beim Ausbruch der Feindseligkeiten zugrunde liegt.[2]) „Der auch von Deutschland unterstützte

---

[1]) Roepcke zu dieser Frage a. a. O. S. 97, 98; Wehberg a. a. O. S. 42.

[2]) Vgl. zu dieser ganzen Frage Pappenheimer, Die Behandlung der feindlichen Kauffahrteischiffe beim Ausbruch der Feindseligkeiten, Würzburg 1911, Diss.

Antrag, der seit 1854 herrschenden Übung, die eine der größten Härten des SBR. beseitigt, den Charakter einer Rechtsregel zu geben, fand allerdings auf der Konferenz keine Annahme."[1]) Statt einer verpflichtenden Rechtsregel finden wir im Abkommen den ominösen Ausdruck: il est désirable, der überall da wiederkehrt, wo es gilt tiefgehende Meinungsverschiedenheiten der Mächte äußerlich notdürftig zu verhüllen.

Die Gründe, die einer rechtlich verpflichtenden Regelung der ganzen Materie im Wege standen, waren hauptsächlich folgende[2]): in erster Linie der Gedanke, daß es ein äußerst heikles Ding sei, eine bindende Verpflichtung zur Freigabe solcher Schiffe in allen Fällen festzusetzen, und daß dadurch die Interessen der Kriegführenden vielfach gröblich verletzt würden. Ferner erwog man, daß gar manches der auf diese Weise freigelassenen Schiffe nachher in ein Kriegsschiff umgewandelt oder sonstwie zu feindlichen Diensten gegen den ehemaligen Wohltäter herangezogen würde. Enthält also das Abkommen zwar keine völkerrechtliche Verpflichtung zu einer positiv günstigen Behandlung, nämlich zur Freilassung der oben genannten Schiffe, so normiert es doch die Rechtspflicht derartige Schiffe nicht zu konfiszieren und auch in den durch Art. 2 und 3 zugelassenen Fällen der Beschlagnahme, der Requisition und der Zerstörung, ist das Eigentumsrecht des feindlichen Gegners voll und ganz anerkannt; denn die Zerstörung kann nur gegen Entschädigung erfolgen. Das Abkommen bedeutet somit tatsächlich eine Durchbrechung des Prinzips, daß das SBR. mit Beginn des Krieges allen Schiffen gegenüber in gleicher Weise in Wirksamkeit tritt.

Im einzelnen gelten folgende Bestimmungen: Nach Art. 1 des Abkommens ist es erwünscht, daß einem Kauffahrteischiff, das sich beim Ausbruch des Krieges in einem feindlichen Hafen befindet, gestattet wird, unverzüglich oder binnen einer ihm zu vergönnenden ausreichenden Frist frei auszulaufen und mit einem Passierschein versehen unmittelbar seinen Bestimmungshafen oder einen sonstigen ihm bezeichneten Hafen aufzusuchen. Die gleiche Behandlung soll einem Schiffe zu teil werden, das seinen letzten Abfahrtshafen vor dem Beginn des Krieges verlassen und ohne Kenntnis der Feindseligkeiten einen feindlichen Hafen anläuft. Findet es dagegen ein Staat geratener, dem durch Art. 1 ausgedrückten Wunsch nicht nachzukommen, so ist er selbstverständlich n i c h t an denselben gebunden. Macht er von dieser Befugnis Gebrauch und gestattet infolgedessen einem Schiff

[1]) Deutsches Weißbuch S. 9; Prot. III S. 853.
[2]) Vgl. hiezu den Bericht Fromageots, Prot. I S. 250 ff.

das Auslaufen nicht, so darf er es doch nicht einziehen. Er besitzt nur das Recht, entweder ein solches Schiff mit Beschlag zu belegen unter der Verpflichtung, es nach dem Krieg ohne Entschädigung zurückzugeben, oder es gegen Entschädigung für sich anzufordern. Dieselbe Ausnahmestellung nehmen Schiffe ein, die infolge höherer Gewalt den feindlichen Hafen nicht binnen der ihnen gewährten Auslauffrist verlassen können.

Den gleich intensiven völkerrechtlichen Eigentumsschutz genießen Schiffe, die ihren letzten Abfahrtshafen vor Beginn der Feindseligkeiten verlassen haben und in Unkenntnis derselben auf See betroffen werden. Auch ihnen gegenüber besteht die Möglichkeit der Beschlagnahme gegen Rückgabepflicht ohne Entschädigung nach dem Krieg, sowie das Requisitions- und auch das Zerstörungsrecht gegen Entschädigung und unter der Verpflichtung für die Sicherheit der Personen und Erhaltung der Schiffspapiere zu sorgen. In dem Moment, in dem diese Schiffe einen Hafen ihres Landes oder einen neutralen Hafen berühren, tritt das SBR. auch ihnen gegenüber in Wirksamkeit; denn sie erfahren in diesem Moment natürlich von dem Ausbruch der Feindseligkeiten und damit entfällt der Grund für ihre bevorzugte rechtliche Stellung.

Endlich enthält Art. 4 die analoge Bestimmung für die an Bord der Schiffe befindlichen Waren. Er besagt, daß dieselben ebenfalls zusammen mit dem Schiff oder allein entweder der Beschlagnahme unterliegen, wobei sie nach dem Krieg ohne Entschädigung zurückzugeben sind, oder der Anforderung gegen Entschädigung.

Das Abkommen erstreckt sich nicht auf solche Kauffahrteischiffe, deren Bauart ersehen läßt, daß sie zur Umwandlung in Kriegsschiffe bestimmt sind, m. a. W.: die zu Hilfskreuzern ausersehenen Schiffe können schlechthin konfisziert werden. Die Bestimmung ist sicher geeignet in der Praxis Streitigkeiten heraufzubeschwören;[1]) denn nichts ist verständlicher als das Bestreben der Kriegführenden, möglichst viele Schiffe des Gegners als Hilfskreuzer zu definieren und ihnen eine dementsprechende Behandlung angedeihen zu lassen. Indes wird eine Garantie gegen eine allzu ausgedehnte Interpretation dieses Satzes der Umstand bieten, daß der kriegführenden Partei in solchen Fällen vor dem Prisenhofe die Beweislast zufällt. Dem Prisenhofe aber werden bei der Fällung seines Urteils neben der Bauart des Schiffes die in Betreff desselben mit dem Staat geschlossenen

[1]) Vgl. hiezu auch Wehberg a. a. O. S. 40, 41; Fitger, Seekriegsrecht S. 36; Prot. III, S. 944, 951 ff. und insbes. S. 1033 (Ausführungen Krieges).

Schiffsbauverträge einen wichtigen Anhaltspunkt an die Hand geben.

Zum Schlusse noch eine Frage allgemeinen Charakters. Es fällt auf den ersten Blick auf, daß Art. 3 im Gegensatz zu den Art. 1 und 2 dem Kriegführenden auch die Möglichkeit der Zerstörung gibt. Das hat seinen Grund in der Tatsache, daß es viele Mächte gibt, die nicht im Besitz einer ausreichenden Zahl maritimer Stützpunkte sind. Für sie würde demnach die Befugnis der Beschlagnahme oder Anforderung des Schiffes in zahlreichen Fällen illusorisch. In Ermanglung von Kolonien wären sie gezwungen, das gekaperte Schiff wieder freizulassen, das ihnen vielleicht in kurzer Zeit wieder als Kriegsschiff gegenüberträte. Diese Benachteiligung sucht Art. 3 dadurch auszuschließen, daß er das Recht zur Zerstörung der auf hoher See betroffenen Schiffe gegen Entschädigung gewährt. Immerhin bleiben Mächte ohne ausreichende maritime Stützpunkte auch bei dieser Rechtslage noch benachteiligt; denn sie sind eben in solchen Fällen auf die Zerstörungsmöglichkeit angewiesen, die sie dazu noch durch Geld erkaufen müssen. In kolonisatorischer Hinsicht besser entwickelte Länder dagegen können außerdem von der Möglichkeit der unentgeltlichen Beschlagnahme wie auch der Requisition Gebrauch machen. Dies war denn auch der Grund, weshalb Deutschland und mit ihm zugleich China, Montenegro und Rußland das Abkommen nur unter Vorbehalt der Art. 3 und 4 annahmen.[1])

§ 12.

Die Mittel der Ausübung des Seebeuterechts.

Um das SBR. erfolgreich ausüben zu können, muß sich das Kriegsschiff bei Begegnungen mit Schiffen innerhalb des Seekriegsfeldes zunächst vergewissern, ob es sich im gegebenen Falle um ein feindliches Kauffahrteischiff handelt oder nicht, ob die Führung der neutralen Flagge rechtmäßig erfolgt, ob und welche neutrale Waren sich an Bord des feindlichen Schiffes befinden u. dergl. mehr. Das Mittel, das ihm zu dieser Orientierung verhilft, ist das Anhalte- in Verbindung mit dem Durchsuchungsrecht, während ihm die Gewinnung der Prise durch das Aufbringungsrecht ermöglicht wird.[2])

---

[1]) Prot. III S. 1031/32 (Kriege), Prot. I S. 235/36 (Frhr. v. Marschall); Deutsches Weißbuch S. 9.

[2]) Seine Hauptbedeutung erlangt das Anhalte- und Durchsuchungsrecht in der Anwendung gegenüber neutralen Sehiffen, wenn es festzustellen gilt, ob sich Konterbande an Bord des Schiffes befindet, oder ob sich dasselbe einer neutralitätswidrigen Unterstützung schuldig gemacht hat.

Sämtliche drei Rechte sind in der Praxis nicht bestritten; doch fehlt es an einer einheitlichen völkerrechtlichen Regelung. Alles was an Bestimmungen über die Ausübung dieser Rechte vorhanden ist, beruht auf vertragsmäßigen Abmachungen zwischen den Mächten und es erscheint daher begreiflich, daß die Vorschriften, die das dabei zu beachtende Verfahren regeln, in Einzelheiten auseinandergehen.

Als gemeinsamer Grundsatz läßt sich neben vielen anderen die insbesondere in allen neueren Instruktionen enthaltene Vorschrift bezeichnen, wonach die Ausübung der genannten Rechte möglichst schonend und ohne unnötige Belästigungen zu betätigen ist.[1])

Was zunächst das Anhalterecht[2]) betrifft, so gestaltet sich dessen äußerer Verlauf ziemlich einfach. Um das Stoppen des betreffenden Schiffes zu veranlassen, hat der visitierende Kreuzer unter seiner Nationalflagge einen blinden Kanonenschuß (coup de semonce) abzugeben. Bezüglich der Entfernung, aus der dieser Schuß abgefeuert werden muß, schwanken die Bestimmungen zwischen Kanonenschußweite, mehr und weniger als Kanonenschußweite und einer den Umständen angemessenen Entfernung. Hält das Schiff auf diese Aufforderung hin nicht, sucht es sich vielmehr der Durchsuchung durch die Flucht zu entziehen, so macht es sich durch dieses Verhalten jedenfalls verdächtig und veranlaßt damit seine Aufbringung; schreitet es zu gewaltsamem Widerstand, so ist es im Prisenprozeß ohne weiteres dem Nehmestaat als gute Prise zuzusprechen.

Hält das Schiff dagegen auf den Signalschuß hin an, so nimmt der Kreuzer die Prüfung der Schiffspapiere in Angriff. Die Ausführung erfolgt vielfach an Bord des betreffenden Schiffes selbst, wohin sich entweder der Kommandant oder eine Abordnung von ein oder zwei Offizieren mit den nötigen Matrosen in einem Boote begibt. Zweck der Einsichtnahme ist, sich über die Nationalität des Schiffes sowie über seine Bestimmung und über den Charakter der an Bord befindlichen Ware zu orientieren. Ergibt die Prüfung der Papiere, daß es sich um ein feindliches Schiff handelt, so ist die Aufbringung ohne weiteres gerechtfertigt. Ergeben sich keine Verdachtsmomente, oder gelingt es z. B. dem angehaltenen Schiff, den Beweis der Neutralität in einwandfreier Weise zu erbringen, so wird der Kreuzer klug daran tun seine Tätigkeit zu beenden; denn würde er trotzdem zur Beschlagnahme des Schiffes schreiten, so hätte er nicht nur die Freilassung

---

²) Perels a. a. O. S. 283.

¹) Vgl. hiezu Perels S. 283 ff.; Roepcke S. 113 ff.; Bernsten S. 184 ff.; Ullmann, Völkerrecht S. 533 ff.; Wehberg S. 63 ff.; Fell Das Durchsuchungsrecht 1908.

des Schiffes durch das Prisengericht zu gewärtigen, sondern überdies Verurteilung zur Schadensersatzleistung wegen ungerechtfertigter Aufbringung.

Hält dagegen der Kommandant das Schiff für ausreichend verdächtig, so hat er die eigentliche Durchsuchung desselben zu veranlassen: sie erfolgt unter Beiziehung des Kapitäns. Verschlossene Räumlichkeiten, Behältnisse etc. dürfen nicht eröffnet werden. Erforderlichenfalls müßte die Aufschließung derselben durch den Kapitän des Schiffes geschehen. Auch die Ladung des Schiffes darf nur unter Zuziehung des Kapitäns visitiert werden. Würde derselbe seine Beiziehung unmöglich machen oder sonstwie seine Mitwirkung, z. B. bei Öffnung der geschlossenen Räume, versagen, so wäre ohne weiteres ein Grund zur Verurteilung des Schiffes als „gute Prise“ gegeben.

Der Anhaltung und Durchsuchung des Schiffes folgt die Aufbringung desselben. Sie umfaßt die Berechtigung zur Beschlagnahme des Schiffes und zu seiner Verbringung in einen Hafen zwecks Aburteilung durch das Prisengericht. Die Beschlagnahme geschieht in der Weise, daß der Kommandant des Nehmeschiffes die vorgefundenen Waren, womöglich unter Zuziehung des Kapitäns oder auch des Steuermanns des gekaperten Schiffes soweit tunlich unter Siegel und Verschluß legt. Zu diesem Zweck ist ein genaues Inventar aller an Bord befindlichen, beweglichen Sachen anzulegen, offene Räume, Behältnisse etc. sind zu versperren, die Schiffspapiere sind nebst einem Verzeichnisse derselben in Verwahrung zu nehmen, der ganze Vorgang ist zum Gegenstand eines eingehenden Protokolls zu machen.

Nach Beendigung dieser Tätigkeit hat der Kommandant dafür Sorge zu tragen, daß das Schiff in den nächstgelegenen heimatlichen Hafen gesteuert wird, in dem sich ein Prisengericht befindet. Besitzt die nehmende Kriegspartei keinen solchen, so kann er das Schiff auch in den Hafen einer verbündeten und mit besonderer Gestattung auch in den einer neutralen Macht verbringen (Art. 23 des XIII. Abk.). Mit der Verbringung des Schiffes dorthin kann sich der Kommandant entweder selbst befassen, er kann aber ebensogut einen seiner Offiziere mit einem entsprechenden Auftrag betrauen, sei es nun, daß dem gekaperten Schiff ein Schiff des Gegners zum Geleite mitgegeben wird, oder daß eine sogenannte Prisenmannschaft zum Zwecke der Verbringung des Schiffes in den Hafen auf dasselbe gelegt wird. Alter völkerrechtlicher Übung gemäß fährt das gekaperte Schiff dabei unter der Flagge seines Feindes, ohne daß indes durch diese Formalität den bestehenden Eigentumsverhältnissen präjudiziert wird.

§ 13.
Die Rechtsstellung des Nehmers gegenüber beschlagnahmten Schiffen.[1])

I. Die Rechtsstellung des Nehmers gegenüber Schiff und Ware.

Die Rechtsstellung des Nehmers gegenüber dem beschlagnahmten Schiff und seiner Ladung hat bis auf den heutigen Tag noch keine einheitliche völkerrechtliche Regelung gefunden. Doch hat sich im Laufe der Zeit eine im wesentlichen gleichmäßige Staatenpraxis herausgebildet, die über diese Lücke des Völkerrechts hinwegzuhelfen geeignet ist. Ihre hauptsächlichsten Bestimmungen seien im Interesse der Vollständigkeit kurz wiedergegeben:

a) Der Kommandant des Nehmeschiffes, bzw. der von ihm mit der Abführung der Prise in einen Hafen beauftragte Offizier hat vor allem für die Erhaltung von Schiff und Ladung zu sorgen. Weder die Ladung noch auch das Schiffszubehör darf von ihm zum Gegenstand irgendeines Veräußerungsgeschäftes gemacht werden. Auch die Öffnung der unter Verschluß befindlichen Ladung ist bis zur Einbringung in den Hafen verboten, es müßte denn sein, daß sich der Kapitän des genommenen Schiffes damit einverstanden erklärt. Nur wenn infolge besonders gelagerter Umstände, z. B. wegen Besorgnis der Verderblichkeit der Ware, zweckentsprechendere Maßnahmen erforderlich erscheinen, darf der Kommandant, bzw. der Prisenführer unter Zuziehung des Kapitäns oder des am Orte anwesenden Konsuls nach freiem Ermessen verfahren.

b) Dem geschilderten Normalfalle stehen diejenigen Fälle gegenüber, in denen die Aufbringung des Schiffes weniger glatt vonstatten geht oder überhaupt nicht gelingt.

Es ist zunächst denkbar, daß der nehmenden Macht das beschlagnahmte Schiff auf dem Wege zum Hafen vom Gegner wiederum abgenommen wird, oder aber, daß die Verbringung in den Hafen gelingt, daß es aber dem Gegner, z. B. infolge unzureichender Bewachung, glückt, das Schiff wieder zurückzuerobern, bevor es zu einem rechtskräftigen prisengerichtlichen Urteil gekommen ist. Diese Möglichkeiten illustrieren den Begriff der sogenannten Reprise. Voraussetzung für denselben ist lediglich, daß im maßgebenden Zeitpunkt der Zurückgewinnung noch kein rechtskräftiges Urteil über das gekaperte Schiff ergangen ist. Die Möglichkeit einer Reprise besteht auch dann noch, wenn das Schiff in sicheren

---

[1]) Vgl. hiezu die auf S. 59 der Abhandlung gemachten Literaturangaben.

Gewahrsam gebracht worden ist und wenn dieser Gewahrsam längere Zeit, z. B. 24 Stunden, gedauert hat. Das ist um deswillen zu betonen, weil die frühere völkerrechtliche Praxis die Möglichkeit einer Reprise nur bei Gelegenheit derselben Aktion oder im Anschluß an dieselbe zuließ, sie dagegen ausschloß, wenn sich der Nehmer auf einen länger dauernden Besitzstand berufen konnte.

Die nehmende Kriegspartei ist verbunden die Rechtmäßigkeit einer wirksam zustandegekommenen Reprise schlechthin anzuerkennen; sie kann nicht etwa ein prisengerichtliches Urteil zur Entscheidung über den „Rückfall des Eigentums" begehren; denn bis zum Moment der Rechtskraft eines prisengerichtlichen Urteils ist ja das Eigentum am Schiff noch nicht auf den Nehmer übergegangen; die Reprise kann also unmöglich einen Wechsel in den Eigentumsverhältnissen erzeugen.

Nur dann, wenn es bereits zur rechtskräftigen Zusprechung des gekaperten Schiffes gekommen ist, könnte der Nehmestaat an seinen Gegner das Verlangen stellen, die Rechtmäßigkeit der erneuten Wegnahme im Prisenprozeß darzutun; m. a. W.: es läge dann genau dieselbe rechtliche Situation vor, wie bei jeder Beschlagnahme eines feindlichen Schiffes.

c) An dieser Stelle ist auch der sogenannten Loskauf- oder Ranzionierungsverträge kurz zu gedenken, die seit Ende des 17. Jahrhunderts aufkamen. Das beschlagnahmte Schiff kann demgemäß durch Zahlung eines entsprechenden Lösegeldes seine Freilassung bewirken, es müßte denn sein, daß ihm oder dem Kaperschiff der Abschluß eines solchen Rechtsgeschäftes durch seinen Staat ausdrücklich untersagt worden ist. Der im einzelnen Falle vereinbarte Vertrag begründet auf Seite des gekaperten Schiffes die Pflicht zur Zahlung des Lösegeldes und verschafft ihm anderseits das Recht auf Schutz gegen eine abermalige Nehmung bis zur Vollendung der ihm im Vertrag zugestandenen Reise. Nach völkerrechtlich herrschender Praxis wird durch das kapernde Schiff vielfach die Stellung von Geiseln ausbedungen als Unterpfand für die durch das freigegebene Schiff eingegangene Verpflichtung zur Zahlung des Lösegeldes. Gleichgültig ist, ob die Aufbringung des Schiffes rechtmäßig zustandegekommen ist oder nicht. Doch begeht der Kapitän eines gekaperten Schiffes zweifellos eine Pflichtverletzung, wenn er sich in dem Falle, in dem eine augenscheinlich rechtswidrige Aufbringung vorliegt, zum Abschluß eines Loskaufvertrages herbeiläßt, statt die Tätigkeit des Prisengerichts in Anspruch zu nehmen. Im übrigen richtet sich die rechtliche Beurteilung der einzelnen Loskaufverträge in Ermanglung allgemeingültiger, völkerrechtlicher Regeln nach dem Inhalt der jeweils zustandegekommenen Vereinbarung.

d) Praktisch am bedeutungsvollsten mit Rücksicht auf die sich daran knüpfenden juristischen Konsequenzen sind diejenigen Fälle, in denen das Kriegsschiff zur Zerstörung des beschlagnahmten Schiffes oder seiner Ware schreitet. Dieses Recht steht den kriegführenden Parteien prinzipiell gegenüber feindlichen Kauffahrteischiffen zu.

Für die rechtliche Beurteilung dieser Fälle ist indes davon auszugehen, daß sie eine Ausnahme darstellen oder doch mindestens darstellen sollten; es liegt daher regelmäßig ein ganz besonderer Tatbestand vor, der die Zerstörung des aufgebrachten Schiffes als gerechtfertigt erscheinen läßt. Als solche Tatbestände kommen, wiederum nicht nach herrschendem Völkerrecht, sondern nur nach überwiegender Staatenpraxis, folgende in Betracht: Seeuntüchtigkeit des aufgebrachten Schiffes; augenblicklich herrschende ungünstige Witterungsverhältnisse; Verfolgung des kapernden Schiffes durch den Feind, so daß etwa die Wiederwegnahme des gekaperten Kauffahrteischiffes zu befürchten steht; voraussichtliche Gefährdung[1]) des Nehmeschiffes bei Verbringung der Prise in einen Hafen; große Beeinträchtigung[1]) des Nehmeschiffes in der Erfüllung anderer strategischer Aufgaben; Mangel an verfügbaren Mannschaften zur Verbringung des Schiffes in einen Hafen, wenn sich außerdem der Kapitän weigert sein Schiff freiwillig dorthin abzuführen; Ausbruch einer ansteckenden Krankheit an Bord des gekaperten Schiffes; geringfügiger Wert des Schiffes und weite Entfernung bis zum nächstgelegenen Hafen, bzw. Unmöglichkeit der Verbringung des Schiffes in denselben, weil er blockiert ist; leichte Verderblichkeit der an Bord befindlichen Waren und — last not least — Widerstand des Kauffahrteischiffes gegen die Aufbringung. In all den angeführten Fällen ist nachträglich die Rechtmäßigkeit der Aufbringung im Prisenprozeß darzutun.

Ein besonderes rechtliches Interesse beansprucht der Fall, in dem ein auf hoher See betroffenes, noch in Unkenntnis der Feindseligkeiten befindliches Schiff der Beschlagnahme Widerstand entgegensetzt, vielleicht gerade deshalb, weil es noch an die Fortexistenz des Friedens glaubt. Ein solches Schiff ist, wie schon oben ausgeführt wurde, der Konfiskation entzogen. Kann es trotzdem in einem solchen Fall zerstört werden? Diese Frage ist m. E. zu bejahen. Dafür spricht,

---

[1]) Diese beiden Fälle dürfen wohl allgemeine völkerrechtliche Gültigkeit für sich in Anspruch nehmen, nachdem das 4. Kapitel der Londoner Deklaration sogar gegenüber neutralen Prisen unter der gleichen Voraussetzung die Möglichkeit der Zerstörung vorsieht.

soviel ich sehe, hauptsächlich folgende Erwägung: Art. 63 der Londoner Deklaration, der seinem ganzen Inhalt nach auf neutrale, also der Konfiskation regelmäßig entzogene Kauffahrteischiffe zugeschnitten ist, gibt die Möglichkeit derartige Fahrzeuge ohne weiteres einzuziehen, in allen Fällen, in denen sie der rechtmäßigen Ausübung des Anhalte-, Durchsuchungs- oder Beschlagnahmerechts gewaltsamen Widerstand entgegensetzen. Diese Möglichkeit umfaßt auch das Recht zur Zerstörung ohne Entschädigung. Auch in dem zur Diskussion gestellten Falle handelt es sich um ein der Konfiskation infolge besonderer Umstände entzogenes Schiff. Wenn nun schon ein neutrales Schiff infolge gewaltsamen Widerstandes seiner geschützten Stellung verlustig geht, so muß bei einem nur ad hoc privilegierten feindlichen Kauffahrteischiff die Zerstörung ohne Entschädigung bei gleicher Sachlage erst recht als zulässig erachtet werden. Ich betone ausdrücklich, daß sich dieses Resultat nicht schon aus Art. 3 Abs. 1 Satz 2 des Abkommens über die Behandlung feindlicher Kauffahrteischiffe beim Beginn der Feindseligkeiten deduzieren läßt. Wie sich nämlich aus den Protokollen ergibt — aus der Fassung des Gesetzestextes ist dies nicht ersichtlich — soll Art. 3 nur in jenen Fällen die Möglichkeit der Zerstörung eröffnen, in denen diese mangels ausreichender maritimer Stützpunkte als ultima ratio der kriegführenden Partei in Betracht kommt[1]; dieser Umstand würde nun allerdings einer extensiven Interpretation dieses Artikels durchaus n i c h t im Wege stehen. Was aber entscheidend gegen die analoge Anwendung des Art. 3 auf unseren Fall spricht, ist die Tatsache, daß derselbe nur die Möglichkeit einer Zerstörung gegen E n t s c h ä d i g u n g bietet, also nicht zu dem oben bereits als richtig erkannten Resultat führt. Nun könnte man freilich argumentieren: wenn schon ein rein äußerlicher Umstand, nämlich der Mangel maritimer Stützpunkte, die Zerstörung gegen Entschädigung rechtfertigt, so muß der gewaltsame Widerstand gegen die Beschlagnahme zur Zerstörung o h n e Entschädigung berechtigen!

Eine solche Art der Argumentation würde ich indes für äußerst bedenklich und willkürlich halten; ich ziehe es daher vor, auf jenem anderen und zweifellos um vieles sichereren Wege zu dem gleichen Resultate zu kommen.

Endlich ist hervorzuheben, daß die Tendenz der modernen völkerrechtlichen Entwicklung dahin geht, die Zahl der Zerstörungen möglichst zu reduzieren. Diese Tendenz ist ersichtlich aus den Bestimmungen des Abkommens über die Rechte und Pflichten der Neutralen, wodurch, wie bereits er-

---

[1]) Vgl. hiezu die Ausführungen auf S. 58 dieser Abhdlg. sowie den Bericht F r o m a g e o t s, Prot. I S. 254.

wähnt, die Verwahrung beschlagnahmter Schiffe in neutrale Häfen bis zur Aburteilung gestattet werden kann. Sie ist aber auch ersichtlich aus Art. 3 des oben zitierten Abkommens, in dem die Zerstörung von einer Entschädigung sowie von der Verpflichtung, für die Sicherheit der an Bord befindlichen Personen und die Erhaltung der Schiffspapiere zu sorgen, abhängig gemacht wird.

II. Die Rechtsstellung des Nehmers gegenüber der Mannschaft des feindlichen Kauffahrteischiffes.

Nach bisheriger völkerrechtlicher Praxis herrschte der Brauch, den Kapitän, die Offiziere und die Mannschaften des beschlagnahmten feindlichen Schiffes ohne weiteres zu Kriegsgefangenen zu machen. Mit Rücksicht auf die Angriffsobjekte kann man in diesen Fällen nicht wohl von einer Ausübung des SBR. sprechen, und wenn das einschlägige 3. Kapitel des XI. Abkommens der Haager Friedenskonferenz diese barbarische Befugnis einzudämmen sucht, so kann man füglich nicht von einer Beschränkung in der Ausübung des SBR. sprechen.

Diese Bemerkung mußte ich vorausschicken, um die Rechtfertigung dafür zu erbringen, weshalb ich die einschlägigen, äußerlich zu jenem Abkommen gehörenden Bestimmungen aus diesem Zusammenhang herauslöse und ihnen eine andere systematische Stellung anweise.

Wenn man früher die Besatzung zu Gefangenen machte, so führte man zur Begründung an, es müsse dem Kriegführenden möglichst daranliegen, die Streitkräfte seines Gegners zu schwächen, indem er ihm Personen entziehe, die mehr oder weniger geeignet seien, auf seinen Schiffen militärische Dienste zu verrichten. Man kann demnach höchstens von einer analogen Ausdehnung seebeuterechtlicher Grundsätze auf Menschen sprechen.

Es ist nun das unbestreitbare Verdienst der Haager Konferenz, auf diesem Gebiete Wandel geschaffen zu haben,[1]) obwohl ein diesbezüglicher Programmpunkt nicht vorgesehen war. „Die von ihr geschaffenen Bestimmungen stellen sich, wie das deutsche Weißbuch ausführt, als ein wertvoller Fortschritt im Sinne einer humaneren Kriegführung dar.“ Ihr Geltungsbereich ist naturgemäß beschränkt auf solche Schiffe, die dem friedlichen Handel obliegen, während Schiffe, die an den Feindseligkeiten teilnehmen, die Vergünstigung des Abkommens nicht genießen.

[1]) Vgl. hiezu Fromageots Bericht, Prot. I S. 267 ff., Prot. III S. 958 Wehberg S. 82 ff.

Dabei ist es eine Tatfrage, ob im gegebenen Fall von einer friedlichen Handelsunternehmung gesprochen werden kann. Die Entscheidung hierüber steht dem Prisengericht zu.

Im einzelnen gelten für die Behandlung der Besatzung folgende Normen: Neutrale Mannschaften im Dienste eines friedlichen feindlichen Kauffahrteischiffes werden nicht zu Kriegsgefangenen gemacht, ebensowenig der neutrale Kapitän und die neutralen Offiziere eines solchen Schiffes; diese jedoch nur, wenn sie sich durch formelles, schriftlich abzulegendes Versprechen verpflichten, während der Dauer des Krieges jedem Dienste an Bord eines feindlichen Schiffes — und wäre es selbst ein friedliches Kauffahrteischiff — zu entsagen. Die rechtliche Situation der neutralen Mannschaft ist also eine besonders günstige; sie ist schlechthin freizulassen, hat keinerlei Versprechen abzulegen und ist im Gegensatz zum Kapitän und zu den Offizieren in der Lage, auch während der Dauer des Krieges weitere Dienste an Bord eines friedlichen feindlichen Kauffahrteischiffes zu übernehmen. Man hat davon Abstand genommen, die neutralen Matrosen durch irgendein Versprechen zu binden in der richtigen Erkenntnis seiner voraussichtlich nur geringen Wirksamkeit, in Anbetracht der Schwierigkeiten seiner praktischen Durchführung, besonders aber in der Erwägung, daß ein solches Versprechen für Matrosen unstreitig eine große Härte bedeutet, die vielleicht dazu führen würde ihre wirtschaftliche Stellung zu vernichten.

Kapitän, Offiziere und Mannschaften, die dem Feinde angehören, werden nur dann nicht zu Kriegsgefangenen gemacht, wenn sie ein formelles schriftliches Versprechen ablegen des Inhalts, daß sie während der Dauer der Feindseligkeiten keine Dienste annehmen, die in irgendeinem Zusammenhang stehen mit den Unternehmungen des Krieges. Der Dienst auf Schiffen, die dem friedlichen Handel gewidmet sind, steht also, im Gegensatz zu den eben besprochenen Fällen, allen beteiligten Personen offen mit Rücksicht auf deren wirtschaftliches Fortkommen. Gerade wegen dieses beschränkten materiellen Inhalts des Versprechens ist es möglich, auch die Matrosen zur Ableistung desselben zu zwingen. Wird in irgendeinem der im Abkommen aufgeführten Fälle die Ablegung des Versprechens verweigert, so tritt die hergebrachte völkerrechtliche Praxis wieder in ihre Rechte; der nehmende Staat ist demnach befugt, zur Gefangennehmung der betreffenden Personen zu schreiten.

Art. 7 bezweckt die sichere Durchführung der Art. 5 und 6 des Abkommens zu gewährleisten. Er ist umso notwendiger, als es z. B. nach den Gesetzen einzelner Staaten den Angehörigen derselben verboten sein kann, das durch das Abkommen geforderte Versprechen abzuleisten. Art. 7 normiert daher für den gegnerischen Staat die Verpflichtung, nach Maßgabe der Art. 5 und 6 freigelassene Personen, deren Namen ihm notifiziert worden sind, wissentlich nicht zu Diensten heranzuziehen.

§ 14.

Besondere rechtliche Voraussetzungen der Ausübung des Seebeute-Rechts.

Eine der wesentlichsten Voraussetzungen bei der Ausübung des SBR. ist die Rechtmäßigkeit der erlangten tatsächlichen Gewalt. In diesem Erfordernis gelangen alle jene Momente zur Bedeutung, durch die die Rechtmäßigkeit der Beschlagnahme bedingt ist, somit die bereits eingehend besprochenen Vorschriften des Völkerrechts über den Ort, über die Dauer der Beschlagnahme, über die der Beschlagnahme unterliegenden Objekte, sowie über die zu derselben befugten Subjekte. Tatumstände, welche die Rechtswidrigkeit dieser einzelnen Faktoren bewirken, bewirken naturgemäß auch die Rechtswidrigkeit der Beschlagnahme und der damit erlangten tatsächlichen Gewalt. Nicht rechtswidrig ist dagegen diejenige Beschlagnahme, die unter Verletzung der von den einzelnen Staaten hiefür aufgestellten Formvorschriften erfolgt. Solchen Formvorschriften kommt keine völkerrechtliche Verbindlichkeit zu, auch dann nicht, wenn sich zwei kriegführende Staaten in ihrem gegenseitigen Verhältnis zur Einhaltung bestimmter Formen verpflichtet haben. Als Folge der Vertragsverletzung käme lediglich die Verpflichtung zur Schadensersatzleistung in Betracht. Dagegen fehlt es zweifellos an der Rechtmäßigkeit der tatsächlichen Gewalt, wenn dieselbe nicht auf dem Wege der Aufbringung, sondern auf irgendeine andere Weise, z. B. auf Grund eines Miet-, Leihvertrages oder auf Grund einer Pfändung erlangt ist. Diese Art der Erlangung der tatsächlichen Gewalt begründet keinen für die erfolgreiche Ausübung des SBR. genügenden Besitztitel.

Nicht minder bedeutsam als Voraussetzung des SBR. ist die gesicherte Fortdauer der rechtmäßig erlangten tatsächlichen Gewalt bis zum Moment der Rechtskraft des Urteils. Der Mangel dieses Erfordernisses kann nicht durch eine rechtskräftige Entscheidung des Prisengerichts ausgeglichen werden. Gelingt es also dem gekaperten Schiff zu entweichen oder glückt es dem Gegner sein eigenes Schiff durch Waffengewalt vor der Rechtskraft des Urteils zurückzugewinnen (Reprise), so kommt es zu keiner rechtsgültigen Aneignung desselben durch den nehmenden Staat.

Als letzte Voraussetzung des SBR. ist das Erfordernis des rechtskräftigen Prisenurteils zu nennen. Toute prise doit être jugée. Diesem Grundsatz, dessen praktische Verwirklichung ebenso dem Interesse des vom SBR. betroffenen Privaten wie dem des Nehmestaates entspricht, soll nun endlich durch § 1 des Abkommens über den internationalen Prisenhof zu allgemeiner völkerrechtlicher Gültigkeit verholfen werden. Dabei ist eine Unterscheidung zu machen zwischen den Entscheidungen nationaler Prisengerichte und jenen des projektierten internationalen Prisenhofes. Erstere müssen nicht notwendig in Urteilsform ergehen. Das einzige völkerrechtliche Erfordernis, das § 2 des genannten Abkommens für sie aufstellt und das bei einer Mehrzahl von Ländern eine Änderung ihres Prisenverfahrens zur Folge haben wird, ist die Notwendigkeit der Verkündigung der Entscheidung in öffentlicher Sitzung, bzw. die Zustellung derselben an die neutralen oder feindlichen Parteien von Amts wegen. Im übrigen bestehen für die Entscheidungen der nationalen Prisengerichte keinerlei völkerrechtliche Formvorschriften.

Anders die Entscheidungen des internationalen Prisenhofes. Hier handelt es sich, wie aus dem Wortlaut des Art. 44 klar hervorgeht, um ein förmliches Urteil. Dasselbe ist mit Gründen versehen, enthält die Namen der Richter, sowie gegebenenfalls die Namen der Beisitzer und wird von dem Vorsitzenden und dem Gerichtsschreiber unterzeichnet. Gemäß Art. 45 ist dieses Urteil in öffentlicher Sitzung in Gegenwart oder nach gehöriger Ladung der Parteien zu verkünden; es wird den Parteien von Amts wegen zugestellt. Die Entscheidungen des internationalen Prisenhofes sind inappellabel, die Rechtskraft derselben tritt also mit ihrer Verkündigung, bzw. mit der Zustellung an die Parteien ein.

Im übrigen besteht keine Veranlassung, auch auf die gesetzlichen Erfordernisse der Rechtmäßigkeit des prisengerichtlichen Urteils einzugehen, da ich damit den Rahmen der gegenwärtigen Abhandlung überschreiten würde.

§ 15.

Die rechtlichen Wirkungen des Seebeute-Rechts.

Die rechtlichen Wirkungen des SBR. treten regelmäßig[1]) ein im Moment der Rechtskraft des prisengerichtlichen Urteils, bzw. schon mit dessen Verkündigung und Zustellung, dann,

---

[1]) Anders die Praxis Rußlands, wonach der Eigentumsübergang schon durch die Beschlagnahme bewirkt wird, falls derselbe durch das prisengerichtliche Urteil als rechtmäßig festgestellt wird. Vgl. Prot. der Londoner Konferenz S. 269, Annexe 86.

wenn es sich um eine Entscheidung des internationalen Prisenhofes handelt. Das prisengerichtliche Urteil hat also konstitutive Wirkung und zwar ex nunc.[1] Dieser überwiegenden Mehrzahl der Fälle stehen jene gegenüber, in denen es überhaupt zu keinem Prozeßverfahren kommt, in denen vielmehr die Freigabe der Prise im Verwaltungsverfahren erfolgt.

Ihrem Inhalt nach lassen sich die prisengerichtlichen Urteile — und ich habe hiebei sowohl die Urteile der nationalen Prisengerichte wie diejenigen des internationalen Prisenhofes im Auge — unterscheiden in solche, die sich nur mit den Eigentumsverhältnissen an Schiff und Ladung befassen, in solche, die neben einer Eigentumsveränderung auch eine Schadensersatzpflicht festsetzen und schließlich in solche, die lediglich eine Verpflichtung zum Schadensersatz normieren; m. a. W.: die prisengerichtlichen Urteile zerfallen in solche mit dinglichem, mit dinglich und obligatorisch gemischtem und in solche mit rein obligatorischem Inhalt.

Gegenstand der prisengerichtlichen Untersuchung ist, gemäß Art. 1 des Abkommens über den Prisenhof, die Prüfung der Rechtmäßigkeit der Wegnahme eines Kauffahrteischiffes oder seiner Ladung. Unter den möglichen Ergebnissen dieser Untersuchung steht an erster Stelle jene Entscheidung, die auf die Rechtmäßigkeit der Wegnahme von Schiff und Ladung erkennt. So hat z. B. die Entscheidung stets dann zu lauten, wenn feindliches Gut auf feindlichen Schiffen angetroffen wird und im übrigen die Voraussetzungen für die Gültigkeit der Prise gegeben sind. In diesem Fall geht das Eigentum an Schiff und Ware im Moment der Rechtskraft auf den nehmenden Staat über. Der Eigentumsübergang erfolgt unbefristet, unbedingt; bestehende Belastungen an demselben erlöschen, sie müßten denn neutralen Staatsangehörigen zustehen. Sache des Nehmestaates ist es über die Verwendung der gewonnenen Prise zu bestimmen.

Die Entscheidung des Prisengerichts kann die Wegnahme für nichtig erklären und infolgedessen die Rückgabe des Schiffes und seiner Ladung anordnen. Ist die Rückerstattung im Moment des Urteils noch in natura möglich, so steht der Durchführung desselben keine Schwierigkeit im Wege. Ist dagegen das Schiff und seine Ladung bereits verkauft oder zerstört, so hat das Prisengericht statt auf Rückgabe auf Gewährung einer entsprechenden Entschädigung für das dem Eigentümer zu Verlust gegangene Schiff zu erkennen.

---

[1] Vgl. auch Ullmann, Völkerrecht S. 539.

[2] Vgl. hiezu Pohl, Prisengerichtsbarkeit S. 159ff.; Fellmann, Das Prisengerichtsabkommen, Würzburg: Diss. 1911 S. 52ff.

Neben dem auf Nichtigkeit der Beschlagnahme erkennenden Urteil des Prisengerichts steht den Beteiligten, gemäß Art. 61 der Londoner Deklaration, dann ein Anspruch auf Schadensersatz zu, wenn keine ausreichenden Gründe für die Beschlagnahme des Schiffes oder der Waren vorgelegen haben. Hier wird der Fall von Bedeutsamkeit, in dem die Beschlagnahme des Schiffes als feindlich ohne hinlängliche Verdachtsmomente stattgefunden hat. Erweist sich dagegen die Beschlagnahme als begründet, so besteht kein Anspruch auf Entschädigung. Mit Rücksicht auf Art. 59 der Londoner Deklaration wird also die Beschlagnahme neutraler Waren an Bord eines feindlichen Schiffes dann nicht zum Schadensersatz berechtigen, wenn die neutrale Eigenschaft im Moment der Beschlagnahme nicht nachgewiesen ist.[1])

Das deutsche Weißbuch verweist außerdem auf den Fall, „wo die Schiffspapiere sämtlich oder teilweise durch den Kapitän, eine Person der Besatzung oder einen Reisenden absichtlich über Bord geworfen, beiseite gebracht oder vernichtet worden sind. Das ist ein Umstand, der jeden Verdacht rechtfertigt und der es erklärt, daß das Schiff beschlagnahmt wird, unbeschadet des Rechtes des Kapitäns, über seine Handlungsweise vor dem Prisengerichte Rechenschaft abzulegen. Selbst wenn dieses Gericht die gegebenen Aufklärungen anerkennen und keine ausreichenden Gründe zur Einziehung finden sollte, könnten die Beteiligten doch nicht daran denken, Schadensersatz zu beanspruchen."

„Ein ähnlicher Fall liegt vor, wenn an Bord doppelte, falsche oder verfälschte Papiere vorgefunden werden und diese Unregelmäßigkeit mit Umständen zusammenhängt, die für die Beschlagnahme des Schiffes von Bedeutung sein können."

Über den Umfang der zu leistenden Entschädigung wurde nichts vereinbart. Das Prisengericht hat demnach freie Hand in der Festsetzung jedes Betrages und kann auf diese Weise den besondern Umständen des einzelnen Falles vollkommen Rechnung tragen.

Art. 64 enthält keine Bestimmung über die zum Ersatz verpflichteten Personen. Es steht indes fest, daß in erster Linie diejenigen Personen haftbar gemacht werden müssen, durch deren Handlungsweise eine ungerechtfertigte Beschlagnahme zustande gekommen ist. Bezüglich der Haftung des Staates für die von seinen Organen unrechtmäßig vollführten Akte geht jedoch die Praxis der verschiedenen Mächte auseinander. Man wird hier der Meinung Perels beipflichten, wenn er sagt: „Erwägt man, daß ein Staat, ohne den internationalen

---

[1]) Deutsches Weißbuch S. 91.

Anstand zu verletzen, es nicht wohl ablehnen kann, für diejenigen Schäden einzutreten, die durch völkerrechtswidriges Verhalten seiner Organe in Ausübung ihres Dienstes herbeigeführt sind und ferner, daß, wenn der Staat nicht wenigstens subsidiär die Haftung übernimmt, der Anspruch auf Schadensersatz in den meisten Fällen illusorisch werden würde, so wird der Nehmestaat einer solchen Verpflichtung sich nicht entziehen können."

Es war bisher nur die Rede davon, daß das nationale Prisengericht über Schiff und Ladung in gleicher Weise erkennt. Es ist natürlich ebensogut möglich, daß der gegebene Tatbestand nur die Verurteilung des Schiffes herbeiführt, während die Ladung zurückgegeben werden muß in Gemäßheit des Grundsatzes: Unfrei Schiff, frei Gut. Ebenso selbständig kann daneben auf Schadensersatz für die ungerechtfertigte Beschlagnahme des Schiffes oder der Ladung erkannt werden. Diese Möglichkeit beruht auf Art. 59 der Londoner Deklaration, dessen Bedeutung für die Zuerkennung einer Schadensersatzleistung bereits oben besprochen wurde. Nur dann läge die Sache für den Neutralen günstiger, wenn der Beweis der Neutralität der Ware vor der Beschlagnahme in rechtlich einwandfreier Weise erbracht worden wäre, der nehmende Staat aber trotzdem nach Maßgabe der Vermutung: Unfrei Schiff, unfrei Gut, gehandelt hätte.

Geringeres praktisches Interesse, wenigstens soweit das SBR. in Frage steht, bietet der Fall, in dem auf Freigabe des Schiffes, dagegen auf Konfiskation der Ladung erkannt wird.

Das prisengerichtliche Urteil kann auch auf Rückerstattung des bezahlten Lösegeldes lauten. Doch wird dieser Fall verhältnismäßig selten und nur dann vorkommen, wenn die definitive Zahlung des Lösegeldes auf Grund besonderer Vereinbarung von der Rechtsgültigkeit der Prise abhängig gemacht worden ist.

Endlich besteht die Möglichkeit, daß das prisengerichtliche Urteil, genauer gesprochen: das Urteil des internationalen Prisenhofes, nur auf Schadensersatzleistung erkennt. Das trifft dann zu, wenn sich die nationale Gerichtsbarkeit zwar für die Rückgabe der Prise entschieden, dagegen eine Entschädigung für ungerechtfertigte Beschlagnahme verweigert oder nur in geringem Betrage zugebilligt hat. In diesem Falle ist der internationale Prisenhof auf den Rekurs des geschädigten Eigentümers hin nur zur Entscheidung über den Schadensersatz berufen, während die Rechtmäßigkeit der Beschlagnahme einer abermaligen Überprüfung entzogen ist.[1])

[1]) Art. 8 des Prisenhof-Abk.; Renaults Bericht, Prot. I S. 193.

Allen bisher besprochenen Fällen steht der Fall gegenüber, in dem überhaupt keine prisengerichtliche Entscheidung ergeht, weil sich der Nehmestaat zur Freigabe des Schiffes auf dem Verwaltungsweg entschließt. Auch unter diesen Umständen kann natürlich ein Anspruch auf Schadensersatz gerechtfertigt erscheinen, vielleicht, wie das Weißbuch treffend bemerkt, um so mehr, als das Schiff gerade dann, wenn die Beschlagnahme am wenigsten gerechtfertigt ist, auf dem Verwaltungswege freigelassen werden wird. In diesem Falle ist nun in einzelnen Ländern die Prisengerichtsbarkeit überhaupt nicht zur Zubilligung einer Entschädigung zuständig, in anderen Ländern dagegen ist sie für einen derartigen Anspruch zuständig. Die in dieser Verschiedenheit liegende Unbilligkeit beseitigt Art. 64, indem er ganz allgemein, also auch dann, wenn nur die Verwaltungsbehörde tätig wird, gegenüber ungerechtfertigter Beschlagnahme einen völkerrechtlichen Anspruch auf Schadensersatz gewährt.[1])

§ 16.

Die Verwertung der Prise.[2])

Art. 8 des Abkommens der Haager Friedenskonferenz über den internationalen Prisenhof bestimmt in dieser Richtung, daß über die Prise nach den Gesetzen des nehmenden Staates zu verfahren ist. Selbst wenn diese völkerrechtliche Bestimmung nicht existierte, könnte das Schicksal einer gültig abgeurteilten Prise kein anderes sein; denn Eigentümer derselben ist eben der nehmende Staat geworden. Er hat damit die Befugnis erlangt, uneingeschränkt über dieselbe zu verfügen.

Die Prise unterliegt in der Regel dem Verkauf. Nur in seltenen Fällen verwendet der Nehmestaat dieselbe für seine eigenen Zwecke. An welchem Ort der Verkauf erfolgt, ist gleichgültig; auch der innerhalb des neutralen Gebietes erfolgende Verkauf ist völkerrechtlich gültig; jedenfalls ist kein Grund ersichtlich, weshalb der Verkauf einer Prise innerhalb eines neutralen Gebietes anders zu beurteilen ist als der irgend eines sonstigen feindlichen Vermögensobjektes. Dagegen läßt sich die Frage, ob der vor Verkündigung des prisengerichtlichen Urteils auf neutralem Boden infolge besonderer Umstände, z. B. infolge Reparaturunfähigkeit des Schiffes oder infolge leichter Verderblichkeit der Ware, erfolgende Verkauf gültig ist, nicht allgemein beantworten. Jedenfalls kann in solchen

---

[1]) Vgl. hiezu auch die Erklärung Krieges, Prot. S. 212, Annexe 118.
[2]) Hiezu Perels S. 309/10; Roepcke S. 134 ff.

Fällen die definitive Einziehung des Verkaufserlöses erst mit der Rechtskraft des Urteils vorgenommen werden, das die Beschlagnahme als rechtmäßig anerkennt.

Auf der andern Seite ist zu beachten, daß der neutrale Staat sehr wohl imstande ist, den Verkauf abgeurteilter Prisen in seinem Gebiete zu untersagen. Schreitet der Nehmestaat indes gleichwohl zum Verkauf, so ist das Verbot des neutralen Staates auf die Rechtsgültigkeit des zustandegekommenen Vertrags ohne jeden Einfluß. Der Nehmestaat und sein Kontrahent sind durchaus nicht gezwungen, aus dem Verbot des neutralen Staates die Rechtsungültigkeit des Kaufgeschäftes herzuleiten.

Der Erlös des Verkaufs kommt dem nehmenden Staat zugute, der in der Regel eine bestimmte Summe an die Besatzung des Nehmeschiffes überweist, Prisengeld genannt. Dies pflegt selbst dann zu geschehen, wenn der Nehmestaat das erbeutete Schiff nicht verkauft, sondern es für seine eigenen Zwecke verwendet. Ein Anspruch der Mannschaft auf Überweisung einer bestimmten Quote des Verkaufserlöses existiert jedoch nicht.

III. Teil.

Das Prisenrecht gegenüber Neutralen.

Einleitung.

Schiffe und Ladungen neutraler Staatsangehöriger sind auch in Kriegszeiten dem Beuterecht der kriegführenden Staaten entzogen.

Dieses allgemeine Prinzip wird indes durch drei gewichtige Ausnahmen durchbrochen, insoferne nach völkerrechtlichen Grundsätzen der Blockadebruch, der Konterbandetransport und die sogen. neutralitätswidrige Unterstützung die Kriegführenden zur Konfiskation berechtigen. Wir haben damit jenes Rechtsgebiet umschrieben, das man zusammenfassend als Prisenrecht gegenüber Neutralen bezeichnen kann.

Der grundlegende, zwischen dem SBR. einerseits und dem Prisenrecht gegenüber Neutralen andererseits bestehende Unterschied läßt sich also dahin präzisieren, daß sich das SBR. gegen den Feind richtet und mit dem Ausbruch des Krieges schlechthin in Wirksamkeit tritt, während das Prisenrecht gegenüber Neutralen außer dem Kriegszustand bestimmte, im einzelnen von einander abweichende Tatbestände zur Voraussetzung hat.

I. Kapitel: Die prisenrechtlichen Tatbestände und ihre Rechtsfolgen.

1. Abschnitt: Der Blockadebruch.

1. Hauptstück: Die Voraussetzungen des Blockadebruchs.[1])

Drei Voraussetzungen müssen erfüllt sein, damit der Tatbestand des Blockadebruchs gegeben ist:

I. Es muß sich um eine rechtswirksame Blockade handeln.

II. Das Schiff muß von der Blockade wirkliche oder präsumtive Kenntnis besessen haben.

---

[1]) Vgl. hiezu auch Güldenagel a. a. O. S. 10ff. und S. 24ff.

III. Das Schiff muß die Blockade durch seine Handlungsweise verletzen.

Gegenstand unserer Untersuchung sind daher zunächst

I. Die Voraussetzungen der Rechtswirksamkeit der Blockade.[1])

§ 17.

Das Erfordernis des geeigneten Blockadeobjekts.

Art. 1 der Londoner Deklaration bestimmt, daß die Blokkade, die mit der ihr eigentümlichen Wirksamkeit nur von einer kriegführenden Partei verhängt werden kann, auf die feindlichen oder vom Feind besetzten Häfen und Küsten[2]) beschränkt werden muß. Gegenstand der Blockade sind demnach friedliche Handelshäfen, Kriegshäfen, Mündungen nationaler Flüsse, die ebenfalls Bestandteile der feindlichen Küste bilden, nicht dagegen Teile des offenen Meeres. Keine Lösung fand die Frage nach der Behandlung internationaler Flußmündungen, die mit Rücksicht auf die Interessen neutraler Anwohner zu verschiedenen Ansichten Anlaß gibt.

Die ihm zukommende Bedeutung erhält Art. 1 erst im Zusammenhalt mit Art. 18 der Londoner Deklaration, dessen Bestimmung folgendermaßen lautet: „Die blockierenden Streitkräfte dürfen den Zugang zu neutralen Häfen und Küsten nicht versperren.“ Dieser Rechtssatz gilt natürlich auch dann, wenn der Kriegführende an der Blockierung des neutralen Gebietes ein besonderes Interesse hat, z. B. mit Rücksicht auf die von hier aus geschehende Verproviantierung der feindlichen Streitkräfte. Auch die Ausdehnung der Blokkade bis in den neutralen Hoheitsbereich hinein wird durch dieses Verbot betroffen, weil dadurch zum mindesten der Zugang zur neutralen Küste versperrt wird.

Verletzt die blockierende Macht die Vorschriften der Art. 1 und 18, so ist die Blockade nichtig. Das als Blockadebrecher gekaperte Schiff kann die Rechtsverbindlichkeit der Blockade im Prisenprozeß mit Erfolg bestreiten.

---

[1]) Schon auf der II. Haager Friedenskonferenz hatte man sich mit der Regelung dieser Materie befaßt. Doch nahm man schließlich einem englischen Antrag entsprechend wegen Mangels an Zeit und ausreichender Instruktionen, insbesondere aber im Hinblick auf die zutage getretenen Meinungsverschiedenheiten von weiteren Verhandlungen Abstand. Vgl. Fromageots Bericht, Prot. I S. 260 ff.

[2]) Vgl. hiezu Fitgers Beispiel (Das Seekriegsrecht) S. 22: Ein Einmarsch deutscher Truppen in Flandern, Seeland, Holland gibt England das Recht Antwerpen und Rotterdam zu blockieren.

§ 18.

Das Erfordernis der Effektivität und der unparteiischen Handhabung der Blockade.

I. In Art. 2 der Londoner Deklaration begegnet uns eine Bestimmung, die bereits durch die Pariser Seerechtsdeklaration v. J. 1856 zum maßgebenden Rechtssatz erhoben wurde. Sie lautet: „Die Blockade muß, um rechtlich wirksam zu sein, tatsächlich wirksam sein, d. h. durch eine Streitmacht aufrechterhalten werden, welche hinreicht, um den Zugang zur feindlichen Küste in Wirklichkeit zu verhindern."

Art. 2 zerfällt in eine Mehrheit von Bestimmungen, deren Tragweite im einzelnen zu würdigen ist.[1])

1. Die Blockierung hat durch eine Streitmacht zu erfolgen. Durch diesen Ausdruck wird dem Wiederaufleben der ehemals so beliebten Papierblockade vorgebeugt. Derartige Blockaden wären rechtlich einfach wirkungslos. Anders die sogen. Kreuzerblockade. Der Ausdruck „Streitmacht" beläßt der blockierenden Kriegspartei vollkommene Freiheit bezüglich der Verteilung und Verwendungsart ihrer Schiffe. Mag sie nun ihre Schiffe vor dem feindlichen Hafen festlegen oder sich dazu entschließen dieselben nur kreuzen zu lassen, um auf diese Weise die Absperrung des Hafens zu erzielen,[2]) in beiden Fällen handelt es sich um eine rechtsverbindliche Blockade.

2. Die Blockade muß durch die Streitmacht aufrechterhalten werden. Es genügt also nicht, daß die Blockade mit einer ausreichenden Streitmacht errichtet wird, die Kriegsschiffe müssen auch in der Folgezeit, sei es stationär oder kreuzend, in der Blockadezone verbleiben. Willkürliche Entfernung von ihrem Posten würde nicht nur die Unterbrechung, sondern die Beendigung der Blockade bewirken. Ein nach ihrer Rückkehr in die Blockadezone von ihnen aufgebrachtes Handelsschiff könnte die Effektivität der Blockade im Prisenprozeß mit Erfolg bestreiten, es müßte denn sein, daß die auf ihren Posten zurückkehrende Streitmacht die für die rechtsverbindliche Errichtung der Blockade erforderlichen Formalitäten aufs neue beobachtet hätte.

In einem einzigen Falle gilt die Entfernung des Blockadegeschwaders nicht als Aufhebung, sondern nur als Suspendierung der Blockade: dann nämlich, wenn die Entfernung zeitweise infolge schlechten Wetters stattfindet. In allen übrigen Fällen der Wiederaufnahme der Blockade gelten da-

---

[1]) Vgl. hiezu Deutsches Weißbuch S. 11, 13; Kommissionsbericht, Annexe Nr. 110, Prot. S. 292 ff.; Perels S. 265 ff.

[2]) Auch Torpedos genügen; vgl. die Erklärung Crowes, Prot. S. 143.

gegen gemäß Art. 12 der Londoner Seerechtsdeklaration die für die Erklärung und Bekanntgabe der Blockade maßgebenden allgemeinen Regeln.

3. Die Blockade muß durch eine Streitmacht aufrechterhalten werden, welche hinreicht um den Zugang zur feindlichen Küste in Wirklichkeit zu verhindern. Dieses Erfordernis stellt den Kernpunkt des sog. Effektivitätsprinzips dar.

Wann ist nun eine solche Wirksamkeit der Blockade gegeben?[1] Antwort: Die Frage, ob die Blockade tatsächlich wirksam ist oder nicht, bildet eine Tatfrage. Es gibt somit kein Kriterium, das unveränderlich ist und auf alle in Betracht kommenden Fälle in gleicher Weise paßt. Die Entscheidung hängt vielmehr jeweils von den tatsächlichen Umständen, in erster Linie von den geographischen Verhältnissen ab. Je nach Lage des Falles kann ein Schiff genügen, um einen Hafen in wirksamer Weise zu blockieren, während andererseits selbst eine größere Zahl von Kriegsschiffen als unzureichend erachtet werden muß, um den Zugang zu einem oder mehreren, für blockiert erklärten Häfen tatsächlich zu sperren.

Zuständig zur Prüfung der ganzen Frage sind die Prisengerichte, bzw. der internationale Prisenhof, der auf den Einwand der Nichteffektivität seitens des Neutralen die entsprechenden Untersuchungen vorzunehmen hat.

Angenommen nun, es ist einem Schiff gelungen, sich unbemerkt durch den Blockadering hindurchzubewegen, hat dann das Prisengericht die Blockade schlechthin als nichteffektiv anzusprechen?

M. E. ist ein Unterschied zu machen. Wenn es z. B. dem Schiff gelingt sich bei Nacht und Nebel durch geschicktes Lavieren durch die Blockadelinie hindurchzuschlängeln, so ist damit der Beweis der Nichteffektivität zweifellos nicht erbracht, vorausgesetzt, daß das Schiff bei seinem Unternehmen mit ernstlicher Aufbringungsgefahr zu rechnen hatte. Die Blockade stellt eben, wie Perels mit Recht bemerkt, keinen hermetischen Abschluß dar. In diesem Falle von der Nichteffektivität der Blockade sprechen, hieße daher unmögliche Anforderungen an ihre Leistungsfähigkeit stellen.

Anders wäre m. E. zu entscheiden, wenn sich der gleiche Vorfall bei hellem Tage abspielen würde. Das vollständige Übersehen des blockadebrechenden Schiffes, das Unterlassen der Verfolgung würde wohl sicher auf die Nichteffektivität der Blockade schließen lassen.

Ein anderer Fall: Das Schiff sei bei seinem Blockadebruch entdeckt, daraufhin verfolgt, jedoch nicht aufgebracht worden.

---

[1]) Vgl. hiezu auch Schramm, Das Prisenrecht S. 783.

Auch hier ist m. E. zu unterscheiden: Hat das Schiff sein Entkommen z. B. dem Umstand zu verdanken, daß es infolge allzu entfernter Stationierung der Blockadeschiffe voneinander einen bedeutenden Vorsprung gewinnen konnte, so ist die Blockade sicherlich nicht mit der nötigen Sorgfalt angelegt worden. Die Eigenschaft der Effektivität wäre ihr in diesem Falle abzusprechen.

Anders wäre m. E. dann zu entscheiden, wenn der Blokkadebrecher sein Entkommen z. B. darauf zurückführen könnte, daß er über eine besonders große Eigengeschwindigkeit verfügt, und wenn infolgedessen die zur Blockierung verwendeten Schiffe auch bei geeigneter Stationierung in diesem speziellen Falle von einer aussichtsreichen Verfolgung absehen müßten.

Wir sehen, dadurch daß Art. 3 die Effektivität der Blokkade als Tatfrage erklärt, eröffnet sich für das Prisengericht ein weites Gebiet der Tätigkeit, man kann vielleicht hinzusetzen, ein ebenso weites Gebiet willkürlicher Tätigkeit. Doch wird diese Befürchtung wesentlich abgeschwächt durch die Möglichkeit einer Nachprüfung seitens des internationalen Prisenhofes, die ihrerseits wiederum dazu beitragen wird, kriegführende Staaten zu einer möglichst umsichtigen Organisierung der von ihnen errichteten Blockaden zu veranlassen.

II. Art. 5 der Londoner Seerechtsdeklaration verlangt, daß die Blockade den verschiedenen Flaggen gegenüber unparteiisch gehandhabt wird.

Die Blockade nimmt insoferne eine besondere Stellung in der Zahl der Seekriegsmittel ein, als sie nicht nur den Handel des Gegners streckenweise lahmzulegen sucht, sondern sich auch unmittelbar und bewußt gegen den unschuldigen, neutralen Handel richtet. Es geht daher nicht an, daß der blockierende Staat eine Auswahl trifft unter den mit seinem Gegner in Handelsbeziehungen stehenden Nationen und die einen begünstigt, während er die andern die volle vernichtende Kraft seiner Blockade verspüren läßt. Diese Taktik will Art. 5 hintanhalten.

Was wäre die Folge, wenn sich die blockierende Streitmacht gleichwohl zu einer solchen Taktik verleiten ließe?

Den Einwand der Nichteffektivität würde der geschädigte Neutrale dadurch jedenfalls nicht erlangen, es müßte denn sein, daß die gewährte Durchfahrtsvergünstigung auf militärische Schwäche der blockierenden Streitmacht zurückzuführen ist. Dagegen steht dem Neutralen in allen diesen Fällen der Einwand der parteiischen Handhabung zu, der, falls er durch den Nehmestaat nicht widerlegt wird, zur Freigabe des Schiffes im Prisenprozeß führt. Für diese Auffassung spricht die Fassung des Art. 5 (. . . muß . . gehandhabt werden), durch die derselbe als absolute Rechtsnorm gekennzeichnet wird.

Die Regel des Art. 5 erleidet in gewissem Sinn eine Ausnahme durch die Art. 6 und 7.

Nach Art. 6 kann der Befehlshaber des Blockadegeschwaders Kriegsschiffen die Erlaubnis erteilen den blokkierten Hafen anzulaufen und später wieder auszulaufen. Diese Bevorzugung neutraler Kriegsschiffe ist durchaus gerechtfertigt; denn man wird wohl schwerlich behaupten können, daß der Zweck der Blockade, der im wesentlichen in der Handels- und Verkehrssperre besteht, durch das Passierenlassen solcher Schiffe gefährdet wird. Andererseits sind neutrale Kriegsschiffe in besonderem Maße dazu geeignet, vermittelnde Verhandlungen zwischen den kriegführenden Parteien einzuleiten. Man fand es aber zweckmäßig, diese Befugnis des Befehlshabers ausdrücklich zu normieren, um dadurch dem Einwand zu begegnen, als ob durch die Zulassung von Kriegsschiffen zu der blockierten Örtlichkeit die Nichteffektivität der Blockade erwiesen worden sei.

Art. 7 bestimmt, daß im Falle der von einer Befehlsstelle der blockierenden Streitkräfte festgestellten Seenot ein neutrales Schiff in die blockierte Örtlichkeit einlaufen und diese später unter der Voraussetzung, daß es dort keinerlei Ladung gelöscht oder eingenommen hat, wieder verlassen kann. Die Feststellung der Seenot gibt also dem betreffenden Schiff ein Recht auf Zulassung zur blockierten Örtlichkeit, ohne daß es, wie in den Fällen des Art. 6, einer besonderen Erlaubnis bedürfte. Die Vergünstigung existiert indes nur dann, wenn das neutrale Schiff den Aufenthalt innerhalb des Blockaderings nicht zu kaufmännischen Zwecken ausbeutet. Wie Art. 6, so interessiert auch Art. 7 an dieser Stelle nur deshalb, weil er den Einwand der Nichteffektivität der Blockade ausschließt.

§ 19.

Das Erfordernis der Erklärung und der Bekanntgabe der Blockade.

I. Das Erfordernis der Blockadeerklärung war der Pariser Seerechtsdeklaration unbekannt. Man versteht darunter den Akt der zuständigen Stelle (Regierung oder Geschwaderchef), der feststellt, daß eine Blockade unter genau zu bestimmenden Bedingungen verhängt worden ist oder demnächst verhängt werden wird. Nimmt man, um sich über ihre Bedeutung klar zu werden, den Vorgang der Gesetzgebung als Parallele zu Hilfe, so entspricht die Blockadeerklärung dem Erlaß des

Gesetzes, während die Notifikation derselben der Publikation des Gesetzes gleichsteht.[1])

Zuständig zur Erlassung der Blockadeerklärung ist entweder die blockierende Macht selbst oder die in ihrem Namen handelnde Befehlsstelle der Marine. Als wesentlichen Inhalt hat sie zu enthalten: 1. den Tag des Beginnes der Blockade,[2]) 2. die geographischen Grenzen der blockierten Küstenstrecken, 3. die Frist, die den neutralen Schiffen zum Auslaufen gewährt werden muß.[3])

Alle drei Punkte sind für die neutralen Mächte von Bedeutung; denn nur auf diese Weise bietet sich ihnen die Möglichkeit, ihr Verhalten in entsprechender Weise einzurichten.

Welches sind nun die rechtlichen Konsequenzen, wenn die Blockadeerklärung den genannten Erfordernissen nicht entspricht?

Bei der Beantwortung dieser Frage ist zu unterscheiden zwischen den unter Nr. 1 und 2 aufgezählten Erfordernissen einer- und dem unter Nr. 3 genannten Erfordernis andrerseits.

Enthält die Blockadeerklärung überhaupt keine Bestimmung über den Blockadebeginn oder besagt sie, daß die Blockade an dem und dem Tage begonnen hat oder beginnen wird, während sie tatsächlich erst einen oder mehrere Tage später begonnen hat oder beginnen wird, so ist die ganze Erklärung nichtig; das beschlagnahmte neutrale Schiff kann im Prisenprozeß vor dem nationalen, bzw. vor dem internationalen Gericht den Einwand der Nichtigkeit der Blockadeerklärung geltend machen mit dem Erfolg, daß die stattgehabte Beschlagnahme für nichtig zu erklären ist. Wenn also z. B. die Blockadeerklärung besagt, die Blockade wird am 1. Februar beginnen, während sie tatsächlich erst am 8. Februar begann, so kann nicht nur in dem Zeitraum vom 1. bis 8. Februar, sondern auch nach dem 8. Februar, also nach Herstellung der Effektivität, keine rechtsgültige Beschlagnahme stattfinden. Dies Ergebnis mag vielleicht auf den ersten Blick überraschend erscheinen, nachdem doch die einzelnen Erfordernisse der Blockade, Erklärung und Effektivität, vorliegen, es ist indes wohl begründet; denn wäre es anders, so stünde es vollständig im freien Ermessen des Kriegführenden den Zeitpunkt des Blockadebeginns zu wählen. Er würde sich dann denjenigen Moment heraussuchen, der den Neu-

---

[1]) So Meurer, Vorlesung über Völkerrecht.

[2]) Die Blockade-Erklärung lautet dahin, daß die Blockade an einem bestimmten Tag begonnen hat oder beginnen wird. In beiden Fällen besitzt sie konstitutive Wirkung.

[3]) Die Fassung „à accorder aux" statt des ursprünglichen „au profit des" wurde auf Deutschlands Antrag gewählt, Prot. S. 159 und Annexe 21, S. 237.

tralen besonders unerwartet käme, ihm selbst aber möglichst viele Prisen verschaffte. Damit wäre der Zweck der Blockadeerklärung überhaupt vereitelt. In solchen Fällen ist daher eine neue Blockadeerklärung erforderlich.

Nichtigkeit der Beschlagnahme ist auch dann die Rechtsfolge, wenn die Erklärung keine Bestimmung über die räumliche Ausdehnung der Blockade enthält oder aber die Angaben derselben mit der Wirklichkeit nicht übereinstimmen.

Anders verhält es sich dagegen, wenn die blockierende Macht ihrer durch Art. 9 normierten Pflicht zur Festsetzung einer Auslauffrist für neutrale Schiffe nicht nachkommt. In diesem Falle behält die Blockadeerklärung ihre Gültigkeit; die Unvollständigkeit derselben kann dadurch geheilt werden, daß die betreffende kriegführende Macht die Fristsetzung nachholt. Tut sie das nicht, so sind die auslaufenden neutralen Schiffe der Beschlagnahme nicht unterworfen, vielmehr ist ihnen die freie Durchfahrt zu gestatten. Ein trotzdem beschlagnahmtes Schiff könnte sich also im Prisenprozeß zwar nicht auf den generell wirkenden Einwand der nichtigen Blockadeerklärung, wohl aber auf den speziell zu seinen Gunsten wirkenden Einwand der mangelnden Fristsetzung berufen. Analog ist die Rechtslage dann zu beurteilen, wenn die Blockadeerklärung zwar eine Auslauffrist enthält, dieselbe aber mit Rücksicht auf die näheren Umstände des Einzelfalles als nicht angemessen erscheint. Sache des Prisenhofes wird es sein, in derartigen Fällen unter Würdigung des vorliegenden Tatbestandes die richtige Entscheidung zu treffen.

II. Die Gültigkeit der Blockadeerklärung ist bedingt durch ihre Bekanntgabe oder Notifikation. Die Bekanntgabe hat zu erfolgen: 1. an die neutralen Mächte[1]) durch die blockierende Macht mittels einer Mitteilung, die an die Regierungen selbst oder an deren bei ihr beglaubigte Vertreter zu richten ist,

2. an die örtlich zuständigen Behörden durch den Befehlshaber der blockierenden Streitmacht.[2]) Die Behörden sollen davon ihrerseits möglichst bald die fremden Konsuln benachrichtigen, die ihre Amtstätigkeit in dem blockierten Hafen oder auf der blockierten Küstenstrecke ausüben. Unterläßt es die kriegführende Macht, die Blockade an die neutralen Mächte bekannt zu geben, so ist die Blockade und

---

[1]) Ueber den Fall, daß das Schiff einen nicht blockierten feindlichen Hafen verlassen hat, vgl. Hold v. Ferneck a. a. O. S. 313, Anm.

[2]) Hiezu genügt auch telegraphische Mitteilung; vgl. hiezu die Ausführungen Renaults, Prot. der Londoner Konferenz S. 208, ferner Deutsches Weißbuch S. 19.

damit die Beschlagnahme neutraler Schiffe rechtsunwirksam. Versäumt dagegen der Befehlshaber der blockierenden Streitmacht die Benachrichtigung der örtlich zuständigen Behörden, so ist damit allein kein Grund zur Rechtsunwirksamkeit der Blockade gegeben; der die kriegführende Macht treffende Rechtsnachteil besteht vielmehr nur darin, daß einem unter solchen Umständen aus dem blockierten Hafen auslaufenden Schiff freie Durchfahrt gestattet werden muß und zwar auch dann, wenn das Schiff auf irgendeine Weise privatim Kenntnis von der Blockade bekommen hat. „Das ist, wie der Generalbericht hervorhebt, eine strenge Sühne, die genau dem Wesen des begangenen Verstoßes entspricht und sie wird das beste Mittel sein, solche Verstöße zu verhindern."

Auf den Fall, wo die mangelnde Kenntnis des ein- oder auslaufenden Schiffes auf eine Unterlassung der neutralen Macht, bzw. der Ortsbehörden zurückzuführen ist, wird an späterer Stelle zurückzukommen sein.

§ 20.

Die rechtlichen Voraussetzungen der Ausdehnung und Wiederaufnahme einerseits, der Beendigung und Einschränkung der Blockade andererseits.

I. Ausdehnung, Wiederaufnahme. In beiden Fällen handelt es sich um Errichtung einer neuen Blockade. Insbesondere kann sich der Kriegführende, der zur Wiederaufnahme schreitet, nicht darauf berufen, daß „über dieselbe Örtlichkeit bereits eine Blockade verhängt war";[1]) es finden daher in diesem wie in jenem Falle die Regeln für die Erklärung und die Bekanntgabe der Blockade in gleicher Weise Anwendung.

II. Aufhebung, bzw. Einschränkung. Die freiwillige Aufhebung sowie jede etwa erfolgende Einschränkung der Blockade muß gemäß Art. 13[2]) auf die im Art. 11 vorgeschriebene Art, d. h. durch Mitteilung an die neutralen Mächte und an die zuständigen Ortsbehörden, bekannt gegeben werden. Diese Bestimmung erscheint zunächst auffällig;

---

[1]) Deutsches Weißbuch S. 21.

[2]) Art. 13 berücksichtigt seiner ganzen Fassung nach nur den Fall der Bekanntmachung nach bereits erfolgter Aufhebung, bzw. Einschränkung, nicht dagegen den übrigens höchst unwahrscheinlichen Fall der Aufhebungsankündigung; denn würde er dies tun, so dürfte er sich nicht allein mit dem Erfordernis der Bekanntgabe begnügen, sondern müßte auch eine Aufhebungserklärung fordern, die einen bestimmten Beendigungstermin zu enthalten hätte. Es tritt daher in dem durch Art. 13 geregelten Fall die tatsächliche Aufhebung der Blockade einfach an Stelle der Aufhebungserklärung, so daß die Bekanntgabe allein genügt.

man sollte meinen: die kriegführende Macht entfernt einfach ihre Streitmacht; damit büßt die Blockade ihre Effektivität ein und ist sonach ohnehin, auch ohne besondere Notifikation, rechtsunwirksam.

Dieser Gedankengang ist zweifellos richtig. Die tatsächliche Aufhebung genügt; die Beendigung der Blockade kommt damit ohne weiteres der Allgemeinheit zugute. Es erscheint jedoch zweckmäßig, die Öffentlichkeit auch von der Aufhebung der Blockade zu unterrichten, weil damit der Behinderung des Verkehrs der Neutralen mit dem blockierten Hafen ein Ende gemacht wird. Da es sich also nur um eine Zweckmäßigkeitsvorschrift handelt, so erscheint vom prisenrechtlichen Standpunkt aus betrachtet das eine Rechtspflicht statuierende Wort „muß" zum mindesten als überflüssig, es sollte korrekterweise durch das Wort „soll" ersetzt werden. Für diese Ansicht spricht auch die weitere Tatsache, daß die blockierende Macht, die es unterläßt, die Aufhebung der Blockade bekannt zu geben, lediglich diplomatische Reklamationen wegen Nichterfüllung einer völkerrechtlichen Verpflichtung zu gewärtigen hat, die allerdings je nach den Umständen geringfügige oder schwerwiegende Folgen für den säumigen Staat erzeugen können.

II.

§ 21.

Die Kenntnis des Schiffes als Voraussetzung des Blockadebruchs.

Die Erklärung und Bekanntmachung der Blockade eröffnet für die neutralen Schiffe die Möglichkeit, von der Errichtung der Blockade Kenntnis zu bekommen. Es ließe sich daher denken, daß ein trotzdem in Unkenntnis gebliebenes Schiff, zumal dann, wenn die neutralen Mächte und die Lokalbehörden für die Weiterverbreitung der Blockadebekanntgabe Sorge getragen haben, einer gewissen Fahrlässigkeit schuldig erschiene und deshalb im Falle des Blockadebruchs ohne weiteres der Wegnahme ausgesetzt wäre. Dem ist jedoch nicht so. Kenntnismöglichkeit und daraus hergeleitete eventuelle Fahrlässigkeit genügt nicht, um den Tatbestand des Blockadebruchs in subjektiver Hinsicht zu begründen. Die Zulässigkeit der Beschlagnahme eines neutralen Schiffes wegen Blockadebruchs ist vielmehr bedingt durch die wirkliche oder vermutete Kenntnis der Blockade.

Die Kenntnis der Blockade wird nach Art. 15 vermutet, wenn das Schiff einen neutralen Hafen nach Ablauf angemessener Zeit seit Bekanntgabe der Blockade an die diesen Hafen innehabende Macht verlassen hat. Die Vermutung verfolgt den Zweck, die Beschlagnahme des Schiffes unter gewissen Umständen zu erleichtern. Damit sich jedoch die Blockademacht auf dieselbe stützen kann, hat sie den Nachweis zu erbringen, daß seit Bekanntgabe der Blockade tatsächlich eine angemessene Frist verstrichen ist. Da es sich hiebei im wesentlichen um eine Tatfrage handelt, ist es Sache des Prisengerichtes zu entscheiden, ob es diesen Nachweis für gelungen oder nicht gelungen erachten will. Die Vermutung des Art. 15 ist widerlegbar; dem beschlagnahmten Schiff ist nämlich im Prisenprozeß der Beweis nachgelassen, daß es trotz Ablaufs einer angemessenen Frist seit Bekanntgabe der Blockade infolge bestimmter Umstände nicht in der Lage war, davon Kenntnis zu nehmen. Erbringt es diesen Beweis, so ist die angeordnete Beschlagnahme rückgängig zu machen.

Wie gestaltet sich nun die Rechtslage, wenn sich ein Schiff dem Hafen nähert, das von dessen Blockierung weder wirkliche noch auch vermutungsweise Kenntnis besitzt?

Man könnte daran denken, daß einem solchen Schiff das Recht zustünde, den Blockadering zu passieren. Das erscheint indes unzulässig; könnte doch dann die neutrale Regierung nichts Besseres tun, als auf eine Information ihrer Schiffe zu verzichten, um diese dadurch zum Blockadebruch zu befähigen. In diesem Falle hat vielmehr die Bekanntgabe der Blockade an das Schiff selbst zu erfolgen und zwar durch einen Offizier der blockierenden Streitmacht.

Die Bekanntgabe muß außerdem in das Schiffstagebuch eingetragen werden unter Angabe des Tages und der Stunde sowie des derzeitigen Schiffsortes.

Dies ist der einzige Fall der sogenannten speziellen Notifikation. Sie besitzt im Vergleich zu der früher üblichen speziellen Notifikation eine wesentlich verschiedene Bedeutung. Während sie früher dazu berufen war, die generelle Notifikation zu ersetzen, erscheint sie nunmehr in einem ganz bestimmten Fall als besonderes Erfordernis neben derselben. Ein Schiff, das trotz der speziellen Notifikation die Blockade zu durchbrechen versucht, unterliegt der Beschlagnahme.

Der Fall, daß sich ein auslaufendes neutrales Schiff infolge unterlassener Bekanntmachung der Blockade an die Ortsbehörde in Unkenntnis befindet, wurde bereits besprochen. Ich kann mich daher an dieser Stelle auf meine Ausführungen in § 20 zurückbeziehen.

Dagegen wurde der Fall noch nicht besprochen, in dem die Unkenntnis des neutralen Schiffes speziell auf eine Unterlassung des benachrichtigten neutralen Staates, bzw. der Ortsbehörden zurückzuführen ist. Kann hier vielleicht ohne weiteres zu einer Beschlagnahme geschritten werden, nachdem doch die blockierende Macht und der Befehlshaber des blockierenden Geschwaders den an sie gestellten Anforderungen vollauf genügt haben?

Der Generalbericht berücksichtigt nur den Fall einer böswilligen Unterlassung seitens der Lokalbehörden. Unter solchen Umständen versagt die Vergünstigung des Art. 16, II. Die blockierende Streitmacht kann nicht gezwungen werden, die freie Durchfahrt der neutralen Schiffe zu gestatten. Derartige Schiffe dürfen aber auch nicht ohne weiteres weggenommen werden.[1] Sie befinden sich mangels der erforderlichen Bekanntgabe und der vermuteten Kenntnis der Blokkade in einer ähnlichen Lage, wie sie im Art. 16, I vorgesehen ist.[2] Der Kommandant der blockierenden Streitmacht hat daher für eine spezielle Bekanntmachung an die betreffenden Schiffe selbst zu sorgen, ehe er berechtigt ist zur Beschlagnahme derselben zu schreiten.

Die gleiche rechtliche Behandlung muß einlaufenden neutralen Schiffen zu teil werden, die sich infolge einer Unterlassung des eigenen Staates in Unkenntnis der Blockade befinden.

III.

§ 22.

Der eigentliche Blockadebruch.

Der Tatbestand des Blockadebruchs ist dann vollendet, wenn ein neutrales Schiff nach gehöriger Erklärung und Bekanntgabe der Blockade in Kenntnis derselben die Blockadelinie durchbricht oder zu durchbrechen versucht. Versuch und Vollendung unterstehen also der gleichen rechtlichen Beurteilung. Genauer gesprochen: der Blockadebruch ist als gegeben zu erachten, wenn das neutrale Schiff, sei es nun, um in den Hafen ein- oder aus demselben auszulaufen, den Aktionsbereich der Blockade betritt. Nicht erforderlich ist, daß das betreffende Schiff bei seinem Unternehmen mit besonderer Gewalttätigkeit oder List zu Werke geht. Es würde z. B. vollständig genügen, um die Einziehung des Schiffes zu rechtfertigen, wenn dasselbe zwar von der bestehenden Blockade Kenntnis gehabt hat, aber infolge Unkenntnis der Küste, Irrtums in der örtlichen Orientierung, Verlustes des

---

[1]) Die Vorschrift des Art. 11, Ziff. 2 S. 3 ist lediglich instruktiver Natur; es erscheint daher auch aus diesem Grunde als billig, für die Unterlassung der Blockadebekanntgabe seitens der Lokalbehörde an die Konsuln nicht ohne weiteres die neutralen Schiffe büßen zu lassen.

[2]) Deutsches Weißbuch S. 25; vgl. auch Schramm a. a. O. S. 785.

Kompasses, oder sonst eines auf Fahrlässigkeit zurückzuführenden Umstandes, die Blockadelinie durchkreuzt.[1] Gerade die Tatsache, daß in solchen Fällen überhaupt von einem Blockadebruch gesprochen werden kann, zeigt deutlich, wie Unrecht diejenigen haben, die den Tatbestand und die Konsequenzen des Blockadebruchs in ein strafrechtliches Schema zu zwängen suchen.

Wir haben gesehen: die Durchkreuzung der Blockadelinie ohne besondere Absicht des Blockadebruchs genügt unter Umständen zur Rechtfertigung der Konfiskation; es genügt dagegen nicht die Absicht des Blockadebruchs ohne die folgende Durchkreuzung. Damit ist jener Praxis das Handwerk gelegt, die unter dem bestehenden Namen „Theorie der einheitlichen Reise“ lange Zeit hindurch ein juristisches Scheindasein führte. Diese insbesondere von den Amerikanern und Engländern bevorzugte Theorie ermöglichte es, ein neutrales Schiff nicht nur dann zu kapern, wenn es nach einem blockierten Hafen bestimmt war und diesen anzulaufen versuchte, sondern auch schon dann, wenn es noch meilenweit von dem blockierten Hafen entfernt war, seine eigene Bestimmung jedoch, bzw. die seiner Ladung, auf den blockierten Hafen lautete.[2] Selbst auf diejenigen Fälle dehnte man diese Theorie aus, in denen das neutrale Schiff im Verlaufe seiner Reise zwar einen blockierten Hafen anlaufen mußte, seiner endgültigen Bestimmung nach jedoch in einem nichtblockierten Hafen landen sollte.

Die Nachteile, die diese Theorie für die neutrale Schiffahrt mit sich brachte, die damit rettungslos der Willkür der Kriegführenden verfallen war, liegen zu sehr auf der Hand, als daß sie einer eingehenderen Darlegung bedürften.

Die Theorie der fortgesetzten Reise litt vor allem an einem logischen Grundfehler: Auf der einen Seite forderte man die Effektivität der Blockade, auf der andern Seite machte man dieses Prinzip zunichte, indem man auf allen Teilen des Seekriegschauplatzes neutrale Schiffe konfiszierte, gerade als ob über denselben seiner ganzen Ausdehnung nach der Blockadezustand verhängt wäre. Die Blockade wurde auf diese Weise zu einer bloßen Fiktion, während doch das Effektivitätsprinzip mit logischer Notwendigkeit die Verwirklichung der Konsequenzen des Blockadebruchs an dem Orte erfordert, an dem die wirksame Blockade errichtet ist.[3]

---

[1]) Vgl. hiezu Perels S. 272, ferner Güldenagel a. a. O. S. 29.

[2]) Ein typisches Beispiel für diese Praxis ist der Springbok-Fall im amerikanischen Bürgerkrieg, Perels S. 274, Wiegner S. 180 ff.

[3]) Vgl. hiezu auch v. Hansemann, Die Lehre von der einheitlichen Reise im Rechte der Blockade und Kriegskonterbande, S. 14 und 16.

Erst auf der Londoner Konferenz gelangte das richtige Prinzip in Art. 17 und 19 zum Siege; die einschlägigen Artikel lauten: „Die Beschlagnahme neutraler Schiffe wegen Blockadebruchs darf nur innerhalb des Aktionsbereichs der Kriegsschiffe stattfinden, die beauftragt sind, die tatsächliche Wirksamkeit der Blockade sicherzustellen." — „Ein die Beschlagnahme des Schiffes rechtfertigender Blockadebruch ist nicht als vorliegend anzunehmen, wenn sich das Schiff derzeit auf der Fahrt nach einem nichtblockierten Hafen befindet, wie auch immer die spätere Bestimmung von Schiff oder Ladung sein mag."

Beide Artikel gehören systematisch zusammen; sie stellen außer Zweifel, daß ein Blockadebruch erst dann vorliegt, wenn sich das neutrale Schiff im Aktionsbereich der Kriegsschiffe befindet. Es genügt nicht, wie der Generalbericht hervorhebt, daß sich das Schiff auf der Fahrt nach dem blockierten Hafen befindet, und ebensowenig genügt es, daß das Schiff oder seine Ladung später nach einem solchen bestimmt ist. Es muß vielmehr die wirkliche Bestimmung des Schiffes in Betracht gezogen werden, wenn es sich um Blockadebruch handelt. Behauptet ein auf hoher See betroffenes neutrales Schiff nach einem nicht blockierten Hafen bestimmt zu sein, so kann natürlich der Kreuzer sehr wohl den Beweis erbringen, daß diese Behauptung auf Unwahrheit beruht. Es wäre aber ein verhängnisvoller Irrtum zu glauben, der Kreuzer habe nun auf Grund des Artikel 19 das Recht, das neutrale Schiff ohne weiteres wegen Blockadebruchs zu beschlagnahmen. Er würde sich damit eines Verstoßes gegen Artikel 17 schuldig machen, der, wie schon erwähnt, im engsten Zusammenhang mit Artikel 19 steht.

Zum vollen Verständnis der bisher besprochenen Bestimmungen ist die richtige Beurteilung des neugeschaffenen Begriffs „Aktionsbereich" von wesentlicher Bedeutung. Der von Renault verfaßte Generalbericht beschäftigt sich in seinen Ausführungen zu Artikel 17 eingehend mit diesem Begriff, und es ist nur zu bedauern, daß die Deklaration selbst keine entsprechende Definition desselben enthält. Darnach versteht man unter Aktionsbereich die Gesamtheit der durch entsprechende Verteilung der einzelnen Blockadeschiffe entstehenden Überwachungskreise, die so angelegt sind, daß die Blockade tatsächlich wirksam ist. Der Aktionsbereich einer Blockade steht im engsten Zusammenhang mit deren Effektivität. Je nach den Umständen des einzelnen Falles kann ein Schiff zur Verhängung einer wirksamen Blockade genügen, es kann aber auch eine Mehrheit von Schiffen erforderlich sein. Dementsprechend wechselt die Ausdehnung des Aktionsbereichs. Der Aktionsbereich ist somit ein höchst relativer Begriff, dessen Grenzen sich keineswegs in festen, unabänderlichen Größen bestimmen läßt. Nur so viel läßt sich sagen, daß seine größtmögliche Ausdehnung stets durch die Wirksamkeit der Blockade bedingt ist. Er wird sich infolgedessen niemals bis in entfernte Meere erstrecken und dortselbst die Rechtsfolgen des Blockadebruches erzeugen können.

Durch den neugeschaffenen Begriff „Aktionsbereich" ist es also erreicht worden, daß einerseits der kriegführende Staat in ausreichendem Maße die Möglichkeit besitzt, die Vorteile der von ihm errichteten Blockade auszunutzen, während anderseits die neutrale Schiffahrt vor willkürlicher Ausdehnung derselben geschützt ist.

2. Hauptstück:

§ 24.

Die Rechtsfolgen des Blockadebruchs und ihre Verwirklichung.

I. Ein des Blockadebruchs schuldig befundenes Schiff wird eingezogen. Die Ladung wird gleichfalls eingezogen, sofern nicht nachgewiesen wird, daß der Befrachter zur Zeit der Verladung der Ware die Absicht des Blockadebruchs weder gekannt hat noch kennen konnte. — Nach Ullmann[1]) findet die Einziehung der Ladung immer statt, „wenn letztere dem Eigentümer des Schiffes gehört. Gehört die Ladung einem anderen Eigentümer, so ist sie nur dann einzuziehen, wenn der Eigentümer zur Zeit der Verladung ... Kenntnis von[2]) der Blockade hatte. Art. 21 läßt dem Befrachter die Möglichkeit offen, sich auf seinen guten Glauben zu berufen, d. h. . . . ." Ullmann ist also offenbar der Ansicht, daß das Wort „Befrachter" den Schiffseigentümer in keinem Falle mitumfaßt. Diese Ansicht ist weder wünschenswert noch erscheint sie nach dem Wortlaut der Gesetzesstelle als notwendig. M. E. läßt sich sehr wohl die Meinung vertreten, wonach auch dem Schiffseigentümer, falls er als Befrachter anzusehen ist, der Exkulpationsbeweis des Art. 21 zusteht. Für diese Meinung spricht insbesondere die Bemerkung des Weißbuchs: „Dem Beteiligten (à l'intéressé) wird die Möglichkeit gelassen, sich auf seinen guten Glauben zu berufen." In der Tat heißt es in der Gesetzes-

---

[1]) „Die Fortbildung des Seekriegsrechts durch die L. D. im Jahrb. f. öffentl. Recht 1910, S. 19.

[2]) Eine Ungenauigkeit, die jedoch später ihre Korrektur findet. Der „Beteiligte" steht sich zweifellos besser, wenn von ihm Kenntnis etc. der Blockadebruchabsicht gefordert wird, als wenn die bloße Kenntnis etc. der Blockade zur Konfiskation seiner Ladung genügt.

stelle nur: „sofern nicht nachgewiesen wird“; der speziell zum Beweis Zugelassene ist nicht näher bezeichnet. Darnach besteht m. E. kein Zweifel, daß auch der Schiffseigentümer „Beteiligter“ in diesem Sinne ist. Diese Auffassung entspricht auch den Anforderungen der Gerechtigkeit und Billigkeit in höherem Maße als die von Ullmann vertretene Ansicht; denn es wird auf diese Weise erreicht, daß wenigstens die dem Schiffseigentümer gehörigen Waren nicht unter allen Umständen der Konfiskation anheimfallen, nachdem sein Schiff ohnehin eingezogen wird, gleichgültig, ob ihm die Absicht des Blockadebruchs bekannt war oder nicht.[1])

II. Auch die Verwirklichung der Rechtsfolgen des Blockadebruchs, die Beschlagnahme des betreffenden neutralen Schiffes, hat nach Art. 20 der Londoner Seerechtsdeklaration eine besondere Regelung erfahren. Selbst bei dieser Gelegenheit wußte man sich in früherer Zeit die äußerst variable Theorie der einheitlichen Reise zunutze zu machen, indem man behauptete, die Fahrt eines neutralen Schiffes zu und von einem blockierten Hafen zurück in die Heimat erscheine als einheitliche Reise; infolgedessen sei das Schiff während der ganzen Dauer derselben, also auch auf der Rückfahrt, der Beschlagnahme durch die Kriegsschiffe der blokkierenden Macht ausgesetzt.

Demgegenüber bestimmt Art. 20: „Ein Schiff, das unter Blockadebruch einen blockierten Hafen verlassen oder auszulaufen versucht hat, bleibt der Beschlagnahme ausgesetzt, solange es durch ein Kriegsschiff der blockierten Streitmacht verfolgt wird. Ist die Verfolgung aufgegeben oder die Blockade aufgehoben, so kann seine Beschlagnahme wegen vollendeten Blockadebruchs nicht mehr bewirkt werden.“

Der Unterschied zu jener verwerflichen Praxis liegt klar zutage. Neben den durch Art. 17 sanktionierten Regelfall der Beschlagnahme eines Schiffes innerhalb des Aktionsbereichs tritt also der seltene Fall der Beschlagnahme außerhalb desselben, jedoch unter den nach Art. 20 hiefür maßgebenden Beschränkungen. Der Aktionsbereich erweitert sich also durch die Flucht.[2]) In jedem Falle aber endet die Verfolgung mit der Aufhebung der Blockade. Als wesentlich ist ferner hervorzuheben, daß die Verfolgung des Blokkadebrechers in continenti und durch ein Kriegsschiff der blockierenden Streitmacht aufgenommen werden muß. Bei Verletzung dieser Vorschrift kann das gekaperte Schiff mit Erfolg die Einrede der rechtswidrigen Beschlagnahme machen. Die Frage allerdings, ob eine Verfolgung in conti-

[1]) Vgl. hiezu auch die Ausführungen der russischen Delegation bezüglich der Ausdrücke propriétaire und chargens, Prot. S. 179.

[2]) Meurer, Vorlesung über Völkerrecht.

nenti stattgefunden hat oder nicht, unterliegt als Tatfrage der freien Entscheidung des Prisengerichts. Jedenfalls ist aber dann keine Unterbrechung der Verfolgung anzunehmen, wenn sich das verfolgte Schiff in einen neutralen Hafen flüchtet und nun der verfolgende Kreuzer wohl oder übel das Wiederauslaufen desselben außerhalb des neutralen Hoheitsbereichs abwartet.[1]) Ist dagegen die Verfolgung aufgegeben worden, so ist die Beschlagnahme des Schiffes wegen des nunmehr vollendeten Blockadebruchs nicht mehr möglich.

2. Abschnitt: Die Beförderung von Konterbande.[2])

1. Hauptstück: Die rechtlichen Voraussetzungen der Konterbande.

Die Londoner Seerechtsdeklaration hat von einer Definition des Begriffes Konterbande Umgang genommen. Man versteht unter Konterbande im allgemeinen die während eines Krieges bei einer der kriegführenden Parteien verbotswidrig eingeführten Waren, die dazu bestimmt sind, die Gefechtsstärke der feindlichen Streitmacht zu erhöhen.

Der Begriff der Konterbande enthält also im wesentlichen zwei Tatbestandsmerkmale: es handelt sich

I. um Gegenstände von einer gewissen Art, und

II. mit einer gewissen Bestimmung.

I. Das Merkmal der Art.

§ 24.

Die sogen. absolute Konterbande.

Schon die II. Haager Friedenskonferenz hat den Versuch einer einheitlichen völkerrechtlichen Regelung des Konterbandetransportes unternommen. Mangel an Zeit wie auch

---

[1]) Hiezu bemerkt Denys P. Myers, The legal Basis of Rules of Blockade (in The American Journal of Intern. Law), Juli 1910: Whether it would be held a continuous poursuit, if a vessel in flight made an intermediary port safely only to issue forthand fall into the power of a warship of the blockading squadron which had followed and waited continuously, is a question that must await adjudication to be answered. It is probable, if the court were a state one, the decision would depend largely upon the nationality of the judge. Diese Frage ist gelöst, soweit der internationale PrH. in Frage kommt; denn es steht zu erwarten, daß er seiner Rechtsprechung die im Generalbericht vertretene Auffassung zugrunde legen wird.

[2]) Vgl. hiezu insbesondere Wiegner, Die Kriegskonterbande und Beckenkamp, Die Kriegskonterbande.

die Vielgestaltigkeit der auf dem Spiele stehenden Interessen der Konferenzmächte ließen jedoch das begonnene Werk nicht zum Abschluß gedeihen.[1] Dagegen gelang der Konferenz der Entwurf einer absoluten Konterbandeliste, die denn auch in London, woselbst man sich für die Beibehaltung der herkömmlichen Unterscheidung zwischen absoluter und relativer Konterbande erklärte,[2] die Zustimmung der Delegierten fand.

Der Begriff der absoluten Konterbande zerfällt in zwei Unterarten: in Konterbande „ohne weiteres“ oder, wie der französische Ausdruck lautet, Konterbande de plein droit und solche absolute Konterbande, die erst durch besondere Erklärung diesen Charakter erlangt.

Die Bezeichnung „Konterbande ohne weiteres“ will besagen: daß keinerlei Erklärung der Kriegführenden erforderlich ist, daß vielmehr die Anordnung des Art. 22 der Londoner Deklaration durch die bloße Tatsache der Kriegseröffnung Wirksamkeit erlangt. Im einzelnen gehören zu dieser Art der Konterbande folgende Gegenstände:

1. Waffen jeder Art, auch Jagdwaffen und ihre als solche kenntlichen Bestandteile;
2. Geschoße, Kartuschen, Patronen jeder Art und ihre als solche kenntlichen Bestandteile;
3. Schießpulver und besonders für den Krieg[3] bestimmte Sprengstoffe;
4. Lafetten, Munitionswagen, Protzen, Proviantwagen, Feldschmieden und ihre als solche kenntlichen Bestandteile;
5. militärische und als solche kenntliche Kleidungs- und Ausrüstungsstücke;
6. militärisches, als solches kenntliches Geschirr jeder Art;
7. für den Krieg benutzbare Reit-, Zug- und Lasttiere;
8. Lagergerät und seine als solche kenntlichen Bestandteile;
9. Panzerplatten;
10. Kriegsschiffe und sonstige Kriegsfahrzeuge, sowie solche Bestandteile, die nach ihrer besonderen Beschaffenheit nur auf einem Kriegsfahrzeuge benutzt werden können;

---

[1]) Bericht Fromageots, Prot. I S. 260.

[2]) Die Niederlande und Spanien beantragten in London die Abschaffung der relativen Konterbande, Prot. S. 136.

[3]) Der deutsche Abänderungsvorschlag: „explosifs de toute nature“ scheiterte an dem Widerspruch Englands, dessen Import an Minenexplosivstoffen dadurch in Kriegszeiten lahmgelegt worden wäre (Prot. S. 145 ff.).

11. Werkzeuge und Vorrichtungen, die ausschließlich zur Anfertigung von Kriegsmaterial oder zur Anfertigung und Ausbesserung von Waffen und von Landkriegs- oder Seekriegsmaterial hergestellt sind.

Die Aufzählung umfaßt also nur solche Gegenstände und Stoffe, die militärischen Zwecken zu dienen geeignet sind.[1])

Art. 22 macht durchaus nicht den Anspruch auf Vollständigkeit, schon um deswillen nicht, weil in Anbetracht der enormen Leistungsfähigkeit der modernen Wissenschaft und Technik jeden Augenblick mit der Möglichkeit neuer Erfindungen zu rechnen ist, die ebenfalls ausschließliche Verwendbarkeit für den Krieg besitzen. Um dieser Möglichkeit und damit den berechtigten Interessen der Kriegführenden Rechnung zu tragen, gestattet Art. 23, derartige Objekte mittels einer Erklärung, die bekannt zu geben ist, in die Liste der absoluten Kriegskonterbande aufzunehmen. Die Bekanntgabe wird an die Regierungen der anderen Mächte oder an deren bei der erklärenden Macht beglaubigten Vertreter gerichtet. Eine Bekanntgabe, die nach Beginn der Feindseligkeiten stattfindet,[2]) wird nur an die neutralen Mächte gerichtet. Durch diese Bestimmung des Art. 23, II wird einer mißbräuchlichen Ausdehnung der durch Art. 22 geschaffenen Möglichkeit, die Liste der absoluten Konterbande zu erweitern, vorgebeugt.

Die Wirksamkeit der Bekanntmachung ist nicht an den Ablauf einer bestimmten Frist gebunden; sie beginnt unmittelbar mit dem Moment der Veröffentlichung. Diese Regelung erscheint im Hinblick auf die Interessen der Kriegführenden geboten.

Da sich aus der Handhabung des Art. 23 möglicherweise eine unbillige Benachteiligung jener neutralen Schiffe ergeben kann, die sich zur Zeit der Konterbandebekanntgabe auf hoher See befinden und infolgedessen keine Kenntnis von derselben erlangen, bestimmt Art. 43, daß Konterbande in diesem Fall der Konfiskation nur gegen Entschädigung unterliegen soll.

Nun interessiert die Frage: Wie kann sich der neutrale Staat helfen, wenn kriegführende Mächte entgegen der ausdrücklichen Vorschrift des Art. 23 auch solche Gegenstände

---

[1]) Daß sie alle ausschließlich diesem Zweck dienen, kann nicht behauptet werden, z. B. Ziff. 7. Für ihre Beibehaltung waren die Bedürfnisse der Praxis und das Interesse am Zustandekommen einer Einigung von ausschlaggebender Bedeutung (Bericht der Kommission, Prot. S. 303). Hold v. Ferneck a. a. O. S. 315.

[2]) Deutschland beantragte, die Notifizierung solle überhaupt erst nach Beginn der Feindseligkeiten erfolgen; dagegen waren vor allem England und Frankreich (Prot. S. 147).

und Stoffe als Konterbande erklären und bekannt geben, deren Beschaffenheit neben der kriegerischen auch eine andere Art der Verwendung zuläßt?[1])

Die kriegführenden Mächte würden damit zweifellos völkerrechtswidrig handeln und sich daher vor allem diplomatischen Reklamationen aussetzen. Außerdem aber könnte die neutrale Macht die Rechtswidrigkeit dieses Verfahrens durch einen entsprechenden Einwand im Prisenprozeß vor dem nationalen Gericht, bzw. im Wege des Rekurses vor dem internationalen Prisenhof geltend machen. Der Erfolg des Einwands bestünde in der Aufhebung der Beschlagnahme, es müßte denn sein, daß sich dieselbe unter dem Gesichtspunkt der später zu besprechenden relativen Konterbande als gerechtfertigt erwiese.[2])

Kriegführende Staaten sind natürlich nicht an den Inhalt des Art. 22 gebunden. Es steht ihnen frei, Gegenstände, die dort aufgeführt sind, ihres Charakters als absoluter Konterbande zu entkleiden und sie als relative Konterbande zu erklären oder auch auf ihre Beschlagnahme vollkommen zu verzichten. Tun sie das, so haben sie ihre Absicht durch eine Erklärung kundzugeben, die gemäß Art. 23, Abs. 2 bekanntzugeben ist.

§ 25.

Die sogen. relative Konterbande.

Im Gegensatz zur absoluten Konterbande versteht man unter relativer Konterbande solche Gegenstände und Stoffe, die infolge ihrer Beschaffenheit sowohl für kriegerische wie auch für friedliche Zwecke verwendbar sind.

In analoger Weise wie dort unterscheidet man auch hier zwischen relativer Konterbande ohne weiteres und relativer Konterbande, die erst durch eine gemäß Art. 23, II notifizierte Erklärung entsteht. Als Objekt der letzteren kommen jene Gegenstände und Stoffe in Betracht, die ebenfalls res ancipitis usus sind, aber durch Art. 24 nicht berücksichtigt werden.

Zur relativen Konterbande ersterer Art gehören im einzelnen folgende Sachen:

1. Lebensmittel;[3])
2. Furage und zur Viehfütterung geeignete Körnerfrüchte;

---

[1]) Vgl. hiezu Weißbuch S. 35.

[2]) Um eine unbillige Schädigung der Neutralen zu vermeiden, hatte Spanien den Antrag eingebracht, daß eine Erklärung zur absoluten Konterbande nur im Einverständnis mit sämtlichen Konferenzstaaten stattfinden solle. Es liegt auf der Hand, daß die Verwirklichung dieses Gedankens die berechtigten Interessen der Kriegführenden in hohem Maße zu schädigen geeignet wäre (Prot. S. 135, 147).

[3]) So wurde im Jahre 1885 im Krieg zwischen Frankreich und China „Reis" von Frankreich als Konterbande erklärt (Perels S. 247, Wiegner S. 214).

3. für militärische Zwecke geeignete Kleidungsstücke, Kleidungsstoffe und Schuhwerk;
4. Gold und Silber, geprägt und in Barren, sowie Papiergeld;
5. Schiffe, Boote und Fahrzeuge jeder Art, Schwimmdocks und Vorrichtungen für Trockendocks sowie ihre Bestandteile;
7. festes oder rollendes Eisenbahnmaterial, Telegraphen-, Funkentelegraphen- und Telephonmaterial;
8. Luftschiffe und Flugmaschinen, ihre als solche kenntlichen Bestandteile sowie Zubehörstücke, Gegenstände und Stoffe, die erkennbar zur Luftschiffahrt oder zu Flugzwecken dienen sollen;
9. Feuerungsmaterial und Schmierstoffe;
10. Schießpulver und Sprengstoffe, die nicht besonders für den Krieg bestimmt sind;
11. Stacheldraht sowie die zu dessen Befestigung und Zerschneidung dienenden Werkzeuge;[1])
12. Hufeisen und Hufschmiedegerät;
13. Geschirr und Sattelzeug;
14. Doppelgläser, Ferngläser, Chronometer und nautische Instrumente aller Art.

Die aufgezählten Gegenstände sind verschiedenartiger Natur. Die bedeutsamsten Konsequenzen werden sich in der Praxis unstreitig durch die Einstellung der Lebensmittel unter den Begriff der relativen Konterbande ergeben. Man versteht darunter alle zur menschlichen Ernährung notwendigen oder nützlichen Erzeugnisse fester oder flüssiger Art. Die Bestimmung ist geeignet, besonders jene Länder empfindlich zu treffen, die infolge ihrer geographischen Lage auf die Zufuhr ihres Proviants von der Seeseite her angewiesen sind.[2])

Auch Art. 24 gegenüber besteht die Möglichkeit, durch besonders notifizierte Erklärung auf die Konterbandeeigenschaft zu verzichten.

§ 26.

Die sogen. Freiliste.

Die Natur des Konterbandebegriffes bringt es mit sich, daß solche Gegenstände und Stoffe, die für kriegerische Zwecke nicht verwendbar sind, nicht als Konterbande erklärt werden können. Damit ist das allgemeine Prinzip des Art. 27 wiedergegeben. Um jedoch jede Willkür der Kriegführenden

---

[1]) Stacheldraht und Kneifzangen wurden im Burenkrieg infolge ihrer kriegerischen Verwendung zur Konterbande (Niemeyer, Seekriegsrecht S. 24).

[2]) Vgl. hiezu auch den Schlußparagraphen der Abhandlung.

in der Entscheidung, ob eine solche Verwendbarkeit zu kriegerischen Zwecken gegeben ist oder nicht, auszuschließen, hat man es für gut befunden, eine bestimmte Gruppe von Gegenständen herauszugreifen und zu einer sogenannten Freiliste zusammenzufassen, mit der Wirkung, daß diese Waren nicht als Konterbande erklärt werden können. Die Freiliste hat aber, wie sich aus dem durch Art. 27 festgelegten Prinzip ergibt, durchaus keinen absoluten Charakter, d. h. Gegenstände, die nicht in ihr enthalten sind, können gleichwohl nicht ohne weiteres als Konterbande erklärt werden; vielmehr kommt es darauf an, ob dieselben für kriegerische Zwecke verwendbar sind. Ist dies nicht der Fall, so können sie von einem kriegführenden Staat weder als relative und noch viel weniger als absolute Konterbande erklärt werden. Täte er's dennoch, so hätte er im prisengerichtlichen Verfahren nicht nur die Freigabe derselben, sondern auch Verurteilung zu Schadensersatzleistung zu gewärtigen, da die Beschlagnahme in diesem Falle sicher ohne ausreichenden Grund erfolgte.

Im einzelnen umfaßt die Freiliste des Art. 28 folgende Gegenstände:

1. Rohbaumwolle,[1]) Rohwolle, Rohseide, rohe Jute, rohen Flachs, rohen Hanf und andere Rohstoffe der Textilindustrie sowie die daraus gesponnenen Garne;
2. ölhaltige Nüsse und Sämereien, Kopra;
3. Kautschuk, Harz, Gummi und Lack, Hopfen;
4. rohe Felle, Hörner, Knochen und Elfenbein;
5. natürlichen und künstlichen Dünger mit Einschluß der für die Landwirtschaft verwendbaren Nitrate und Phosphate;
6. Erze;
7. Erde, Ton, Kalk, Kreide, Steine mit Einschluß des Marmors, Ziegelsteine, Schiefer und Dachziegel;
8. Porzellan und Glaswaren;
9. Papier und die zu seiner Herstellung zubereiteten Stoffe;
10. Seife, Farbe mit Einschluß der ausschließlich zu ihrer Herstellung bestimmten Materialien, und Firniß;
11. Chlorkalk, Soda, Ätznatron, schwefelsaures Natron in Kuchen, Ammoniak, schwefelsaures Ammoniak und Kupfervitriol;
12. Maschinen für Landwirtschaft, für Bergbau, für Textilindustrie und für Buchdruckerei;

---

[1]) Von Rußland 1904 als Konterbande erklärt. Vgl. auch Bentwich a. a. O. S. 333 über Rußlands Vorgehen bezüglich der Erklärung bestimmter Gegenstände (z. B. Kohle, Eisenbahnmaterial etc.) als absoluter Konterbande.

13. Edelsteine, Halbedelsteine, Perlen, Perlmutter und Korallen;
14. Turm- und Wanduhren, Standuhren und Taschenuhren außer Chronometern;
15. Mode- und Galanteriewaren;
16. Federn jeder Art, Haare und Borsten;
17. Gegenstände zur Wohnungseinrichtung und zum Wohnungsschmuck, Bureaumöbel und Bureaubedarf.

Außer den in Art. 27 und 28 genannten Objekten, die infolge Nichtverwendbarkeit für kriegerische Zwecke der Beschlagnahme als Konterbande entzogen sind, ist in Art. 29 noch eine Anzahl von eximierten Gegenständen bezeichnet, deren gemeinsames Merkmal in einer ganz besonderen Zweckbestimmung besteht. Aus Gründen der Menschlichkeit sollen nämlich gemäß Art. 29 Ziff. 1 solche Gegenstände und Stoffe nicht als Konterbande angesehen werden, die ausschließlich zur Pflege der Kranken und Verwundeten dienen.[1])

Das gleiche gilt nach Art. 29 Ziff. 2 von den Gegenständen und Stoffen, die zum Gebrauch des Schiffes, wo sie vorgefunden werden, oder zum Gebrauch der Besatzung oder der Passagiere dieses Schiffes während der Reise bestimmt sind.

Die Bestimmung des Art. 29 Ziff. 1 ist durchaus nicht etwa überflüssig mit Rücksicht auf die Regeln der Genfer Konvention. Im Gegenteil: Art. 29 findet auf Lazarettschiffe gar keine Anwendung, berücksichtigt vielmehr nur jene Fälle, in denen Handelsschiffe Sanitätsartikel mit sich führen.

Art. 29 Ziff. 1 enthält jedoch eine wichtige Ausnahme: Im Falle gewichtiger militärischer Erfordernisse hat nämlich der Kriegführende das Recht, die genannten Objekte gegen Entschädigung anzufordern, wenn sie nach dem feindlichen, dem vom Feinde besetzten Gebiete oder für die feindliche Streitmacht bestimmt sind. Auch unter diesen Umständen wird also das Eigentumsrecht an diesen Gegenständen respektiert. Eine analoge Bestimmung für die in Art. 29 Ziff. 2 genannten Objekte existiert nicht, selbst dann nicht, wenn sich unter diesen Gegenständen Waffen etc. befinden sollten.

II. Das Merkmal der Bestimmung.

§ 27.

Die Bestimmung bei absoluter Konterbande.

Wie schon eingangs dieses Kapitels hervorgehoben wurde, ist die Beschlagnahme von Gegenständen einer gewissen Art als Konterbande nur dann möglich, wenn dieselben eine be-

[1]) Vgl. hiezu auch den Antrag Österreichs, Prot. S. 148, Annexe 31.

sondere Bestimmung aufweisen. In diesem Begriffsmerkmal unterscheiden sich absolute und relative Konterbande wesentlich voneinander. Bei den Gegenständen der absoluten Konterbande genügt eine feindliche Bestimmung allgemeiner Natur. Sie unterliegen nämlich der Beschlagnahme schon dann, wenn bewiesen wird, daß ihre Bestimmung das feindliche oder vom Feind besetzte Gebiet oder die feindliche Streitmacht ist, und zwar entscheidet die Bestimmung der Ware, nicht die des Schiffes, mit a. W.: die Theorie der einheitlichen Reise, die für das Blockaderecht prinzipiell keine Geltung mehr besitzt, ist, soweit die absolute Konterbande in Frage kommt, durch die Londoner Konferenz zu allgemeiner Anerkennung erhoben worden.[1]) Selbst wenn die Ausladung der Konterbande in einem neutralen Zwischenhafen erfolgt, unterliegt sie gleichwohl der Wegnahme, falls ihre Endbestimmung feindlichen Charakter trägt. Die Reise, die die Konterbande zurücklegt, wird in allen ihren Teilen als einheitliches Ganze beurteilt, und deshalb macht es, wie Art. 30 sagt, keinen Unterschied, ob die Zuführung dieser Gegenstände unmittelbar erfolgt, oder ob sie nach der Umladung eine Beförderung zu Lande erfordert.

Nach Art. 30 muß die feindliche Bestimmung bewiesen werden. Mit diesen Worten ist zweierlei zum Ausdruck gebracht: 1. Solange dieser Beweis nicht erbracht ist, kann keine Beschlagnahme stattfinden, oder anders ausgedrückt: die unschuldige Bestimmung wird bis zum Beweis des Gegenteils vermutet. Dieser Satz, der für die Behandlung der relativen Konterbande eigens ausgesprochen ist, ergibt sich also auf dem Wege logischer Schlußfolgerung ohne weiteres auch für die absolute Konterbande. Der bloße haltlose Verdacht der feindlichen Bestimmung würde die Beschlagnahme der fraglichen Gegenstände als Konterbande im Prisenprozeß nicht zu rechtfertigen vermögen. Es würde in einem solchen Falle an ausreichenden Gründen zur Beschlagnahme fehlen; die Beteiligten hätten infolgedessen Anspruch auf Rückerstattung der Ware und auf Schadensersatz.

2. Art. 30 regelt die Frage der Beweislastverteilung. Zu beweisen hat der nehmende Staat. Dies ist zwar nicht ausdrücklich gesagt, ergibt sich indes daraus, daß a) die feindliche und nicht etwa die unschuldige Bestimmung zu beweisen ist, b) aus dem

---

[1]) Hiezu Niemeyer, Seekriegsrecht S. 26: Man wird in dieser Art der Regelung einen Verständigungsmodus erblicken müssen, welcher Kriegsräson und Kriegsmanier in ein annehmbares Verhältnis setzt. Vgl. auch Schramm S. 794 und Niemeyer, Prinzipien. Außerdem Perels S. 241 (Fall Doelwyk). Über die Stellungnahme der einzelnen Staaten zur Theorie der einheitlichen Reise vgl. La Hautière a. a. O. S. 127 ff. und v. Hansemann a. a. O. S. 59 ff.

Umstande, daß allein der nehmende Staat ein Interesse an dem Nachweis der feindlichen Bestimmung hat.

Der strikte Nachweis der feindlichen Bestimmung kann sich unter Umständen sehr schwierig gestalten, so daß in manchen Fällen eine Beschlagnahme überhaupt unmöglich erscheint. Man hat es daher für gut befunden, der nehmenden Kriegspartei die Beweiserbringung durch Vermutungen zu erleichtern und tat dies in besonders wirksamer Weise, indem man ihr gleich zwei praesumtiones iuris et de iure auf einmal an die Hand gab. Darnach ist der Nachweis der feindlichen Bestimmung endgültig erbracht:

1. wenn die Ware nach den Urkunden in einem feindlichen Hafen ausgeladen oder der feindlichen Streitmacht geliefert werden soll.

Diese Regel entspricht ohne Zweifel der Billigkeit; denn wenn schon die Beteiligten die feindliche Bestimmung in solcher Weise zugeben, so liegt eben von ihrer Seite ein Geständnis vor. Es besteht daher keine Veranlassung, ihnen den Exkulpationsbeweis zu gestatten.

Der Beweis für die feindliche Bestimmung ist aber auch dann als endgültig erbracht anzusehen, wenn

2. das Schiff nur feindliche Häfen anlaufen soll oder wenn es einen feindlichen Hafen berühren soll, bevor es den neutralen Hafen erreicht, wohin die Ware urkundlich bestimmt ist.

Diese zweite praesumtio iuris et de iure sucht man durch folgende Erwägung zu rechtfertigen: Wenn das Schiff urkundengemäß vor seiner Ankunft im neutralen Hafen nur feindliche Orte berühren soll, so ist mit großer Wahrscheinlichkeit anzunehmen, daß der neutrale Bestimmungsort auf falschen Vorspiegelungen beruht. Der Kriegführende, der in diesem Falle die verdächtigen Gegenstände passieren lassen müßte, ohne sie wegnehmen zu können, wäre in hohem Maße gefährdet. Aber auch dann, wenn die neutrale Bestimmung der wirklichen Absicht der Beteiligten entspricht, besteht doch für den Kapitän des Schiffes die Versuchung, die als Konterbande tauglichen Gegenstände, sei es nun auf eigene Initiative, sei es auf besondere Aufforderung hin, gegen hohes Entgelt beim Feinde abzusetzen.

Ich mache kein Hehl daraus, daß mich diese Rechtfertigung nur wenig befriedigt. Es ist schlechterdings nicht einzusehen, warum die befürchtete Schädigung des Kriegführenden für diesen eine unwiderlegliche Vermutung erforderlich macht. Sie läßt sich weder unter dem Gesichtspunkt einer repressiven und noch viel weniger unter dem einer strafrechtlichen Maßregel rechtfertigen, dann nämlich, wenn das neutrale Schiff trotz Anlaufens feindlicher Zwischenpunkte seine Ladung ihrer wirklichen Bestimmung gemäß im neutralen Hafen absetzen will. Die Interessen des Feindes wären m. E. in vollkommen ausreichendem Maße gewahrt, wenn die in Art. 31 Ziff. 2 enthaltene Vermutung sich als bloße praesumtio iuris charakterisieren würde. Dadurch würde der Kriegführende ebenfalls in den Stand gesetzt, derartige verdächtige Transporte mit Beschlag zu belegen. Der Neutrale aber wäre in der Lage den Beweis dafür zu erbringen, daß im Moment der Beschlagnahme die neutrale Bestimmung tatsächlich der Absicht der Beteiligten entsprach. Ich verkenne allerdings nicht, daß der Neutrale trotz entgegenstehender Urkunden in vielen Fällen gleichwohl die Absicht fassen kann, seine Ladung dem Feinde zuzuführen, daß sich diese Absicht aber als internum der richterlichen Beurteilung wohl stets entziehen würde; die Folge wäre eine ungerechtfertigte Freisprechung der Prise. Stellt man sich indes auf den allein richtigen Standpunkt, daß die Beschlagnahme der Konterbande eine Repressivmaßregel darstellt, so käme jene Befürchtung wohl nicht in Betracht; denn die Hauptsache wäre doch auch in diesen Fällen die Möglichkeit der Beschlagnahme und die dadurch bewirkte Unschädlichmachung der Konterbande während des Kriegszustandes.

In systematischem Unterordnungsverhältnis zu Art. 31 Ziff. 2 steht die in Art. 32 enthaltene einfache Vermutung. Sie erleichtert der kriegführenden Partei die Orientierung über die Fahrt des Schiffes sowie den Entschluß, ob sie von der Vermutung des Art. 31 Ziff. 2 Gebrauch machen will oder nicht. Nach Art. 32 begründen die Schiffspapiere vollen Beweis in Ansehung der Fahrt des Schiffes, das absolute Konterbande an Bord hat. Nehmen wir also den Fall an, in den Schiffspapieren eines neutralen Schiffes stehe ein feindlicher Zwischenlandungspunkt und als Endziel der Reise ein neutraler Hafen, das Schiff selbst aber werde in kurzer Entfernung von seinem Heimatshafen aufgebracht und trage absolute Konterbande an Bord, so ist es auf Grund dieses Sachverhalts möglich das Schiff zu beschlagnahmen, obwohl dasselbe vielleicht noch meilenweit von dem feindlichen Hafen entfernt ist, und obwohl vielleicht die neutrale Bestimmung der wirklichen Absicht der Beteiligten entspricht. Die Schiffspapiere können natürlich ebensogut zugunsten des Schiffes sprechen,[1] dann nämlich, wenn in denselben nur neutrale Landungsstationen bezeichnet sind; ist aber das betroffene

[1]) Vgl. Deutschlands Haltung bezüglich der Schiffe Bundesrat, Herzog, General, die zwischen neutralen Häfen verkehrten, trotzdem aber beschlagnahmt wurden (Wiegner S. 178, Perels S. 241).

Schiff offenbar von der nach den Schiffspapieren einzuhaltenden Fahrt abgewichen und vermag es für diese Abweichung keinen hinreichenden Grund nachzuweisen, so wird die Glaubwürdigkeit der Schiffspapiere durch den andersgearteten Tatbestand widerlegt. Die Beschlagnahme des Schiffes ist in diesem Falle gleichwohl möglich.

§ 28.

Die Bestimmung bei der relativen Konterbande.

Die relative Konterbande unterscheidet sich von der absoluten Konterbande wesentlich dadurch, daß eine Beschlagnahme derselben nur dann statthaft ist, wenn sie eine spezielle feindliche Bestimmung besitzt. Sie muß nämlich nach Art. 33 für den Gebrauch der Streitmacht oder der Verwaltungsstellen des feindlichen Staates bestimmt sein. Liegt diese Bestimmung nicht vor, z. B. deshalb, weil den Umständen nach der friedliche Gebrauch gewiß ist, oder weil zwar die Bestimmung für die Verwaltungsstellen des feindlichen Staates gegeben ist, die Gegenstände aber nach Ausweis der Umstände tatsächlich nicht für den derzeitigen Krieg benützt werden können,[1]) so ist die Beschlagnahme ungerechtfertigt und müßte, falls sie stattgefunden hätte, vom Prisengericht unter Schadensersatzzuerkennung wieder rückgängig gemacht werden. Der Einwand der Nichtbenutzbarkeit für den gegenwärtigen Krieg kann nur dann nicht geltendgemacht werden, wenn es sich um Beschlagnahme von nicht geprägtem oder von geprägtem Gold und Silber sowie von Papiergeld handelt.

Der Ausdruck „Streitmacht" gibt zu Zweifeln wohl keinen Anlaß; dagegen kann man Bedenken tragen, ob unter dem Ausdruck „Verwaltungsstellen" des Staates auch Zivilverwaltungsstellen zu verstehen sind?

Diese Frage ist vom Generalbericht aus juristischen wie auch aus praktischen Gründen in bejahendem Sinne entschieden worden. Ausschlaggebend war dabei die Erwägung, daß der Staat eine Einheit darstellt, daß infolgedessen Lieferungen an seine Zivilverwaltungsstellen nicht nur diesen, sondern dem ganzen Staat mit Einschluß der Militärverwaltung zum Vorteil gereichen. Außerdem besteht auch jederzeit die Möglichkeit, Vorräte, über die die Zivilverwaltungsstellen verfügen, auf dem Wege direkter Überweisung für militärische Zwecke nutzbar zu machen.

---

[1]) Der Generalbericht nennt als Beispiel den Fall, daß lediglich das Mutterland in den Krieg verwickelt ist, die Lieferungen dagegen an die Kolonien gerichtet sind. Vgl. hierzu auch Ullmann, Die Fortbildung S. 29.

Dagegen kann der betroffene Neutrale in allen jenen Fällen einen wirksamen Widerspruch gegen die Beschlagnahme als Konterbande erheben, in denen es sich um Lieferungen an örtliche und kommunale Verwaltungen handelt; denn diese gehören nicht zu den von der Zentralgewalt abhängigen Verwaltungsstellen des Staates.

Ebenso wie bei der absoluten, hat auch bei der relativen Konterbande die nehmende Kriegspartei den Beweis der feindlichen Bestimmung zu erbringen, widrigenfalls dieselbe als unschädlich vermutet wird. Auch hier kommen ihr bestimmte Vermutungen zustatten, und zwar besonders deshalb, weil es äußerst unwahrscheinlich ist, daß die in Frage stehenden Sendungen offen und auf den ersten Blick erkenntlich die bei relativer Konterbande geforderte spezielle feindliche Bestimmung ersehen lassen. Anhaltspunkte in dieser Richtung vermögen die Eigenschaft des Empfängers und ebenso die Beschaffenheit des Bestimmungsortes zu geben. Die im Art. 33 vorgesehene Bestimmung wird daher vermutet, „wenn die Sendung an die feindlichen Behörden oder an einen im feindlichen Lande ansässigen Händler gerichtet ist, von dem es feststeht, daß er dem Feinde Gegenstände und Stoffe dieser Art liefert. Das gleiche gilt für eine Sendung, die nach einem befestigten Platze des Feindes oder nach einem anderen der feindlichen Streitmacht als Basis[1]) dienenden Platz bestimmt ist; diese Vermutung findet jedoch keine Anwendung auf das Kauffahrteischiff selbst, das nach einem dieser Plätze fährt und dessen Eigenschaft als Konterbande bewiesen werden soll.

Treffen die vorstehenden Vermutungen nicht zu, so wird vermutet, daß die Bestimmung unschädlich ist.

Die in diesem Artikel aufgestellten Vermutungen lassen den Beweis des Gegenteils zu."

Diese Bestimmung ist von ausschlaggebender Bedeutung für alle Länder, die auf eine beträchtliche Zufuhr von der Seeseite her angewiesen sind. Ihre volle Tragweite erhält sie jedoch erst durch Art. 33 Ziff. 1, wonach auch Lebensmittel als relative Konterbande der Beschlagnahme ausgesetzt sind.[2])

Die Befürchtung vieler Engländer geht nun dahin, daß auch Lebensmittel, die für die f r i e d l i c h e B e v ö l k e r u n g bestimmt sind, infolge der Vermutung des Art. 34 der Wegnahme in Kriegszeiten unterliegen möchten. Inwieweit diese

---

[1]) England wollte den Ausdruck „Basis" nur im Sinne von Operationsbasis, nicht auch im Sinne von base de ravitaillement gedeutet wissen (Prot. S. 150).

[2]) Vgl. hiezu den Schlußparagraphen dieser Abhandlung.

Befürchtung zutrifft, werde ich im Schlußparagraphen darzulegen versuchen.

Voraussetzung für die Konfiskation der Ware ist, daß sich die Vermutungen des Art. 34 im Prisenprozeß als wahr erweisen; denn gelingt es dem Neutralen, der anders und richtiger als bei der absoluten Konterbande dieser praesumtio iuris gegenüber zum Gegenbeweis zugelassen ist, darzutun, daß trotz der Voraussetzung des Art. 34 die spezielle Bestimmung des Art. 33 nicht gegeben ist, so ist die Beschlagnahme als unrechtmäßig aufzuheben.[1])

Eine besondere Rechtsstellung nimmt das die Konterbande befördernde Kauffahrteischiff selbst ein, insofern auf dasselbe die Vermutungen des Art. 34 keine Anwendung finden, d. h. will die nehmende Kriegspartei das Schiff als Konterbande beschlagnahmen, so ist hiefür der Umstand, daß dasselbe für die feindlichen Behörden etc. bestimmt ist, irrelevant; sie muß also den Beweis der speziellen feindlichen Bestimmung im Sinne des Art. 33 in allen seinen Teilen erbringen.

In systematischer Unterordnung unter Art. 34 und gewissermaßen als dessen Ausführungsvorschrift bestimmt Art. 35, II, „daß die Schiffspapiere vollen Beweis in Ansehung der Fahrt des Schiffes sowie des Ortes der Ausladung der Waren begründen, es sei denn, daß beim Antreffen des Schiffes dieses offenbar von der nach den Schiffspapieren einzuhaltenden Fahrt abgewichen ist und keinen hinreichenden Grund für diese Abweichung nachzuweisen vermag“. Die Schiffspapiere können also zugunsten des Nehmenden wie auch der Neutralen sprechen. Es liegt im eigenen Interesse des Kreuzers, in Fällen, in denen sich aus den Schiffspapieren keine hinreichenden Verdachtsmomente ergeben, nicht zur Beschlagnahme eines Schiffes zu schreiten, wie es denn überhaupt der Zweck des Art. 35, II ist, ungerechtfertigte und leichthin unternommene Beschlagnahmen nach Kräften zu verhüten.

Ein Rückblick auf das bisher Gesagte zeigt, daß die prozessuale Stellung[2]) der nehmenden Kriegspartei eine bedeutend ungünstigere ist, wenn es sich um relative, als wenn es sich um absolute Konterbande handelt; denn 1. hat sie eine ganz besondere feindliche Bestimmung zu beweisen, 2. wird sie in dieser Beweisführung nur durch widerlegbare Vermutungen unterstützt, 3. — und damit kommen wir auf den letzten und wichtigsten Punkt — ist sie hinsichtlich des Beweisthemas beschränkt: sie wird nämlich bei relativer Konter-

[1]) Über die Beweisverteilung im Falle des Art. 34 vgl. die §§ 40 und 42 der Abhandlung, außerdem auch Hold v. Ferneck a. a. O. S. 318/19.

[2]) Beckenkamp a. a. O. S. 98.

bande prinzipiell nicht mit der Behauptung gehört: die spätere, definitive Bestimmung der Ware sei diejenige des Art. 33; m. a. W.: die Theorie der einheitlichen Reise ist für die rechtliche Behandlung der relativen Konterbande außer Geltung gesetzt;[1]) denn nach Art. 35, I unterliegen der Beschlagnahme die Gegenstände der relativen Konterbande nur auf einem Schiffe, das sich auf der Fahrt nach dem feindlichen oder vom Feinde besetzten Gebiet oder zur feindlichen Streitmacht befindet und das diese Gegenstände nicht in einem neutralen Zwischenhafen ausladen soll. Feindliche Bestimmung der Waren im Sinne des Art. 33 und feindliche Fahrt des Schiffes im Sinne des Art. 35, I müssen also gleichzeitig gegeben sein um die Beschlagnahme zu rechtfertigen. Sobald aus den Schiffspapieren hervorgeht, daß die Ware in einem neutralen Hafen ausgeladen werden soll, ist die Beschlagnahme zulässig; auch kann nicht der Beweis erbracht werden, daß die Waren später auf dem See- oder Landwege zum Feinde befördert werden sollen und daß deshalb die Schiffspapiere als unrichtig anzusprechen sind, es müßte denn sein, daß dieselben gemäß Art. 35, II (es sei denn, daß . . . .) überhaupt nicht als stichhaltig erachtet werden.

Allein in dem durch Art. 36 vorgesehenen Falle ist die Theorie der einheitlichen Reise für die relative Konterbande festgehalten worden, dann nämlich, wenn das feindliche Gebiet keine Seegrenze hat. In diesem Falle versagt also die Beweiskraft der Schiffspapiere hinsichtlich des Ortes der Ausladung gegenüber dem mit Erfolg geführten, zulässigen Nachweis der späteren feindlichen Bestimmung. Es liegt indes in der Natur der Verhältnisse begründet, daß der Anwendungsbereich des Art. 36 ein beschränkter bleiben wird.[2])

2. Hauptstück: Die Rechtsfolgen der Konterbande-Beförderung und ihre Verwirklichung.

§ 29.

Die Rechtsfolgen der Konterbandebeförderung.

Die Rechtsfolgen der Konterbandebeförderung können an drei Objekten zutage treten: an den Konterbandegegenstän-

---

[1]) Hiezu Beckenkamp S. 98 ff.; Cohen in der Law Quarterly Review 1911: This distinction as to the principle of continuous voyage being applicable to absolute and not to conditional contraband, M. Renault, vainly, in my opinion attempts to justify by ingenious arguments. The distinction can in my opinion be only considered and accepted as the result of a compromise between those, who advocate and those, who are opposed to the principle in question. Ähnlich Niemeyer, zit. S. 97.

[2]) Vgl. hiezu Fitger, Seekriegsrecht S. 34.

den selbst, am Schiff und eventuell an dessen sonstiger Ladung.

1. Die Gegenstände der Konterbande unterliegen der Einziehung. Diese Folge entspricht dem durchaus gerechtfertigten Bestreben kriegführender Mächte, Konterbandegegenstände unschädlich zu machen und auf neutrale Staaten in nachhaltig abschreckender Weise zu wirken.

2. Schwieriger gestaltet sich die Frage nach der rechtlichen Behandlung des konterbandeführenden Schiffes.

Daß die Einziehung des Schiffes neben der der Waren in bestimmten Fällen erforderlich ist, ist von keiner Seite ernstlich bestritten worden, und ich habe bereits zu Beginn der Abhandlung den Nachweis zu erbringen versucht, daß diese Auffassung auch dann als haltbar erscheint, wenn man in der Konfiskation der Konterbande nichts weiter als eine dem Kriegsrecht entspringende Repressivmaßregel der Kriegführenden erblickt. Nur über die Fälle, in denen die Einziehung des Schiffes stattfinden sollte, gingen die Ansichten sehr auseinander. Die definitive Entscheidung der Konferenzmächte in dieser Frage ist niedergelegt in Art. 40. Danach ist die Konfiskation des konterbandebefördernden Schiffes zulässig, wenn die Konterbande nach Wert, Gewicht, Umfang oder Fracht mehr als die Hälfte der Ladung ausmacht.

Man hat mit Absicht diese vier möglichen Beurteilungsmaßstäbe einander koordiniert; denn würde man z. B. nur das Gewicht oder nur den Wert etc. als ausschlaggebenden Faktor anerkannt haben, so bestünde für den Eigentümer des Schiffes die Möglichkeit, dasselbe durch betrügerische Unternehmungen der Beschlagnahme zu entziehen. Derartige Machenschaften sind durch Art. 40 in seiner gegenwärtigen Fassung ausgeschlossen.[1]) Anderseits darf wohl behauptet werden, daß das gewählte Mengenverhältnis keine ungerechtfertigte Härte für den Schiffseigentümer zur Folge hat; denn wenn schon die Konterbandeladung mehr als die Hälfte der übrigen Fracht beträgt, so besteht eben der Hauptzweck des Schiffes darin, Konterbande zum Feind zu liefern. Es erscheint daher nicht mehr als recht und billig, wenn sich der Kriegführende gegen zukünftige Schädigungen durch ein solches Schiff auf dem Wege der Beschlagnahme und Konfiskation sicherstellt.

Beträgt die Konterbande nach Gewicht, Wert, Umfang oder Fracht nur $1/2$ oder weniger als $1/2$ der übrigen Ladung, so ist die Konfiskation des Schiffes verboten.[2]) Das gleichwohl wegen Konterbandetransports beschlagnahmte Schiff

---

[1]) Vgl. Weißbuch S. 53.

[2]) Vgl. auch Russlands Vorschlag, der für gewisse minder schwere Fälle (Prot. S. 155) die Zahlung eines Lösegeldes vorsah.

ist vor ein Prisengericht zu stellen, das jedoch in diesem Falle auf Freilassung desselben zu erkennen hat. Die Frage ist nun: Ist vielleicht der Kreuzer verpflichtet dem Schiff gegen Herausgabe der Konterbandegegenstände die Fortsetzung seiner Reise zu gestatten? Hat der Kreuzer oder hat das aufgebrachte, aber der Einziehung nicht unterliegende Schiff die Kosten der Erhaltung zu tragen?

Zu diesen Fragen nehmen die Art. 44 und 41 Stellung. Nach Art. 44 kann ein der Konfiskation nicht unterliegendes Schiff je nach den Umständen zur Fortsetzung der Fahrt ermächtigt werden, wenn der Kapitän bereit ist, die an Bord befindliche Konterbande auszuliefern. Es besteht aber keine Verpflichtung für den Kreuzerkommandanten, die Konterbande zu übernehmen und das neutrale Schiff zur Fortsetzung seiner Fahrt zu ermächtigen. „Wird aber dem neutralen Schiff die Übergabe gestattet, so darf es seine Fahrt ungehindert fortsetzen.“[1])

Der Mangel einer Verpflichtung des Kreuzerkommandanten zur Übernahme der Konterbande und die ihm dadurch belassene Möglichkeit der Aufbringung des neutralen Schiffes trotz geringfügigen Konterbandetransportes bedeutet zweifellos eine schwere Benachteiligung desselben. Gleichwohl wird man die durch die Deklaration vorgesehene Regelung der Frage als wohlbegründet anerkennen müssen. Eine strikte Verpflichtung des Kreuzers zur Übernahme der Konterbande wäre vor allem mit Unzuträglichkeiten, insbesondere mit einer Einbuße seiner Bewegungsfreiheit verbunden. Da ferner die Übernahme der Konterbande die Verpflichtung zur Freilassung des Schiffs im Gefolge hat, wäre es leicht denkbar, daß das neutrale Schiff den Kommandanten des Kreuzers über die wirkliche Menge seiner Konterbandeladung täuscht und nur einen Teil desselben ausliefert, den verheimlichten Rest aber ungefährdet seiner Zweckbestimmung zuführt. Gerade in den Fällen des begründeten Verdachtes hinsichtlich der wirklichen Menge der vorhandenen Konterbande erweist sich also das dem Kreuzer belassene Recht der Aufbringung als wichtiges Mittel, um die Interessen des kriegführenden Staates praktisch zur Geltung zu bringen.[2]) Es ist ohnedies in hohem Maße wahrscheinlich, daß der wohlverstandene beiderseitige Vorteil die Übergabe der verdächtigen Ware und die Freilassung des Schiffes veranlassen wird.

Zwecks Sicherung des Beweises im Prisenprozeß wird die Übergabe der Konterbande von dem nehmenden Kriegs-

---

[1]) Schramm a. a. O. S. 796; vgl. auch Art. 54; Hold v. Ferneck S. 320/21.

[2]) Fitger, Seekriegsrecht S. 36 weist auf die Härten hin, die das Verbot die Reise fortzusetzen, für das neutrale Schiff im Gefolge haben kann.

schiff im Tagebuch des angehaltenen Schiffes vermerkt; der Kapitän dieses Schiffes hat dem nehmenden Kriegsschiff außerdem beglaubigte Abschrift aller zweckdienlichen Papiere zu übergeben.

Die Übernahme der Konterbandegegenstände durch den Kreuzer schließt durchaus nicht die Verpflichtung in sich, dieselben nun auch unter allen Umständen bis zur Aburteilung durch das Prisengericht zu erhalten. Das Kriegsschiff ist vielmehr befugt, diese Gegenstände nach näherer Maßgabe des Art. 54 zu zerstören; doch hat auch die Zerstörung nur die rechtliche Bedeutung einer Beschlagnahme, die der nachträglichen Bestätigung durch das Prisengericht bedarf.

Entschließt sich dagegen der Kommandant des Kriegsschiffes das neutrale Schiff in einen Hafen zu bringen, so hat nicht etwa das Kriegsschiff, sondern das neutrale Schiff die Kosten der Erhaltung von Schiff und Ladung bis zur und während der Untersuchung zu tragen (Art. 41). Dem neutralen Schiff wird zwar durch die Aufbringung regelmäßig ohnehin ein bedeutender Schaden erwachsen. Es ist aber gleichwohl gerechtfertigt, wenn es neben dieser Schädigung für die oben genannten Kosten aufzukommen hat, die letzten Endes durch seine eigene Schuld, nämlich durch den verbotenen Transport von Konterbande, entstanden sind.

3. Wenig günstig ist die rechtliche Stellung, die der unschuldige Teil der Ladung nach Art. 42 der Londoner Seerechtsdeklaration einnimmt.

Die dem Eigentümer der Konterbande gehörigen Waren, die sich an Bord des Schiffes befinden, unterliegen der Einziehung, Waren anderer Eigentümer sind frei. Hiezu bemerkt der Generalbericht: „Der Eigentümer der Konterbande wird bestraft zunächst mit Einziehung der verbotenen Ware, ferner mit Einziehung auch der nicht verbotenen Ware, die ihm etwa auf demselben Schiffe gehört.“ Über die hier zum Ausdruck gebrachte prinzipielle Auffassung der Konferenzbevollmächtigten habe ich bereits im allgemeinen Teil meiner Abhandlung gesprochen und kann mich daher an dieser Stelle auf meine früheren Ausführungen beziehen.[1])

---

[1]) Vgl. § 3 der Abhandlung. Die Niederlande wollten eine Konfiskation der Nichtkonterbandeware überhaupt vermieden wissen (Prot. S. 140, 147), weil dies der Pariser Deklaration widerspreche: „Neutrales Gut unter feindlicher Flagge mit Ausnahme der Konterbande darf nicht mit Beschlag belegt werden“. Diese Regel enthalte implicite den Satz: „Neutrales Gut unter neutraler Flagge ist ebenfalls frei“. Wolle man aber den Eigentümer der Konterbande „strafen“ (Prot. S. 141, Kriege!), so müsse sich die Strafe auf die Einziehung des Schiffes beschränken (Annexe 18). Vgl. auch die Erklärung Ruyssenaers zu dieser Frage (Prot. S. 202).

§ 30.

Die Verwirklichung der Rechtsfolgen der Konterbande.

Mit der Verwirklichung der Rechtsfolgen des Konterbandetransportes befassen sich die Art. 37, 38 und 43. Ihr gemeinsamer Grundgedanke ist die Tendenz, die Möglichkeit der Beschlagnahme des Schiffes im Sinne einer humanen und gerechten Kriegführung zu modifizieren.

Die Art. 37 und 38 regeln die Dauer und den Ort der Beschlagnahme. Darnach kann ein Konterbande beförderndes neutrales Schiff auf hoher See oder in den Gewässern der Kriegführenden während der ganzen Dauer seiner Reise beschlagnahmt werden, selbst wenn es die Absicht hat einen Zwischenhafen anzulaufen, bevor es die feindliche Bestimmung erreicht.

Diese Vorschrift gilt in gleicher Weise für die absolute wie für die relative Konterbande. Gleichwohl wäre es falsch zu glauben, daß sie, insoweit es sich um relative Konterbande handelt, eine Ausnahme von dem allgemeinen Prinzip darstellt, wonach die Theorie der einheitlichen Reise für die relative Konterbande beseitigt ist; denn der Fall des Art. 37 ist offenbar nicht so gelagert, daß die Ware nach dem neutralen Zwischenhafen bestimmt ist, so daß das feindliche Endziel als deren spätere Bestimmung erschiene; Ware und Schiff sind vielmehr von Beginn der Reise an nach einem feindlichen Hafen bestimmt. Art. 37 steht somit in Einklang mit Art. 35, I.[1])

Art. 38 setzt fest, daß auf Grund einer früher ausgeführten, aber bereits vollendeten Beförderung von Konterbande eine Beschlagnahme nicht bewirkt werden kann. Die Möglichkeit der Aufbringung des Schiffes endet also im Moment der Löschung der verdächtigen Ware. Diese Vorschrift gewinnt ihre besondere Bedeutung angesichts der Praxis Englands,[2]) das in mehreren Fällen die Zulässigkeit der Beschlagnahme des Schiffes nach vollendeter Konterbande-Beförderung für sich in Anspruch genommen hat.

Die Art. 37 und 38 beziehen sich nur auf die Beschlagnahme des Schiffes. Sie gelten aber m. E. analog für die Dauer der Beschlagnahmeberechtigung gegenüber der Konterbande in allen Fällen, in denen die Freigabe des Schiffes erfolgt. Mit Rücksicht auf den Geltungsbereich der Theorie der einheitlichen Reise endet also das Recht zur Beschlagnahme relativer Konterbande im Moment der Ausladung

---

[1]) Vgl. hiezu auch die im gleichen Sinn gehaltenen Ausführungen Desarts und Fromageots auf die Anfrage Dumbas, Prot. S. 201.

[2]) Vgl. Beckenkamp S. 100 (Fall Luxor); Perels a. a. O. S. 246; Wiegner S. 172 ff. (Luxor).

im neutralen Bestimmungshafen, während es bei absoluter Konterbande bis zur Ankunft derselben im feindlichen Hafen fortdauert.

Art. 43 endlich berücksichtigt den Fall, in dem sich ein Schiff in Unkenntnis der Feindseligkeiten oder doch in Unkenntnis der auf seine Ladung anwendbaren Konterbandeerklärung befindet. Unter diesen Umständen wäre es zweifellos ungerecht, die Konterbande und eventuell das Schiff schlechthin zu konfiszieren; andererseits kann man an die kriegführende Partei unmöglich das Ansinnen stellen zu dulden, daß diese Gegenstände ungehindert dem Gegner zugeführt werden. Man trug daher den einander entgegengesetzten Interessen der Neutralen und der Kriegführenden insoferne Rechnung, als man die Einziehung nur gegen Entschädigung gestattete. Das Gleiche gilt, wenn der Kapitän von dem Beginn der Feindseligkeiten oder von der Konterbandeerklärung Kenntnis erlangt hat, die Gegenstände der Konterbande aber noch nicht hat ausladen können.

Um die Ausführung des Art. 43, I und insbesondere die Feststellung der in Art. 43, I geforderten Kenntnis des Kapitäns für das nehmende Kriegsschiff zu erleichtern, bestimmt Art. 43, II, daß die Kenntnis des Schiffes vom Kriegszustand oder der Konterbandeerklärung angenommen wird, wenn es einen neutralen Hafen nach Ablauf angemessener Zeit seit Bekanntgabe des Beginns der Feindseligkeiten oder der Konterbandeerklärung an die diesen Hafen innehabende Macht verlassen hat. Daß der Kriegszustand dem Schiffe bekannt ist, wird ferner angenommen, wenn es einen feindlichen Hafen nach Beginn der Feindseligkeiten verlassen hat.

Beide Vermutungen können durch Gegenbeweis seitens des neutralen Schiffes widerlegt werden.

3. Abschnitt: Neutralitätswidrige Unterstützung.[1])

§ 31.

Der Tatbestand der neutralitätswidrigen Unterstützung.

Die Fälle der neutralitätswidrigen Unterstützung stehen in engem Zusammenhang mit der Beförderung von Konterbande. Wie dort, so handelt es sich auch hier um verbotene Transporte, ausgeführt durch neutrale Schiffe in der ausgesprochenen Absicht, den Interessen der einen der beiden kriegführenden Mächte Vorschub zu leisten. Die neutralitätswidrige Unterstützung stellt also wie die Konterbande eine

---

[1]) Vgl. hiezu auch La Hautière a. a. O. S. 185 ff.: L'assistance hostile.

unerlaubte Einmischung, eine Teilnahme an den Feindseligkeiten der kriegführenden Mächte dar, die die repressive Tätigkeit der benachteiligten Partei zur Folge hat.[1]) Die Ähnlichkeit in der juristischen Konstruktion beider Materien führt daher dazu, die Fälle der neutralitätswidrigen Unterstützung in unmittelbarem, systematischem Anschluß an die Konterbande zu behandeln; sie ist auch der Grund, weshalb dieselben in der Literatur vielfach mit dem Namen Quasikonterbande oder Konterbande par analogie bezeichnet werden.

Auch die Londoner Seerechtsdeklaration regelt die neutralitätswidrige Unterstützung in unmittelbarem Anschluß an die Konterbande. Sie widmet ihrer juristischen Behandlung hauptsächlich die Art. 45 und 46, für deren Abfassung die Schwere der dem Schiffe zur Last gelegten Handlungen maßgebend war.

I. Die leichteren Fälle des Art. 45.

1. Der Tatbestand der neutralitätswidrigen Unterstützung liegt vor, wenn das neutrale Schiff die Reise eigens zum Zwecke der Beförderung einzelner in die feindliche Streitmacht eingereihter Personen oder zur Nachrichtenbeförderung im Interesse des Feindes ausführt. Es ist also nicht erforderlich, daß das Schiff dauernd oder ausschließlich in feindlichen Diensten tätig wird, es genügt die jeweils unternommene Fahrt. — Das Schiff muß die Reise eigens zur Verwirklichung der genannten Zwecke ausführen. Gelegentliche Beförderungen von Nachrichten oder einzelner in die feindliche Streitmacht eingereihter Personen würde keinen Grund zu völkerrechtlichen Repressivmaßregeln abgeben; gelegentliche oder beabsichtigte Beförderung anderer, nicht verbotener Gegenstände nebenher vermag das neutrale Schiff nicht zu exkulpieren. Abweichen von seiner normalen Fahrtlinie, Anlaufen anderer als der gewöhnlichen Häfen werden in der Regel ein verlässiges Kriterium für die Beurteilung der Absichten des neutralen Kapitäns sein.

In Art. 45, I handelt es sich außerdem nur um die Beförderung einzelner militärischer Personen, während die Beförderung geschlossener Truppenabteilungen ihre juristische Regelung erst in Art. 46 erfährt.

Die Einzelpersonen müssen in die feindliche Streitmacht, d. h. in die Land- oder Seestreitmacht des Feindes, eingereiht sein.[2]) Dabei ist der Ausdruck „Eingereihtsein" restriktiv zu interpretieren. Reserveoffiziere und -mannschaften, die

[1]) Über den Vorschlag der englischen Delegation auf der II. Haager Friedenskonferenz, diese Schiffe als vaisseaux auxiliaires zu behandeln, vgl. Schramm S. 796/97.

[2]) Weißbuch S. 61.

nach der Heeresverfassung verschiedener Länder, z. B. auch nach der des Deutschen Reiches, als ins stehende Heer „eingereiht“ zu gelten haben, sind demnach nur unter gewissen Umständen im Sinne des Art. 45 als „eingereiht“ zu erachten. Zu dieser Interpretation veranlaßte neben juristischen Erwägungen vor allem der Gedanke an die Schwierigkeiten, mit denen andernfalls für den Kapitän des neutralen Schiffes die Orientierung über die militärischen Verhältnisse seiner Passagiere verbunden gewesen wäre.

Außerdem ist nicht ohne weiteres einzusehen, wieso der neutrale Schiffer durch die bloße Beförderung von Leuten, die im Falle eines ausbrechenden Krieges ihrer Gestellungspflicht zu genügen haben, eine neutralitätswidrige Handlung begeht.

Eingereiht in die feindliche Streitmacht sind nur solche Personen, die nach dem Gesetze ihres Landes zum Dienst einberufen und tatsächlich zu dem Truppenteil, dem sie angehören sollen, g e s t o ß e n s i n d.

Unter diesen Begriff können demnach unter Umständen auch Landwehrpflichtige fallen, also Leute, die selbst nach innerstaatlicher Gesetzgebung nicht mehr als „eingereiht“ in Betracht kommen. Trotzdem erwächst daraus für den neutralen Kapitän keine Ungerechtigkeit; denn man wird zugeben müssen: es ist ein gewaltiger Unterschied, ob das neutrale Schiff einrückende oder nach erfolgter Einrückung bereits zu ihrer Truppe gestoßene Personen befördert.

Der Tatbestand der neutralitätswidrigen Unterstützung ist ferner erfüllt, wenn das neutrale Schiff mit Wissen des Eigentümers, des Charterers oder des Kapitäns eine geschlossene feindliche Truppenabteilung oder eine oder mehrere Personen, die während der Fahrt die Operationen des Feindes unmittelbar unterstützen, an Bord hat. Im ersteren Falle wird sich der Tatbestand ohne sonderliche Schwierigkeit feststellen lassen. Anders dann, wenn es sich um einzelne Personen handelt, die ja nicht notwendig militärischen Charakter zu besitzen brauchen. Es ist infolgedessen leicht möglich, daß sich dieselben in Zivilkleidung an Bord des Schiffes befinden, den Feind durch Abgabe von Signalen etc. etc. unterstützen, daß sich aber trotzdem ihre Anwesenheit der Kenntnis des Schiffseigentümers oder der Personen, die hinsichtlich der Verantwortlichkeit demselben gleichgestellt sind, nämlich des Charterers oder des Kapitäns, entzieht. Sind die Verhältnisse so gelagert, dann kann natürlich nicht von einer neutralitätswidrigen Unterstützung gesprochen werden. Kenntnis der verantwortlichen Personen von der Anwesenheit solcher Leute ist in erster Linie erforderlich.

Gemeinsame Voraussetzung für alle in Art. 45 geregelten Fälle der neutralitätswidrigen Unterstützung ist neben den bereits besprochenen subjektiven Tatbestandsmerkmalen die Kenntnis des Schiffes vom Beginn der Feindseligkeiten. Wir sind dieser Voraussetzung bereits an anderen Orten begegnet. Hier wie dort ist der Gedanke maßgebend, daß Unternehmungen neutraler Personen in Friedenszeiten, oder doch wenigstens im Vertrauen auf den Fortbestand des Friedens, niemals den Anlaß zu Gewaltmaßregeln seitens des kriegführenden Staates bilden können, mögen sie auch mit vollem Bewußtsein und eigens zum Zweck ihrer Benachteiligung in Angriff genommen worden sein. Erst im Moment der Kenntnis der Feindseligkeiten werden sie vom Standpunkt des Völkerrechts aus bedeutungsvoll und ziehen dessen Reaktion nach sich.

Es ist möglich, daß das neutrale Schiff den Beginn der Feindseligkeiten zur Zeit der Anhaltung zwar kennt, diese Kenntnis aber erst auf hoher See erlangt hat und infolgedessen noch keine Gelegenheit hatte, die beförderten Personen auszuschiffen. Auch unter diesen Umständen treten die Folgen der neutralitätswidrigen Unterstützung nicht ein.

Da die Kenntnis der Feindseligkeiten eine wesentliche Voraussetzung für die Rechtmäßigkeit der Beschlagnahme des Schiffes bildet, ist sie prinzipiell von der nehmenden Kriegsmacht zu beweisen. Dieser Beweis wird ihr in erheblichem Maße durch Vermutungen erleichtert: die Kenntnis des Schiffes vom Kriegszustand wird angenommen, wenn es einen feindlichen Hafen nach Beginn der Feindseligkeiten oder einen neutralen Hafen nach Ablauf angemessener Zeit seit Bekanntgabe des Beginnes der Feindseligkeiten an die diesen Hafen innehabende Macht verlassen hat. Sache des Neutralen ist es, demgegenüber die Nichtkenntnis der Feindseligkeiten infolge besonderer Umstände darzutun.

II. Die schwereren Fälle des Art. 46.

Art. 46 beginnt seine Aufzählung mit demjenigen Fall, der den gröbsten Verstoß eines Schiffes gegen die ihm durch seine Neutralität auferlegten Pflichten darstellt: die unmittelbare Beteiligung an den Feindseligkeiten. Eine bestimmte Form der Teilnahme ist nicht gefordert. Die Entscheidung, ob eine solche vorliegt oder nicht, ist also eine Tatfrage und in letzter Linie der Kompetenz des Prisengerichts, bzw. des internationalen Prisenhofes anheimgegeben. Das deutsche Weißbuch bemerkt dazu: „Selbstverständlich ist das Schiff bei einem bewaffneten Zusammenstoß allen Gefahren eines solchen ausgesetzt. Es wird vorausgesetzt, daß es in die Gewalt des Feindes gefallen ist, den es bekämpfte; dieser ist berechtigt, es wie ein feindliches Kauffahrteischiff zu behandeln."

An zweiter Stelle nennt Art. 46 den Fall, wo sich ein neutrales Schiff unter dem Befehl oder unter der Aufsicht eines von der feindlichen Regierung an Bord gesetzten Agenten befindet. Dieser Umstand kennzeichnet in besonders deutlicher Weise die Beziehungen, die zwischen dem neutralen Schiff und der feindlichen Regierung bestehen.

Die Beziehungen des Schiffes zum Feind können gewiß auch aus anderen Umständen entnommen werden; ein Recht zur Einziehung desselben besteht aber nur dann, wenn sich dieselben nach außen hin in besonderer Weise manifestieren. Diese Voraussetzung ist aber außer in dem durch Art. 46, 2 normierten Fall nur dann erfüllt, wenn das neutrale Schiff von der feindlichen Regierung gechartert ist. Die Beziehungen zur feindlichen Regierung sind in diesem Fall noch viel intensiverer Natur. Das Schiff steht hier vollständig zur Verfügung der Kriegspartei, die sich desselben zu verschiedenartigen Zwecken, zur Ausführung verschiedenartiger Transporte, z. B. zur Beförderung von Kohlen, Proviant, Truppen etc., bedienen kann. Dabei ist es für die völkerrechtliche Behandlung des neutralen Schiffes gleichgültig, in welcher Weise dieses Vertragsverhältnis abgeschlossen wurde. Es genügt der Nachweis der tatsächlich erfolgten Charterung.

Art. 46 Z. 4 endlich nennt zwei Fälle der neutralitätswidrigen Unterstützung: einerseits derzeit ausschließliche Bestimmung zur Beförderung feindlicher Truppen, andrerseits derzeit ausschließliche Bestimmung zur Nachrichtenbeförderung im Interesse des Feindes. Der Nachdruck liegt beidemale auf dem Tatbestandsmerkmal der ausschließlichen und ständigen speziellen Bestimmung. Hierin besteht der Unterschied zwischen den analogen Fällen des Art. 45, in denen einmalige, tatsächliche Verwendung genügt. Die Konsequenz der besonderen Fassung des Art. 46, 4 besteht darin, daß das Schiff auch dann der Einziehung unterliegt, wenn es z. B. im Moment der Beschlagnahme die neutralitätswidrige Unterstützung bereits vollendet hat, ja selbst dann, wenn es, obwohl ausschließlich hiezu bestimmt, überhaupt noch keine Gelegenheit hatte, eine feindliche Handlungsweise der genannten Art zu unternehmen. Die Hauptaufgabe besteht auch in diesem Fall für die nehmende Kriegspartei darin, die feindliche Bestimmung des neutralen Schiffes darzutun.

Als weiteren Fall der neutralitätswidrigen Unterstützung hatte man die Zulassung neutraler Schiffe zu einzelnen Fahrten mit Ermächtigung der feindlichen Regierung nach, bzw. zwei Monate vor Beginn der Feindseligkeiten in Vorschlag gebracht. Dieser Vorschlag wäre insbesondere bei Zulassung neutraler Schiffe zu einer der feindlichen Handelsflotte in Friedenszeiten vorbehaltenen Art der Schiffahrt, z. B. der Küstenschiffahrt, von praktischer Bedeutung geworden. Die Regelung dieser Frage scheiterte indes an dem Widerspruch verschiedener Konferenzmächte.

§ 32.

Die Rechtsfolgen der neutralitätswidrigen Unterstützung.

Die Rechtsfolgen der neutralitätswidrigen Unterstützung können sich an drei Objekten geltend machen: am Schiffe, an den beförderten Waren und mit Rücksicht auf die besonderen Umstände des Tatbestandes an den verbotswidrig beförderten Personen. Letzterenfalls haben wir es mit einer Kriegsoperation zu tun, die natürlich nicht mehr unter den Begriff des Prisenrechts fällt.

I. Die Rechtsfolgen der leichteren Fälle.

Art. 45 bestimmt, daß das neutrale Schiff eingezogen wird und der gleichen Behandlung unterliegt, die ein neutrales, der Einziehung wegen Kriegskonterbande unterworfenes Schiff erfahren würde.[1]) Das Schiff hat also nach wie vor Anspruch darauf als neutrales Fahrzeug behandelt zu werden. Ergibt sich daher z. B. die Notwendigkeit das Schiff zu zerstören, so kann die Zerstörung nicht ohne weiteres wie bei einem feindlichen Kauffahrteischiff erfolgen; es sind vielmehr die Regeln der Londoner Seerechtsdeklaration über die Zerstörung neutraler Prisen zur Anwendung zu bringen.

Auch für die an Bord des Schiffes befindlichen Waren ist die Tatsache, daß dasselbe nunmehr der Einziehung unterliegt, rechtlich unerheblich. Da das Schiff seinen neutralen Charakter behält, genießen sie nach wie vor den Schutz des Satzes: frei Schiff, frei Gut. Ebenso bleibt die Zuständigkeit des internationalen Prisenhofes im Falle eines eventuell eingelegten Rekurses begründet, was einer erhöhten Sicherstellung des Schiffes gegen unberechtigte Einziehung gleich zu achten ist.

Art. 45 bestimmt ferner, daß in den durch ihn betroffenen Fällen die dem Eigentümer des Schiffes gehörigen Waren gleichfalls der Einziehung unterliegen, wiederum eine Bestimmung, die ihr Dasein strafrechtlichen Gesichtspunkten

---

[1]) „Nach Beendigung der Reise kann das Schiff im übrigen für Dienstleistungen dieser Art allgemein ebenso wie bei der Beförderung von Konterbande nicht mehr verantwortlich gemacht werden" (Schramm, Prisenrecht S. 797).

verdankt. In Wirklichkeit handelt es sich auch hier um eine ungerechtfertigte Bereicherung, bezüglich deren das Gleiche zu sagen ist, wie in dem analogen Falle der Konterbande.

II. Die Rechtsfolgen der schwereren Fälle.

Ein neutrales Schiff, das sich eine neutralitätswidrige Unterstützung nach Art. 46 zu Schulden kommen läßt, wird eingezogen und unterliegt überhaupt der Behandlung, die es als feindliches Kriegsschiff erfahren würde. Die Behandlung des Schiffes erscheint gerechtfertigt mit Rücksicht auf die betätigte, um vieles intensivere Unterstützung der Kriegspartei.

Der Unterschied gegenüber Art. 45 ist ohne weiteres klar, soweit die Zerstörung des Schiffes in Frage kommt. Es unterliegt der Zerstörung ohne besondere Formalitäten. Auch die Zuständigkeit des internationalen Prisenhofes im Falle des Rekurses ist nicht gegeben, die Wegnahme und Zerstörung des Schiffes müßte denn in den Küstengewässern einer neutralen Macht stattgefunden haben. Schwierigkeiten können sich nur dann ergeben, wenn der Schiffseigentümer im Prisenprozeß behauptet, daß sich seine Handlungsweise nicht als eine neutralitätswidrige Unterstützung nach Art. 46 charakterisiert. Den Beweis hiefür kann er aber erbringen um deswillen, weil sich sein Schiff durch die Ausführung der Unterstützung nicht etwa in ein feindliches Schiff verwandelt hat, sondern nach wie vor neutralen Charakter besitzt.[1]) Die Wirkung des mit Erfolg geführten Beweises besteht darin, daß das zerstörte Schiff ohne zeitliche Unterbrechung als neutral zu behandeln gewesen wäre und daß infolgedessen seine Zerstörung eventuell nach Art. 51 zu Schadensersatz verpflichtet. In diesem speziellen Falle ist auch, falls zur Einlegung des Rekurses gegen das Urteil des nationalen Prisengerichts geschritten wird, die Zuständigkeit des internationalen Prisenhofes gegeben.

Da das neutrale Schiff gemäß Art. 46 als feindlich behandelt wird, unterliegt feindliche Ware an Bord desselben ohne weiteres der Wegnahme; neutrale Ware wird gemäß Art. 59 als feindlich angesehen und eventuell beschlagnahmt, doch kann im Prisenprozeß ihr neutraler Charakter dargetan werden.

Erfolgt die Beschlagnahme des Schiffes wegen neutralitätswidriger Unterstützung zu Unrecht, so ist sowohl die weggenommene feindliche, wie auch die neutrale Ware zurückzuerstatten, da die Ladung als die eines neutralen Schiffes überhaupt von Anfang an nicht mit Beschlag belegt werden

[1]) Weißbuch S. 59.

durfte. Die nehmende Kriegspartei ist daher auch gemäß Art. 61 zur Schadensersatzleistung verpflichtet.

III. Nicht in Beziehung zum Prisenrecht, wohl aber in einem gewissen inneren Zusammenhang zu den Bestimmungen über neutralitätswidrige Unterstützung steht Art. 47, wonach jede in die feindliche Streitmacht eingereihte Person, die an Bord eines neutralen Schiffes betroffen wird, zum Kriegsgefangenen gemacht werden kann, auch wenn das Schiff der Beschlagnahme nicht unterliegt.

II. Kapitel: Besonderheiten[1]) in der Ausübung des Prisenrechtes gegenüber Neutralen.

§ 33.

Beschränkung des Durchsuchungsrechts gegenüber neutralen Schiffen unter dem Geleite ihrer Kriegsflagge.

Das Recht der Kriegführenden, neutrale Kauffahrteischiffe auf hoher See einer Durchsuchung zu unterziehen, existiert seit alter Zeit, ohne in der Praxis jemals eine Bestreitung erfahren zu haben. Wäre es anders, so wären die kriegführenden Mächte völlig außerstande, das ihnen in bestimmten Fällen gegenüber neutralen Schiffen zustehende Recht der Beschlagnahme auszuüben; das Prisenrecht gegenüber Neutralen wäre damit überhaupt illusorisch gemacht. Auch sind die neutralen Regierungen aus praktischen Gründen nicht in der Lage, bezüglich jedes einzelnen Handelsschiffes ihrer Flagge die Überwachung zu übernehmen und dafür zu garantieren, daß das betreffende Schiff keinen neutralitätswidrigen Akt begeht. Sie überlassen es vielmehr den kriegführenden Staaten, sich auf dem Weg der Anhaltung und Durchsuchung gegen eventuelle Benachteiligungen durch neutrale Schiffe zu schützen.

Von hier aus begreift sich, daß das Durchsuchungsrecht gegenüber neutralen Schiffen dann seines besonderen Zweckes verlustig geht und deshalb in Wegfall kommt, wenn die neutrale Regierung[2]) die Garantie für ein Schiff ihrer Flagge

[1]) Im übrigen beziehe ich mich auf meine Ausführungen über die „Ausübung des SBR. und seine rechtlichen Wirkungen", S. 46 bis 73, die für das Prisenrecht gegenüber Neutralen in analoger Weise Geltung haben, sowie auf die §§ 6 und 7 über „das Prinzip der feindlichen Eigenschaft" und auf § 9, „die Seebeuteberechtigten und ihre ausübenden Organe", die an dieser Stelle ebenfalls von Bedeutung sind.

[2]) Eine andere als die eigene Regierung kann das Geleite nicht übernehmen. Vgl. hiezu insbesondere Krauel, Das Recht der Durchsuchung neutraler Schiffe unter Geleit in Kriegszeiten, Marine-Rundschau 1909 S. 933/34 und Fell, Das Durchsuchungsrecht, Würzburg. Diss. 1908.

übernimmt. Das tut sie aber, wenn sie ein neutrales Kauffahrteischiff von einem ihrer Kriegsschiffe geleiten läßt. In diesem Falle ist das neutrale Handelsschiff von der Durchsuchung befreit.[1]) An ihre Stelle tritt die Versicherung des Kommandanten des Geleitschiffes, die dem feindlichen Kreuzer volle Gewähr zu bieten hat. Ein Zweifel an der Richtigkeit derselben würde einen schweren Verstoß gegen die Regeln der internationalen Courtoisie bedeuten.

Bewußte Täuschungen des feindlichen Kreuzers werden durch die Einrichtung des Geleites regelmäßig ausgeschlossen sein. Denn gerade dadurch, daß sie das neutrale Handelsschiff geleiten läßt, verpflichtet sich die neutrale Regierung zu garantieren, daß das Schiff den ihm gewährten Schutz nicht zur Ausübung neutralitätswidriger Handlungen mißbraucht. Sie wird also, um selbst von aller Verantwortlichkeit frei zu sein, das betreffende Schiff nicht nur bei seiner Abfahrt, sondern auch während der Dauer der Reise einer genauen Kontrolle unterstellen und auch den Kommandanten des Geleitschiffes mit Verhaltungsmaßregeln für unvorhergesehene Ereignisse ausrüsten.

Für die Sicherheit des feindlichen Kriegsschiffes ist außerdem in besonderer Weise dadurch gesorgt, daß sich der Kommandant desselben nicht mit einer oberflächlichen und allgemein gehaltenen Auskunft zu begnügen braucht; er kann vielmehr von dem Befehlshaber des Geleitschiffes jede Auskunft über die Eigenschaft der Schiffe und ihre Ladung fordern, zu deren Erlangung die Durchsuchung dienen würde. Die Auskunftserteilung ist also so vollständig zu gestalten, daß sie geeignet ist die Durchsuchung tatsächlich zu ersetzen. Um überdies die Verantwortlichkeit des neutralen Kriegsschiffes noch zu erhöhen und zugleich etwaige Mißverständnisse über die erteilten Aufschlüsse zu beseitigen, ist für die Auskunftserteilung schriftliche Form vorgeschrieben.

Ist der Kommandant des feindlichen Kreuzers der Ansicht, daß die ihm erteilte Auskunft den tatsächlichen Verhältnissen entspricht, so wird er es bei derselben bewenden lassen.

Trotz aller Vorsichtsmaßregeln besteht aber die Möglichkeit — und der feindliche Kreuzer wird gut daran tun, dieselbe in den Kreis seiner Erwägungen zu ziehen — daß der Kommandant des neutralen Kriegsschiffes vom Handelsschiffe seiner eigenen Flagge bezüglich seiner Ladung und seines Vorhabens getäuscht worden ist, sei es nun durch Vorlegung

---

[1]) Deutschland war prinzipiell gegen die Befreiung geleiteter Schiffe von der Durchsuchung. Vgl. hiezu Prot. S. 78.

unrichtiger Papiere oder durch sonstige unerlaubte Manipulationen. Hat der Kommandant des feindlichen Kriegsschiffes Ursache zu dieser Annahme, so teilt er dem Kommandanten des Geleitschiffes seine Verdachtsgründe mit. Die Folge dieser Mitteilung ist die Notwendigkeit einer Entscheidung, ob eine Nachprüfung des neutralen Schiffes vorzunehmen ist oder nicht. Bejahendenfalls wird es erforderlich, sich über das Ergebnis der Nachprüfung schlüssig zu machen. Beidemale gibt die Stimme des Kommandanten des Geleitschiffes den Ausschlag. Ihm allein steht auch die Befugnis zu die Nachprüfung vorzunehmen, bei deren Ausübung ihm lediglich insofern eine Schranke auferlegt ist, als er das Ergebnis derselben in einem Protokolle festzustellen und eine Abschrift davon dem Offizier des Kriegsschiffes zu übergeben hat. Im übrigen ist er bei der Vornahme der Nachprüfung an keine Regel gebunden; insbesondere ist er nicht verpflichtet, den Kommandanten des Kreuzers beizuziehen, obwohl sich hiedurch, wie der Generalbericht bemerkt, vielleicht manche Schwierigkeiten in der Ausführung vermeiden ließen, da der kriegführende Staat zwar nicht den guten Glauben des durchsuchenden Kommandanten, wohl aber mitunter dessen Aufmerksamkeit oder Umsicht bezweifeln wird. Zieht der Durchsuchende den Befehlshaber des Kriegsschiffes gleichwohl zu, so ist das lediglich ein Akt des Entgegenkommens oder der Klugheit.

Ist das Ergebnis der Untersuchung unsicher und entstehen infolgedessen zwischen beiden Offizieren Meinungsverschiedenheiten über die weiterhin zu ergreifenden Maßnahmen — das wird besonders dann der Fall sein, wenn es sich um relative Konterbande handelt — so entscheidet, wie bereits erwähnt, die Ansicht des neutralen Kommandanten. Glaubt sich der Kommandant des Kriegsschiffes dadurch beeinträchtigt, so kann er seinen Widerspruch nur auf diplomatischem Wege geltendmachen, um auf diese Weise eine für seinen Staat günstigere Lösung der Angelegenheit zu erzielen.

Ist das Ergebnis der Untersuchung dagegen ein sicheres und eine Bestreitung des neutralen Offiziers, daß das geleitete Handelsschiff des Konterbandetransportes oder sonst eines neutralitätswidrigen Aktes schuldig zu sprechen ist, unmöglich, so muß diesem Schiff der Schutz des Geleites entzogen werden.[1]) Das neutrale Schiff erfährt in diesem Falle die Behandlung, die ihm zuteil geworden wäre, wenn es ohne Geleite von einem feindlichen Kreuzer auf hoher See betroffen worden wäre.

---

[1]) Vgl. hiezu Krauel a. a. O. S. 935.

§ 34.

Widerstand gegen die Durchsuchung.

Neutrale Handelsschiffe unterliegen der Durchsuchung durch die Kriegsschiffe der Belligerenten.

Dieser Verbindlichkeit können sie sich auf doppelte Art zu entschlagen versuchen: Durch die Flucht und durch gewaltsamen Widerstand.

Die Flucht, und auch bereits der Fluchtversuch, stellt demnach eine Verfehlung gegen eine völkerrechtlich anerkannte Verpflichtung des Schiffes dar, und man könnte infolgedessen sehr wohl zu der Ansicht gelangen, daß das Verhalten desselben bestimmte rechtliche Nachteile zur Folge haben müßte. In der Tat wurde dieser Gedanke auf der Londoner Konferenz von der italienischen Delegation vertreten, die den Fluchtversuch bereits als einen Fall des Widerstandes behandelt wissen wollte.[1])

Dieser Auffassung, die zweifellos eine große Härte für neutrale Schiffe bedeuten würde und die auch bei richtiger Würdigung der Interessen kriegführender Staaten durch nichts gerechtfertigt erscheint, schloß sich die Londoner Konferenz erfreulicherweise nicht an. Der Fluchtversuch als solcher, ausgeführt nur um den Unannehmlichkeiten der Durchsuchung zu entgehen, zieht keine rechtliche Benachteiligung nach sich. Auch wenn der Fluchtversuch mißlingt und festgestellt wird, daß das Schiff eine neutralitätswidrige Unternehmung beabsichtigt hat, bleibt es doch wegen des Fluchtversuchs als solchen unbehelligt. Jedoch kommt der Gedanke, daß das neutrale Schiff durch seinen Fluchtversuch einer völkerrechtlichen Verpflichtung zuwiderhandelt, darin zum Ausdruck, daß es wegen Beschädigungen, die es bei der Verfolgung erleidet, ja selbst dann, wenn es in den Grund gebohrt wird, weder eine Beschwerde ergreifen noch auch eine Schadensersatzforderung geltend machen kann.[2])

Anders liegt die Sache dann, wenn das Schiff der rechtmäßigen Ausübung des Anhalte-, Durchsuchungs- oder Beschlagnahmerechts gewaltsamen Widerstand entgegensetzt. In diesem Falle unterliegt es der Einziehung, d. h. es verliert seinen neutralen Charakter und wird[3]) zum feindlichen Schiff. Auch der Generalbericht steht auf diesem Standpunkt. Die Rechtsfolge des Art. 63 geht sonach erheblich über die des Art. 45 wie auch über die des Art. 46 hinaus. Sie beruht auf dem Gedanken, daß das Schiff durch den gewaltsam ge-

---

[1]) Prot. S. 289, Annexe Nr. 106.
[2]) Weißbuch S. 87.
[3]) Generalbericht: le navire neutre . . devenant navire ennemi . . . .

leisteten Widerstand eine feindliche Handlung begeht und infolgedessen auch als Feind behandelt werden muß.

Zu Zweifeln kann bei dieser Sachlage nur die Deutung des Ausdrucks „rechtmäßige Ausübung des Durchsuchungsrechtes“ Anlaß geben. Man kann sich nämlich fragen: Ist die Durchsuchung des Schiffs auch dann zu Recht erfolgt, wenn dieselbe keine Neutralitätswidrigkeit ergeben hat, oder stellt sie sich unter diesen Umständen als rechtswidrig dar? Der Generalbericht bemerkt hiezu: es (das Schiff) unterliegt also der Einziehung, wenn auch die Durchsuchung keine Neutralitätswidrigkeit ergeben hat, und fügt ausdrücklich bei: „Dies erscheint zu Bedenken keinen Anlaß geben zu können.“ Der Generalbericht geht also von der vollständig zutreffenden Ansicht aus, daß die Rechtmäßigkeit der Durchsuchung nicht nach dem Erfolg derselben, nicht ex post, sondern nach Maßgabe der zurzeit der Durchsuchung vorliegenden äußeren Umstände zu beurteilen ist. Als solche kommen m. E. nur der Ort und die Zeit der Durchsuchung in Betracht, während über die Form derselben allgemein bindende, völkerrechtliche Vorschriften noch nicht existieren. Erweist sich daher im Prisenprozeß die Beschlagnahme wegen gewaltsamen Widerstands nach Ort und Zeit als einwandfrei, so wird das Schiff mit der Einrede, es habe keinen neutralitätswidrigen Akt begangen, überhaupt nicht gehört. Wäre es anders, so bedeutete dies ja eine indirekte Aufforderung zu energischem Widerstand für alle jene Schiffe, die sich nicht mit der Absicht eines neutralitätswidrigen Aktes tragen, und die sich infolgedessen trotz geleisteten Widerstands mit dem Nachweis ihrer Unschuld salvieren könnten. Das Durchsuchungsrecht feindlicher Kreuzer würde dadurch praktisch bedeutungslos.

Die bisherigen Darlegungen lassen ohne weiteres ersehen, in welcher Weise die an Bord befindliche Ware zu behandeln ist.

Die Ladung unterliegt derselben Behandlung wie die an Bord eines feindlichen Schiffes. Neutrale Ware wird demnach gemäß Art. 59 bis zur Erbringung des Gegenbeweises als feindlich vermutet. Feindliches Privateigentum unterliegt der Beschlagnahme schlechthin. Dies wäre nur dann anders, wenn der nehmenden Macht der Beweis der Rechtmäßigkeit der Beschlagnahme nach Ort und Zeit infolge besonderer, durch den geschädigten Eigentümer geltendgemachter Umstände mißlänge.

Das Recht die Ware als neutral zurückzufordern, steht allen Neutralen in gleicher Weise zu, auch jenen, die die Nationalität des beschlagnahmten Schiffes teilen; jede Ausnahme zu ihren Ungunsten wäre als Ungerechtigkeit zu erachten.

Nur die dem Kapitän oder dem Eigentümer des Schiffes gehörigen Waren werden als feindlich angesehen und verfallen infolgedessen der Konfiskation. Über die Berechtigung dieser Ausnahme kann man verschiedener Ansicht sein. Ungerechtfertigt muß auf jeden Fall die Konfiskation der dem Eigentümer gehörigen Güter erscheinen, wenn derselbe nicht an Bord weilt und infolgedessen von dem durch sein Schiff betätigten gewaltsamen Widerstand nichts weiß, denselben vielleicht auch gar nicht wollte. Dieser Sachlage gegenüber will es wenig besagen, wenn der Generalbericht bemerkt: „Es erscheint natürlich, daß ihn die Folgen der Handlungen seines Vertreters treffen.“[1]) Es wäre gerechter gewesen und hätte dem beabsichtigten Präventivzweck jedenfalls ebenso genügt, wenn entweder nur der Kapitän oder, falls beide den Widerstand beabsichtigen, der Kapitän und der Eigentümer zur Verantwortung herangezogen worden wären. So wie die augenblickliche Fassung des Artikel lautet, liegt in vielen Fällen zweifellos eine Bereicherung vor.

§ 35.

Die Zerstörung neutraler Schiffe.[2])

Dieses Thema war bereits der Gegenstand der Beratungen der zweiten Haager Friedenskonferenz, die indes zu keiner Einigung der Mächte führten. England und Amerika wollten die Zerstörung neutraler Prisen absolut verboten wissen, während Deutschland, Frankreich, Rußland und Japan den gegenteiligen Standpunkt vertraten, wonach die Zerstörung in bestimmten Fällen zulässig sein sollte.

Erst der Londoner Konferenz gelang es, zu einer Einigung in dieser vielumstrittenen Frage zu kommen, deren völkerrechtliche Regelung nunmehr im vierten Kapitel der Deklaration niedergelegt ist. Die Beratungen zeigten, daß die Meinungsverschiedenheiten, die bisher einer angemessenen Vereinbarung der Mächte im Wege standen, in ihrer Tragweite überschätzt wurden. Man erkannte, daß diejenigen Staaten, die für die Zerstörung der neutralen Prisen eintraten, dieselbe durchaus nicht willkürlich in allen Fällen gewährt wissen wollten, während umgekehrt die Vertreter der gegen-

[1]) Auch vom Standpunkt des Strafrechts aus läßt sich eine solche Rechtsfolge nicht rechtfertigen, da diesem der Gedanke einer Vertretung in Schuld und Strafe fremd ist. Aber auch auf das Zivilrecht darf man sich zur Rechtfertigung nicht berufen, wenn man von Anfang an, wie dies hier geschieht, von strafrechtlichen Anschauungen ausgeht; man würde sich dadurch einer Inkonsequenz schuldig machen.

[2]) Vgl. hiezu Trautmann, Die Frage der Zerstörung neutraler Prisen und ihre Erörterung auf der Haager und Londoner Konferenz, im Arch. f. öffentl. Recht, Bd. 26 S. 513 ff.

teiligen Ansicht unter bestimmten Umständen ausnahmsweise die Zerstörungsmöglichkeit zugestanden.[1] So galt es denn hauptsächlich, sich über bestimmte Ausnahmsfälle zu einigen, und diese Einigung darf in der Tat als billiger Ausgleich widerstreitender Interessen bezeichnet werden.

Dem Gedanken der Vereinbarung entsprechend steht an der Spitze derselben das Prinzip: ein beschlagnahmtes neutrales Schiff darf von der nehmenden Kriegspartei nicht zerstört, sondern muß in einen Hafen gebracht werden, wo gehörig über die Rechtmäßigkeit der Wegnahme entschieden werden kann. Über die Art und Weise der Verbringung des Schiffes in einen neutralen Hafen existiert keine besondere Vorschrift. Sie vollzieht sich ebenso wie bei feindlichen Kauffahrteischiffen, also entweder dadurch, daß eine Prisenmannschaft an Bord des Schiffes gesetzt wird, oder dadurch, daß dasselbe durch das nehmende Kriegsschiff in den nächstgelegenen Hafen abgeführt wird.

Nur ausnahmsweise[2] darf ein von einem Schiff des Kriegführenden beschlagnahmtes Schiff zerstört werden und zwar ohne Entschädigung. Dieser Umstand verdient, wie sich gleich zeigen wird, besonders hervorgehoben zu werden.

Als Voraussetzungen der Zerstörung ohne Entschädigung kommen folgende in Betracht:

1. es muß sich um ein neutrales Schiff handeln, „das der Einziehung unterliegen würde".[3] Zur Begründung dieser Vorschrift sagt der Generalbericht: „Kann das nehmende Kriegsschiff nicht einmal daran denken, die Einziehung des Schiffes durchzusetzen, wie könnte es dann den Anspruch auf dessen Zerstörung erheben?" Dieser Gedankengang ist vollkommen zutreffend, sobald man sich vergegenwärtigt, daß es sich in den durch Kapitel 4 geregelten Fällen um eine Zerstörung ohne Entgelt handelt, somit um einen Akt der kriegführenden Macht, der ebenso wie die Konfiskation rechtlich als Zwangsenteignung zu beurteilen ist. Anders läge die Sache, wenn die Zerstörung nur unter Entschädigung gestattet wäre. Eine solche würde sich sehr wohl auch dann rechtfertigen lassen, wenn das Schiff der Einziehung nicht unterläge (vgl. das Abkommen über den Beginn der Feindseligkeiten), da sie, weil unter Anerkennung des Eigentums erfolgend, eine geringere Benachteiligung des Neutralen darstellen würde als die Konfiskation. Wäre es so, so würde die Rechtfertigung des Generalberichts nicht genügen.

---

[1]) Diese Ansicht gewinnt man insbesondere aus den Exposés der Konferenzstaaten, Prot. S. 268 ff. (Rußland, Deutschland, Amerika, England, Japan, Italien, Niederlande).

[2]) Dies kommt besonders klar zum Ausdruck in der Darstellung Trautmanns a. a. O. S. 558 bis 560.

[3]) Vgl. hiezu insbesondere das Exposé Krieges, S. 271 unten u. 272.

Durch die Wendung: „ein Schiff, das der Einziehung unterliegen würde," kommt klar zum Ausdruck, daß über die definitive Konfiskation des Schiffes im Moment seiner Zerstörung noch nicht entschieden worden ist. Der Kommandant des nehmenden Schiffes hat demnach nach freiem Ermessen unter Würdigung aller näheren Umstände zu entscheiden, ob das neutrale Kauffahrteischiff seinem Staat als gute Prise verfallen wird oder nicht. Die Zerstörung des neutralen Schiffes stellt sich somit als eine solche künftigen, mit großer Wahrscheinlichkeit anfallenden Eigentums des kriegführenden Staates dar, bedeutet also fast stets nicht eine Schädigung des neutralen, sondern des Nehmestaates.

Diese Tatsache, so sollte man meinen, müßte eigentlich eine hinreichende Kautel gegen willkürliche und allzu häufige Ausübung der Zerstörungsbefugnis bilden, zumal ja im Falle ungerechtfertigter Beschlagnahme, die in allen diesen Fällen der Zerstörung vorausgeht, ohnehin eine Verpflichtung zu Schadensersatzleistung besteht. Man fand es indes für gut, die Befugnis zur Zerstörung von einer weiteren Voraussetzung abhängig zu machen.

2. Die Verbringung des neutralen Schiffes in einen Hafen muß geeignet sein, das nehmende Kriegsschiff einer Gefahr auszusetzen oder den Erfolg der Operationen, worin es derzeit begriffen ist, zu beeinträchtigen. Es genügt also die Möglichkeit der Gefährdung oder Beeinträchtigung in taktischer Hinsicht. Maßgebender Zeitpunkt für das Vorliegen dieser Voraussetzungen ist der Moment der Beschlagnahme. Eine kurze Zeit nach der Beschlagnahme eintretende Gefahr würde nicht genügen um die Zerstörung zu rechtfertigen. Dies wird das Prisengericht zu beachten haben und sich infolgedessen bei Fällung seiner Entscheidung in den Zeitpunkt der Zerstörung zurückversetzen müssen. Im übrigen handelt es sich hier um eine Tatfrage.

Vor der Zerstörung müssen die an Bord befindlichen Personen in Sicherheit gebracht und im Interesse der Rechtspflege sämtliche Schiffspapiere und sonstigen Beweisstücke, die nach Ansicht der Beteiligten für die Entscheidung über die Rechtmäßigkeit der Wegnahme von Wert sind, auf das Kriegsschiff herübergenommen werden.

§ 36.

Die Zerstörung von Waren an Bord neutraler Schiffe.

Die an Bord eines neutralen Schiffes befindliche Ware kann verschiedener Art sein: sie kann dem Feinde gehören oder einen Neutralen zum Eigentümer haben, sie kann —

und dieser Unterschied ist nicht identisch mit dem eben genannten — der Einziehung unterliegen oder derselben entzogen sein. Sind nun diese Verschiedenheiten im Falle der Zerstörung des neutralen Schiffes von rechtlicher Bedeutung oder nicht?

I. Die rechtliche Behandlung nicht einziehbarer Waren.

Dazu gehören insbesondere alle neutralen Waren, die nicht nach einem der in Betracht kommenden Gesichtspunkte des Rechtes der Blockade, der Konterbande, der neutralitätswidrigen Unterstützung oder des Widerstandes gegen die Durchsuchung der Beschlagnahme unterworfen sind. Dazu gehören aber auch feindliche Waren; denn nach der auch jetzt noch in Geltung befindlichen Regel der Pariser Seerechtsdeklaration ist feindliches Gut an Bord eines neutralen Schiffes frei.

Was hat mit diesen Waren im Fall der Zerstörung des Schiffes zu geschehen? Die Londoner Deklaration gibt uns nur einen Anhaltspunkt bezüglich der neutralen Waren. Art. 53 sagt: „Sind neutrale Waren, die der Einziehung nicht unterlagen, mit dem Schiff zerstört worden, so hat der Eigentümer dieser Waren Anspruch auf Schadensersatz.“ Art. 53 macht also durchaus keinen Unterschied zwischen jenen Fällen, in denen sich die Verbringung neutralen Gutes an Bord des feindlichen Kriegsschiffes aus besonderen Umständen als untauglich erweist und deshalb ihre Zerstörung erforderlich wird, und solchen Fällen, in denen die Zerstörung eigentlich grundlos erfolgt. Es besteht demnach im Gegensatz zu der für neutrale Schiffe vorgeschriebenen Behandlung für den feindlichen Kommandanten nicht primär die Verpflichtung, die neutrale Ware an Bord seines Kreuzers herüberzunehmen, sondern es steht ihm frei, mit dem neutralen Schiff auch zugleich dessen Ware zu zerstören. Er wird sich aber sicher davor hüten, die Zerstörung des Schiffes mit einer willkürlichen Zerstörung seiner Ware zu verbinden, da er dadurch eine Schadensersatzpflicht auf sich laden würde, die unter Umständen, je nach der Art der neutralen Ladung, äußerst empfindlich ausfallen kann.

Bisher war nur von der neutralen Ladung die Rede. Wie ist die feindliche Ware zu behandeln?

Wie bereits erwähnt, steht feindliches Gut an Bord des neutralen Schiffes der neutralen Ware gleich. Es besteht daher m. E. kein Bedenken, den Art. 53 in analoger Weise auf feindliche Ware anzuwenden, die gleichzeitig mit dem neutralen Schiff zerstört worden ist; denn selbst wenn sich die

Zerstörung im Prisenprozeß als berechtigt erweisen sollte, so ist doch ein einziehbares neutrales Schiff nicht identisch mit einem feindlichen Schiff.[1])

II. Die rechtliche Behandlung einziehbarer Waren.

Hier sind zwei Fälle auseinander zu halten: 1. das neutrale Schiff unterliegt der Zerstörung, oder aber 2. es kann mangels der in Art. 49 aufgestellten Voraussetzungen nicht zerstört werden.

1. Dem ersten der beiden Fälle ist keine besondere völkerrechtliche Regelung zuteil geworden. Es ist indes klar, daß, nachdem neutrale, nicht einziehbare Ware an Bord eines der Zerstörung ausgesetzten Schiffes zerstört werden kann, einziehbare neutrale Ware erst recht der Zerstörungsmöglichkeit unterliegt. Bleibt nur die Frage, ob in diesem Falle für die zerstörte Ware Schadensersatz zu gewähren ist, und ob die Rechtmäßigkeit der Zerstörung ebenso wie im Falle des Art. 54 in einem besonderen Beweisverfahren darzutun ist? Die Frage ist m. E. in ihren beiden Bestandteilen zu verneinen. Für die Annahme eines besonderen Beweisverfahrens auf Grund analoger Anwendung des Art. 54 fehlt in diesem Falle jeder Anhaltspunkt. Dies müßte besonders bestimmt sein. Daß aber für die Zerstörung einziehbarer Waren an Bord eines zerstörten neutralen Schiffes keine Schadensersatzpflicht Platz greift, ist ohne weiteres klar. Dagegen

---

[1]) Zum Beweis für die Richtigkeit dieses Satzes beziehe ich mich auf Art. 45, 46 und 63 der L. D., woselbst genau zwischen einem „bloß einziehbaren neutralen Schiff" und einem „einziehbaren und außerdem als feindlich zu behandelnden neutralen Schiff" unterschieden wird. Handelt es sich um ein „bloß einziehbares neutrales Schiff" — und hierher gehört die Mehrzahl der Konfiskationsfälle (Blockade, Konterbande, neutrale Unterstützung des Art. 45) — so bleibt der Satz: „Die Flagge deckt das Gut" trotz der Einziehungsmöglichkeit in Kraft, weil eben das Schiff neutral bleibt. Ist dagegen das neutrale Schiff außerdem als feindliches zu behandeln — hierher gehören die Fälle des Art. 46 und 63 — so trifft der Satz: „Die Flagge deckt das Gut" nicht mehr zu. Die im Text vertretene Ansicht ist also mit Rücksicht auf Art. 46 und 63 dahin zu modifizieren, daß in diesen Fällen die Zerstörung der feindlichen Ware ohne Schadensersatz möglich ist, nachdem ja auch die Einziehung der Ware ohne weiteres möglich wäre. Vgl. hiezu auch Weißbuch S. 59. — Fitger, Seekriegsrecht S. 57, meint zur behandelten Frage: „Hinsichtlich des feindlichen Eigentums mangelt es an Deutlichkeit" (Ferneck a. a. O. S. 326 Anm.; Trautmann a. a. O. S. 558 ff.). Die übrige moderne Literatur schweigt. — Aus Vorstehendem ergibt sich, daß der Ausdruck „frei Schiff" in der Parömie „frei Schiff, frei Gut" nicht identisch ist mit „nicht einziehbares Schiff", sondern nur mit „neutrales Schiff" widergegeben werden darf. Paradox ausausgedrückt: auch ein „(bloß) einziehbares neutrales Schiff" ist noch ein „freies Schiff" im Sinne der Parömie. Im Interesse exakter Schlußfolgerungen wird man daher besser daran tun, von dem Satze auszugehen: „Die Flagge deckt das Gut".

würde feindliche Ware auch in diesem Falle der Zerstörung nur gegen Entgelt anheimfallen, da trotz der Einziehbarkeit des Schiffes der Grundsatz: die neutrale Flagge deckt das feindliche Gut, in Kraft bleibt.[1])

Unerläßliche Voraussetzung für alle diese Fälle bleibt natürlich, daß der nehmenden Kriegspartei der definitive Beweis für die Einziehbarkeit des Schiffes im Prisenprozeß gelingt. Befindet sich also auf einem neutralen, Konterbande führenden Schiffe, das mit Rücksicht auf das bestehende Mengenverhältnis der Einziehung unterliegt, neben feindlicher auch neutrale Ware, so ist die Zerstörung des Schiffes ohne Schadensersatz nur unter einer der Voraussetzungen des Art. 49, die der Konterbande schlechthin, die der feindlichen Ware dagegen wie auch die der neutralen Ladung nur gegen nachherige Schadensersatzleistung gestattet. Dieses Ergebnis hat augenscheinlich den Vorteil der Billigkeit für sich.

2. Der Fall, in dem sich einziehbare Ware auf einem nicht einziehbaren neutralen Schiff befindet, hat durch Art. 54 eine besondere Regelung erfahren. Dem feindlichen Kreuzer stehen unter diesen Umständen verschiedene Möglichkeiten zu Gebote:

a) der Kreuzer geht nicht auf die Überlieferung der verdächtigen Ware ein, sondern verbringt das Schiff in einen Hafen,

b) er geht auf die Überlieferung derselben ein und wird dadurch zur Entlassung des Schiffes verpflichtet,

c) das Schiff erklärt sich nicht zur Herausgabe der einziehbaren Ware bereit.

Der Kreuzer ist primär verpflichtet, das Schiff in einen Hafen abzuführen. Erst dann, wenn die Abführung des neutralen Schiffes das Kriegsschiff einer Gefahr aussetzen oder den Erfolg der Operationen, worin es derzeit begriffen ist, beeinträchtigen könnte, ist der Kreuzer befugt, die Ware herauszuverlangen oder zu ihrer Zerstörung zu schreiten. Die Zerstörung erscheint unter diesen Umständen um so weniger Bedenken zu erregen, als, wie der Generalbericht bemerkt, die Erwägungen der Menschlichkeit, die man gegen die Zerstörung des Schiffes vorbringen kann, hier ausscheiden. Auch die Befürchtungen bezüglich eines allzu willkürlichen Vorgehens des Kreuzerkommandanten werden sich als haltlos erweisen, da ebenso wie bei neutralen Schiffen, im Falle ungerechtfertigter Zerstörung die Verpflichtung zu Schadensersatz Platz greift. Um die Entscheidung des Prisengerichts hierüber zu ermöglichen, hat das

---

[1]) **Anders nur in den Fällen des Art. 46 und 63. Vgl. hiezu die Anm. auf S. 124.**

nehmende Kriegsschiff die überlieferten oder zerstörten Gegenstände in dem Tagebuche des angehaltenen Schiffes zu vermerken und sich von dem Kapitän beglaubigte Abschriften aller zweckdienlichen Papiere übergeben zu lassen. Sobald die Übergabe oder die Zerstörung erfolgt ist und die Förmlichkeiten erledigt sind, muß dem Kapitän die Fortsetzung seiner Fahrt gestattet werden.

§ 37.

Das Beweisverfahren im Falle der Zerstörung neutraler Prisen und die besonderen Rechtsfolgen.

Die Tendenz der Londoner Deklaration geht offenbar dahin, die Befugnis der Zerstörung neutraler Prisen auf ein möglichst kleines Anwendungsgebiet zu beschränken und ihr auf diese Weise den Charakter einer Ausnahmemaßregel zu erhalten. Diesem Zweck dient, wie wir bereits gesehen haben, die Aufstellung besonderer Voraussetzungen, die notwendig erfüllt sein müssen, damit überhaupt an eine Zerstörung gedacht werden kann. Diesem Zweck dient ferner die Einführung einer wirksamen Verantwortlichkeit des nehmenden Kriegsschiffes, die sicher in noch höherem Grade geeignet ist, eine Gewähr gegen willkürliche Zerstörungen zu geben. Für die Geltendmachung der Verantwortlichkeit des Nehmestaates ist ein besonderes Vorverfahren im Prisenprozeß geschaffen worden, dessen Durchführung allerdings auf die Fälle der Zerstörung eines neutralen Schiffes (Art. 51) und der Zerstörung einziehbarer neutraler Waren an Bord eines nicht einziehbaren Schiffes beschränkt ist.

In beiden Fällen hat die nehmende Kriegsmacht vor jeder Entscheidung über die Rechtmäßigkeit der Wegnahme den tatsächlichen Nachweis zu führen, daß sie nur ausnahmsweise angesichts einer Notwendigkeit der im Art. 49 bezeichneten Art, d. h. angesichts möglicher eigener Gefahr oder möglicher Beeinträchtigung ihrer augenblicklichen Operationen gehandelt hat. Mißlingt ihr dieser Nachweis, so ist sie den Beteiligten zum Schadensersatz verpflichtet, ohne daß es einer weiteren Untersuchung bedarf, ob die Wegnahme rechtmäßig war oder nicht; m. a. W.: der Prisenprozeß ist damit zu Ende. Der rechtliche Nachweis dafür, daß das Schiff auch wirklich der Einziehung unterliegt, erübrigt sich; denn mehr wie den vollen Ersatz für sein Schiff könnte ja der geschädigte Neutrale doch nicht erlangen, man müßte sich denn auf den ominösen strafrechtlichen Standpunkt stellen. Der Generalbericht bemerkt hiezu: „Darin (sc. in der Entschädigungspflicht) liegt also eine bedeutsame Sicherstellung der Verpflichtung, die Prise nur in den festgelegten Fällen zu zerstören; es ist eine Geldbuße, welche die nehmende Kriegsmacht trifft."

Gelingt dagegen der tatsächliche Nachweis für die Notwendigkeit der Zerstörung, so nimmt das prisengerichtliche Verfahren seinen regelmäßigen Fortgang, d. h. es wird nunmehr die Rechtmäßigkeit der Beschlagnahme geprüft. Wird die Wegnahme für nichtig erklärt, so muß die nehmende Kriegsmacht den Beteiligten an Stelle der von ihnen zu beanspruchenden Rückgabe Schadensersatz leisten. Durch diesen Schadensersatz, der allein geeignet ist, das verlorene Schiff, bzw. Gut, als solches zu ersetzen, wird natürlich das Recht auf weiteren Schadensersatz gemäß Art. 64 nicht berührt. Wird dagegen die Wegnahme für rechtmäßig erklärt, so hat es bei dieser Entscheidung sein Bewenden.

Der Vollständigkeit halber ist zu erwähnen, daß der Rekurs an den internationalen Prisenhof erst dann eingelegt werden kann, wenn die Entscheidung des Prisengerichts in der Sache selbst ergangen ist und nicht schon nach der Entscheidung über die Vorfrage der Rechtmäßigkeit der Zerstörung.

IV. Teil.

Grundzüge des Beweisrechts im internationalen Prisenprozeß.

§ 38.

Das Reklameverfahren des nationalen Prisenrechts.

Der nationale Prisenprozeß stellt sich als Reklameverfahren dar, d. h.: die Rechtmäßigkeit der Beschlagnahme wird vermutet; Sache des Eigentümers, der wieder in den Besitz seiner Ware gelangen will, ist es, die Rechtswidrigkeit der Wegnahme darzutun.[1]) Wir haben es also, wie man auf den ersten Blick sieht, mit einem Verfahren zu tun, das mit den einfachsten Grundsätzen der Gerechtigkeit und Billigkeit in schroffem Widerspruch steht. Gleichwohl hat man den Versuch einer Rechtfertigung unternommen, indem man sagte: der ursprüngliche Eigentümer ist derjenige, der den Herausgabeanspruch geltend macht; wer aber klageweise einen Anspruch erhebt, muß auch die innere Berechtigung desselben dartun; folglich obliegt dem geschädigten Privaten die Last des Beweises. — Die Haltlosigkeit dieser Rechtfertigung liegt auf der Hand; ist es doch der nehmende Staat, der primär einen Anspruch erhebt, nämlich den Anspruch auf Aneignung von neutraler oder feindlicher Ware in einzelnen, genau bestimmten Fällen, und dem deshalb im Falle der Bestreitung die Last des Beweises zufallen muß. Auch auf der II. Haager Friedenskonferenz war man darüber einig, daß es Sache des Nehmestaates ist, den Nachweis für die Rechtmäßigkeit der Wegnahme zu erbringen.

Mit besonderem Nachdruck sprach sich der Bevollmächtigte Norwegens[2]) für eine zeitgemäße Umgestaltung des

---

[1]) Vgl. hiezu Ullmann, Völkerrecht S. 535; Perels S. 306; Giordana a. a. O. S. 279; Watanabe, Das Prisenverfahren S. 52 ff.; Güldenagel a. a. O. S. 44 (Beweispflicht des Neutralen im Falle des Blockadebruchs); De Boeck S. 708 ff.

[2]) Prot. II S. 806 ff.; Fellmann a. a. O. S. 28.

Beweisrechts aus: „Celui qui dispose du bien d'autrui doit prouver son droit d'en jouir." Er war es auch, der den eben zitierten Versuch, das Reklameverfahren auf eine logische Basis zu stellen, in treffenden Worten als verfehlt kritisierte.

Auch Renault stellt sich in seinem Bericht über die Errichtung eines internationalen Prisenhofes[1]) auf diesen allein richtigen Standpunkt, indem er schreibt: „Rationellement on devrait dire que c'est au capteur à établir la régularité de la saisie qu'il a operée." Auch ihm erscheint deshalb eine Reform des Beweisrechts als ein Gebot der Billigkeit.[2])

Die Überzeugung von der Notwendigkeit einer durchgreifenden Neuerung auf dem Gebiete des Beweisrechts, die sich auf dem Wege logischer Schlußfolgerung von selbst ergibt, wird wesentlich verstärkt, sobald man die praktische Ausgestaltung und die Konsequenzen des herrschenden Reklameverfahrens einen Moment ins Auge faßt.

Der private Eigentümer, der wieder in den Besitz seiner Güter zu gelangen trachtet, hat den Beweis für die Ungesetzmäßigkeit der Beschlagnahme nicht etwa vor einem Gericht seiner Nationalität, sondern vor einem fremden Gerichtshof zu erbringen, vor einem Tribunal, das in eigener Sache Recht spricht. Selbst in dem günstigen Falle, daß dasselbe mit unabhängigen Richtern besetzt ist, besteht gleichwohl die große Gefahr, daß sich dieselben von den Interessen ihres Staates mehr beeinflussen lassen, als vom Standpunkt einer unparteiischen Rechtsprechung aus zu wünschen ist. Es besteht daher die Gefahr, daß das Gericht den Beweis für die Unzulässigkeit der Wegnahme vielfach als nicht erbracht ansehen wird, obwohl derselbe in Wirklichkeit gelungen ist. Auch die Fälle sind nicht selten, in denen der Privateigentümer gegenüber einer auf grundlosen Verdacht hin erfolgten Beschlagnahme überhaupt außerstande ist, die Rechtswidrigkeit derselben darzutun und infolgedessen seines Eigentums verlustig geht. Von ausschlaggebender Bedeutung für die Beurteilung der ganzen Frage ist aber die Kompetenz des Nehmestaates zur Schaffung eines eigenen Prisen- und des dazu erforderlichen Beweisrechtes. Auf diesem Wege wird es ihm möglich, dem geschädigten Privaten wichtige Beweismittel zu entziehen[3]) und ihm dadurch seine Beweiserbringung, wenn nicht unmöglich, so doch unverhältnismäßig schwer zu machen.

---

[1]) Prot. I S. 180 ff.

[2]) Prot. I S. 192.

[3]) So das Beweisverfahren in England und Frankreich, im Gegensatz zu der viel liberaleren Handhabung des Beweises nach deutschem und japanischem Prisenrecht, Watanabe a. a. O.

Diese Erwägungen veranlaßten die II. Haager Friedenskonferenz, das Beweisrecht des internationalen Prisenprozesses auf einer von der bisherigen grundsätzlich verschiedenen Basis aufzubauen.

§ 39.

Art. 1 des Abkommens über die Einrichtung des internationalen Prisenhofes in seiner Bedeutung für das internationale und nationale Beweisrecht.

Die Vorschrift, die von fundamentaler Bedeutung für die Gestaltung des Beweisverfahrens im internationalen Prisenprozeß ist, haben wir in Art. 1 des Abkommens der Haager Konferenz über die Errichtung eines internationalen Prisenhofes zu erblicken. Sie lautet: „Die Rechtmäßigkeit der Wegnahme eines Kauffahrteischiffes oder seiner Ladung ist, wenn es sich um neutrales oder feindliches Gut handelt, vor einer Prisengerichtsbarkeit nach Maßgabe dieses Abkommens darzutun.“

I. Die Bedeutung des Art. 1.

Art. 1 legt vor allem den Grundsatz fest „toute prise doit être jugée“. In dieser Bedeutung wird Art. 1 vor allem im Bericht Renaults und ebenso in der Literatur gewürdigt, die sich mit einer kritischen Untersuchung desselben befaßt. Indes, hätte uns Art. 1 nichts anderes einzuschärfen als die Notwendigkeit eines prisengerichtlichen Urteils, so wäre, nachdem dieses Prinzip durch das Bestehen und die Tätigkeit nationaler Prisengerichte zur Genüge anerkannt ist, sein praktischer Wert nicht allzu hoch zu bemessen.

Die Hauptbedeutung des Art. 1 beruht vielmehr m. E. darin, daß er zum erstenmal das Beweisverfahren des Prisenprozesses in einer von der bisherigen prinzipiell verschiedenen Form zu regeln versucht. Das erreicht Art. 1 einfach dadurch, daß er den Nachweis der Rechtmäßigkeit der Prise (nicht etwa den der Illegalität derselben) fordert. Da nun die Rechtmäßigkeit der Beschlagnahme vom Nehmer behauptet wird, da er allein ein Interesse am Nachweis derselben hat, so ist es auch Sache des Nehmers, die Rechtmäßigkeit der Beschlagnahme vor der Prisengerichtsbarkeit in einwandfreier Weise darzutun. Art. 1 besitzt also, so lakonisch seine Fassung gehalten ist, für das Beweisverfahren programmatische Bedeutung. Er bricht ein für allemal mit dem das nationale Prisenrecht beherrschenden, anormalen Prinzip der Beweislastverteilung und wendet sich bewußt einem System zu, das in Einklang steht mit den Anforderungen der Billigkeit und das infolgedessen von jeher im Prozeßverfahren des gemeinen Rechts die Regel bildete und auch in Zukunft bilden wird.[1])

II. Der Geltungsbereich des Art. 1.

Der Grundsatz des Art. 1 gilt vor allem für das Beweisverfahren des internationalen Prisenprozesses. Gilt er auch für den nationalen Prisenprozess? oder wie sich die Frage auch formulieren läßt: Wird durch Art. 1 das Reklameverfahren des nationalen Prisenprozesses beseitigt?

Die Frage ist, soviel ich sehe, zu bejahen.[2]) Zu dieser Auffassung führt m. E. die Interpretation des Art. 1.

Art. 1 sagt: „Die Rechtmäßigkeit der Wegnahme ist vor einer Prisengerichtsbarkeit darzutun.“ Er beschränkt also das Prinzip der Beweispflicht des Nehmers durchaus nicht auf den geplanten internationalen Prisenhof, sondern verfolgt die ausgesprochene Absicht, dieses Prinzip auch auf die nationalen Gerichte zu übertragen. Staaten, die sich nach der Ratifizierung des Prisenhofabkommens für die Beibehaltung des Reklameverfahrens entscheiden würden, hätten nicht nur den Vorwurf der Rückständigkeit, sondern geradezu den einer völkerrechtswidrigen Handlungsweise zu gewärtigen.

Man wird nun vielleicht sagen: Der Ausdruck „vor einer Prisengerichtsbarkeit“ steht in engstem Zusammenhang mit den Worten „nach Maßgabe dieses Abkommens“. Dieser Komplex von Ausdrücken darf nicht voneinander getrennt werden. Da sich nun das ganze Abkommen nur mit der Errichtung eines internationalen Prisenhofes befaßt, so wird gerade durch die Hinzufügung „nach Maßgabe dieses Abkommens“ in einer über jeden Zweifel erhabenen Weise dargetan, daß das neue Beweisrecht nur für das Verfahren vor dem internationalen Prisenhof in Kraft treten soll.

Abgesehen davon, daß diese Interpretation des Ausdrucks ziemlich gesucht erscheint, ist es gar nicht richtig, daß das mehrfach zitierte Abkommen keine anderen Vorschriften enthält als solche, die sich auf den internationalen Prisenhof und sein Verfahren beziehen. Im Gegenteil, das Abkommen umfaßt

---

[1]) Dieser Anschauung auch Ullmann, Völkerrecht S. 536.

[2]) Widerspruchsvoll Liszt, Völkerrecht 1910, S. 343/44: „Das nationale Prisenverfahren ist durch das 12. Abkommen von 1907 grundsätzlich unberührt geblieben. Doch sind die nationalen Prisengerichte künftig an die materiellrechtlichen Regeln gebunden, die durch die Konferenzen von 1907 und 1909 aufgestellt worden sind. Überdies greifen die von diesen aufgestellten Beweisregeln unmittelbar in das Prozessrecht hinüber.“ — Bleibt die Frage, wie man sich dieses „Hinübergreifen“ vorzustellen hat, nachdem doch das nationale Prisenverfahren nach Liszt grundsätzlich unberührt geblieben ist.

neben Vorschriften des internationalen Rechts, die zugestandenermaßen die überwiegende Mehrheit bilden, auch solche Regeln, die das nationale, formelle wie materielle Prisenrecht in tiefeinschneidender Weise beeinflussen. Ein typisches Beispiel hiefür bietet Art. 2, durch den alle Staaten, die bisher noch keine Prisengerichte besitzen, veranlaßt werden solche zu errichten.[1]) Wenn dem aber so ist, wenn das Abkommen nicht nur auf dem Gebiet des internationalen, sondern auch auf dem des nationalen Prisenrechts seinen Einfluß geltendmacht, dann ist es falsch zu sagen, die Worte „Prisengerichtsbarkeit nach Maßgabe dieses Abkommens" seien identisch mit „internationaler Prisengerichtsbarkeit". Hätte man dies zum Ausdruck bringen wollen, so wäre es sicher mit einfacheren Mitteln und um vieles deutlicher möglich gewesen.

Nun wird man vielleicht einwenden: Zugegeben, Art. 1 beseitigt das Reklameverfahren des nationalen Prisenrechts, dann ist doch sicher Art. 7 Abs. 3 in Verbindung mit Abs. 1, soweit er sich auf die Beweislast bezieht, gegenstandslos; denn er ermöglicht es, das Reklameverfahren des nationalen Prisenprozesses auf den internationalen Prisenhof zu übertragen. Da nun aber nach Art. 1 das Reklameverfahren beseitigt sein soll, so kann doch auch von einer Übertragung desselben keine Rede sein.

Wenn dieser Einwand richtig ist, wenn in der Tat zwischen Art. 1 und Art. 7 der behauptete Widerspruch besteht, so würde die von mir vertretene Ansicht der Abschaffung des nationalen Reklameverfahrens allerdings auf schwachen Füßen stehen; denn es ist im höchsten Maße unwahrscheinlich, daß Art. 1 ein Beweissystem abtut, um es durch Art. 7 für bestimmte Fälle zu neuem Leben zu erwecken. Der Widerspruch scheint also nur durch die Annahme beglichen werden zu können, daß man das Reklameverfahren des nationalen Prisenrechtes durch Art. 1 für nicht beseitigt erachtet.

Indes, ist es denn richtig, daß Art. 7, III, wie die Einwendung behauptet, die Möglichkeit zur Aufrechterhaltung des im nationalen Prisenprozeß vorgesehenen Reklameverfahren bietet?

Art. 7, I spricht davon, daß der zu entscheidende Rechtsfall in einem zwischen den beteiligten Mächten bestehenden Abkommen berücksichtigt ist, und Abs. III verpflichtet folgeweise den Prisenhof, das durch dieses Abkommen eventuell vorgesehene Reklameverfahren zur Durchführung zu bringen; Art. 7 spricht also mit keinem Wort davon, daß das von einem einzelnen Staat für gut befundene Reklameverfahren vor dem Prisenhof zur Anwendung gelangen soll; im Gegenteil, der Prisenhof hat das Reklameverfahren nur dann zu respektieren,

[1]) Vgl. auch Art. 6.

wenn dasselbe durch eine Vereinbarung der beteiligten Mächte zur Bedeutung eines konventionellen Beweisrechtes erhoben wird. Gegen diese Bestimmung aber läßt sich vom logischen Standpunkt aus nicht das Mindeste einwenden;[1]) denn wenn sich beide Teile selbst auf das Reklameverfahren festlegen, wenn sie sich in puncto Beweisrecht selbst ungünstiger stellen wollen, als dies nach internationalen Beweisgrundsätzen der Fall wäre, so ist das mit den Prinzipien des internationalen Rechtes durchaus vereinbar. Der Widerspruch, den man aus Art. 1 und 7 herauszukonstruieren sucht, besteht also in Wirklichkeit nicht; der darauf gegründete Einwand ist daher hinfällig.[2])

Mit Rücksicht auf die Fassung des Art. 7 wäre schließlich noch ein Einwand denkbar. Man könnte nämlich sagen: Art. 7, III bestimmt, daß in Ermanglung von konventionellem und internationalem Beweisrecht die allgemeinen Regeln der Gerechtigkeit und Billigkeit auf die Beweislastverteilung Anwendung finden sollen, m. a. W. der Prisenhof soll auch unter diesen besonderen Umständen keinesfalls dem Reklameverfahren des nationalen Prisenprozesses Folge geben. Da es also Art. 7 für besonders erforderlich erachtet, dem Prisenhof zu verbieten, in Ermanglung eines anderen Beweisrechtes auf das Reklameverfahren des nationalen Prisenrechts zurückzugreifen, so scheint dasselbe durch Art. 1 doch nicht endgültig abgeschafft zu sein; denn sonst wäre dieses Verbot überflüssig.

Dieser Einwand ist, soweit durch ihn das Fortbestehen des nationalen Reklameverfahrens erwiesen werden will, m. E. durchaus nicht zwingender Natur. Man kann doch nicht argumentieren: dem Prisenhof wird verboten in bestimmten Fällen auf das nationale Reklameverfahren zurückzugreifen, „folglich" besteht dasselbe noch fort. Der Prisenhof könnte doch wohl ebensogut auf ein Verfahren zurückkommen, auch wenn es durch Art. 1 abgeschafft ist.

Übrigens ist die Anschauung, als ob dem Prisenhof erst durch Art. 7 die Anwendung des Reklameverfahrens untersagt würde, ganz verfehlt. Das tut ja bereits Art. 1. Darnach ist der Prisenhof ganz allgemein verpflichtet, sich die Rechtmäßigkeit

---

[1]) Ob dieser Bestimmung freilich vom praktischen Standpunkt aus ein großer Wert beizumessen ist, muß füglich bezweifelt werden.

[2]) Hiezu auch Pohl, Prisengerichtsbarkeit, S. 188/189, besonders aber Fellmann a. a. O. S. 51/52 mit Rücksicht auf Art. 7, III: „So summarisch aber diese Regelung auch ist, so ist sie doch geeignet gegenüber dem oft recht willkürlichen nationalen Beweisrecht von Grund aus Remedur zu schaffen. Dem Geist derselben entspricht es insbesondere, daß, soweit nicht Vertragsrecht entgegenstehende Vereinbarungen enthält, in Zukunft nicht mehr der Eigentümer als Kläger die Illegalität der Prise darzutun, sondern der Nehmestaat immer die Legalität derselben zu erweisen hat. Im übrigen dürfte gerade hier dem Prisenhof ein weites Feld rechtsschöpferischer Tätigkeit im Sinne von Billigkeit und Recht eröffnet sein."

der Beschlagnahme dartun zu lassen, also auch in dem Fall des Art. 7, in dem ihm weder konventionelles noch internationales Beweisrecht zur Verfügung steht. Wir kommen also auch ohne Art. 7 zu dem Ergebnis, daß in diesem speziellen Falle im Verfahren vor dem Prisenhof Beweislastregeln zur Anwendung gelangen, die mit den allgemeinen Grundsätzen der Gerechtigkeit und Billigkeit in Einklang stehen.

Dann ist aber doch die Vorschrift des Art. 7, wonach der Prisenhof die Beweislastverteilung nach Gerechtigkeit und Billigkeit vorzunehmen hat, überhaupt gegenstandslos und überflüssig, wird man nun behaupten.

Auch dieser Einwand trifft nicht zu. Es ist sehr wohl möglich, daß das Beweissystem des nationalen Prisenverfahrens, obwohl es gemäß Art. 1 in Zukunft mit den Grundsätzen des Reklameverfahrens nichts mehr gemein haben wird, dennoch einzelne Härten, z. B. infolge von Vermutungen zugunsten des Nehmers, birgt, die geeignet sind, die Rechtsstellung des geschädigten Privateigentümers in ungebührlicher Weise zu beeinträchtigen. In diesen Fällen ist der im Wege des Rekurses angerufene Prisenhof gemäß Art. 7 nicht nur befugt, sondern auch verpflichtet, korrigierend einzugreifen und Benachteiligungen des Eigentümers zu beseitigen, die vom Standpunkt eines den Grundsätzen der Gerechtigkeit und Billigkeit in allen Punkten entsprechenden Beweissystems als ungerechtfertigt zu erachten sind. Art. 7 ist also in puncto Beweisrecht trotz Art. 1 durchaus nicht überflüssig, bedeutet vielmehr eine wertvolle Garantie des in Art. 1 niedergelegten Beweisprinzips.

Auch Renault ist offenbar dieser Auffassung, indem er zu Art. 7 bemerkt: Cela (sc. die Notwendigkeit der Beweiserbringung durch den Nehmer) est surtout vrai au cas, où il s'agit d'une infraction à la neutralité imputée à un navire neutre. Une pareille infraction ne devrait pas être présumée. Et cependant on oblige souvent le saisi à demander la nullité de la saisie et par suite à prouver l'irrégularité de celle-ci de telle sorte qu'en cas de doute, c'est le saisi demandeur qui perd son procès. Cela n'est pas équitable et cela ne s'imposera pas à la Cour internationale.

Wir werden sonach an der Behauptung festhalten müssen, daß Art. 1 des Prisenhofabkommens das Reklameverfahren des nationalen Prisenrechts beseitigt.

§ 40.

Der Gegenstand der Beweispflicht.

I. Das Beweisthema des Nehmers.

Der Nehmer hat die Rechtmäßigkeit der Wegnahme eines Kauffahrteischiffes oder seiner Ladung, einerlei ob es sich um feindliches oder neutrales Privateigentum handelt, vor dem Prisengericht zu beweisen, d. h.: er hat im Falle der Bestreitung die Gesamtheit aller Einzelumstände zu beweisen, auf die sich die Rechtmäßigkeit der Wegnahme gründet. Die Beweispflicht des Nehmers, der im Prisenprozeß die Rolle eines Klägers innehat, ist somit identisch mit der des Klägers im gewöhnlichen Prozeß. Da nun im einzelnen die Tatbestände, aus denen sich der Anspruch des Nehmers ergibt, differieren, so gestaltet sich die Beweispflicht des Klägers im Prisenverfahren, obgleich dessen Klagebegehren stets auf Übereignung der weggenommenen Gegenstände abzielt, doch von Fall zu Fall verschieden; auch wird seine Beweispflicht je nach den Umständen umfangreicher oder weniger umfangreich sein, je nachdem der Beklagte die vom Nehmer zur Rechtfertigung seines Anspruchs behaupteten Tatbestandsmomente zugibt oder bestreitet.

Es ist unnötig und wäre überdies unmöglich, die Richtigkeit meiner bisherigen Ausführungen über die Beweispflicht des Nehmers an der Hand einer vollständig erschöpfenden Aufzählung aller in Betracht kommenden Situationen darzutun. Ich kann mich daher darauf beschränken, einzelne Beispiele zur Illustration anzuführen, um so mehr als ich bei der Besprechung der verschiedenen prisenrechtlichen Tatbestände bereits versucht habe, die Beweispflicht des Nehmers entsprechend zu berücksichtigen.

Greifen wir einen Fall aus dem SBR. heraus, so hat der Nehmer in erster Linie den feindlichen Charakter des beschlagnahmten Objektes darzutun. Er muß aber auch beweisen, daß die Wegnahme am richtigen Ort, zur richtigen Zeit stattfand, daß sie erfolgte durch berechtigte Organe, eventuell nach besonderer Bekanntgabe des Beginns der Feindseligkeiten, u. s. f.; denn alle diese Umstände zusammen sind die Träger seines Anspruchs.

Wenden wir uns dem Prisenrecht gegenüber Neutralen zu: Will der Nehmer die Konfiskation eines Schiffes wegen Konterbande erwirken, so muß er den Beweis erbringen:

1. daß es sich um Konterbandegegenstände handelt. Schon dieser Beweis gestaltet sich mit Rücksicht auf die Unterscheidung von relativer und absoluter Konterbande verschieden. Er muß eventuell

2. beweisen, daß das Schiff Kenntnis von der Konterbandeerklärung besaß,

3. daß die Konterbandewaren nach irgendeinem der in Betracht kommenden Gesichtspunkte mehr als die Hälfte der Ladung betragen, u. s. f.

Dem Nehmer wird die Erbringung des Beweises in vielen Fällen durch Vermutungen erleichtert. Teils handelt es sich dabei um praesumtiones iuris, teils sogar um praesumtiones iuris et de iure. Steht dem Nehmer eine praesumtio iuris zur Seite, so ist es Sache der geschädigten Partei, das Unzutreffende der Vermutung infolge besonderer Umstände darzutun. Dem Nehmer bleibt es hinwiederum unbenommen nachzuweisen, daß die Vermutung gleichwohl zutrifft.

Handelt es sich dagegen um eine praesumtio iuris et de iure, so ist die Stellung des Nehmers eine besonders gute, insofern ein Gegenbeweis seitens der geschädigten Partei überhaupt unmöglich ist.

Auf die Berechtigung der verschiedenen im Prisenrecht vorgesehenen Vermutungen wurde jeweils bei ihrer Darstellung genauer eingegangen.

Ein typisches Beispiel für die vielfach äußerst subtile Beweislastverteilung im Falle bestehender Vermutungen bildet Art. 55 der Londoner Deklaration, den ich bereits in § 7 besprochen habe.

II. Das Beweisthema der geschädigten Partei.

Die Beweispflicht des Nehmers ist festgelegt in einer allgemeinen Norm. Es läßt sich daher an der Hand logischer Deduktion unschwer feststellen, auf welche Punkte sich diese Beweislast erstreckt.

Für die Beweispflicht des geschädigten Privaten fehlt uns ein allgemein gültiges Prinzip. Wir wissen vorderhand nur soviel, daß er etwas anderes als die Rechtmäßigkeit der Wegnahme zu beweisen hat. Im übrigen aber besitzen wir keine genauere Bestimmung; wir sind vielmehr angewiesen auf die zahlreichen Vorschriften der Londoner Deklaration,[1] in denen von einem Gegenbeweis die Rede ist; das sind eben die Fälle, in denen der geschädigte Private beweispflichtig erscheint.

Wollen wir also ein generelles Prinzip ausfindig machen, das uns bestimmte Auskunft gibt über die Beweispflicht des Beklagten im Prisenprozeß und dessen besonderer Wert darin besteht, daß es uns auch in Fällen zustatten kommt, in denen die Beweislastverteilung nicht geregelt ist, so müssen wir zur induktiven Methode greifen, d. h. wir müssen alle im internationalen Prisenrecht vorkommenden Fälle, in denen die Beweislast dem Beklagten obliegt, in möglichst vollständiger Weise zusammenstellen, um von dieser breit gehaltenen Basis aus zu einem verlässigen, allgemeinen Prinzip zu gelangen.

Nachdem auf die Beweispflicht des Beklagten bereits bei der Besprechung der einschlägigen Vorschriften Bezug genommen

[1]) Das internationale Prisenrecht zeigt damit eine große Ähnlichkeit mit unserm Zivilrecht, das die Beweispflicht auch durch einzelne Hinweise zu regeln sucht.

wurde, genügt es, das jeweilige Beweisthema des Privateigentümers mit kurzen Worten zu charakterisieren.

Was zunächst das SBR. betrifft, so sieht dasselbe in folgenden Fällen eine Beweispflicht des Privateigentümers vor:

1. Gegenüber der Vermutung des Art. 59 hat der die Herausgabe Verlangende zu beweisen, daß die Ware keinen feindlichen Charakter besitzt.

2. Gegenüber dem auf Art. 60, I gegründeten Anspruch des Nehmers stützt sich der Neutrale auf die Ausnahme des Abs. II; er hat infolgedessen zu beweisen, daß ihm ein gesetzliches Rückforderungsrecht zusteht und daß er dasselbe nunmehr ausübt. „Dann nimmt die Ware die neutrale Eigenschaft wieder an.“

3. Gegenüber der Vermutung des Art. 55, I muß der Beklagte beweisen, daß trotz Mangels der Übertragungsurkunde und trotz des geringen Zeitablaufes seit Abschluß des Übertragungsaktes dieser selbst gültig ist.

4. Im Falle des Art. 56 ist es Sache des Privateigentümers zu beweisen, daß der Übertragungsakt ohne die Absicht ausgeführt worden ist, das Schiff den Folgen des SBR. zu entziehen; denn nur er hat ein Interesse an der Erbringung dieses Beweises; daß aber der Mangel der Entziehungsabsicht und nicht das Vorhandensein derselben durch den Nehmer zu beweisen ist, geht aus der klaren Fassung des Artikels hervor.

5. In Art. 55, II haben wir den seltenen Fall einer praesumtio iuris et de iure zugunsten des Privaten.

Wenden wir uns dem Prisenrecht gegenüber Neutralen zu:

6. Treffen die Voraussetzungen für die Vermutung des Art. 15 zu, deren Vorliegen der Nehmer darzutun hat, so ist es Sache des beschuldigten Schiffes, den Gegenbeweis zu erbringen, indem es das Vorhandensein von Umständen dartut, die seine Nichtkenntnis erklären.

7. Art. 21 gestattet dem Befrachter, um seine Waren vor Konfiskation zu retten, den Nachweis, daß er zur Zeit der Verladung der Ware die Absicht des Blockadebruches weder gekannt hat noch kennen konnte.

8. Im Falle des Art. 33 hat der Beklagte gegenüber dem vom Nehmer zu führenden Nachweis der speziellen feindlichen Bestimmung den Nachweis zu erbringen, daß nach Ausweis der Umstände die beschlagnahmten Gegenstände tatsächlich nicht für den derzeitigen Krieg benutzt werden können.

9. Gegenüber der Vermutung des Art. 34 hat der Neutrale den Beweis zu erbringen:[1])

a) daß die Sendung nicht an eine feindliche Behörde oder an einen der im Art. 34 näher bezeichneten Händler gerichtet ist, oder

---

[1]) Vgl. hiezu Hold v. Ferneck a. a O. S. 318/319.

b) daß die Sendung nicht für einen befestigten Platz des Feindes oder nach einem der feindlichen Streitmacht als Basis dienenden Platz bestimmt ist, oder

c) daß trotz Zutreffens eines der unter a und b aufgeführten Verdachtsmomente eine feindliche Bestimmung im Sinne des Art. 33 nicht gegeben ist.

10. Nach Art. 43 ist der feindliche Kreuzer befugt, bei dem Vorliegen bestimmter Umstände die Kenntnis des neutralen Schiffes vom Kriegszustand, bzw. der Konterbandeerklärung, anzunehmen. Will das neutrale Schiff nachteiligen Rechtsfolgen entgehen, so hat es den Beweis dafür zu liefern, daß es sich trotz dieser Umstände in Unkenntnis befand.

11. Ähnlich ist die Sachlage im Falle des Art. 45 Abs. III, wo ebenfalls der Neutrale seine Nichtkenntnis des Kriegszustandes zu beweisen hat.

Damit sind in der Hauptsache die Fälle aufgezählt, in denen der beklagte Eigentümer nach dem klaren Wortlaut der einschlägigen Vorschriften als beweispflichtig erscheint.

Um nun ein allgemeines Prinzip zu erhalten, das Aufschluß gibt über die Beweispflicht des beklagten Eigentümers, müssen wir zunächst diejenigen Fälle ausscheiden, in denen derselbe die verschiedenen zugunsten des Nehmers aufgestellten Vermutungen zu widerlegen hat; denn in allen diesen Fällen hat in der Tat der Beklagte die Nichtrechtmäßigkeit der Prise darzutun; *sie stellen gewissermaßen einen Überrest des alten Reklameverfahrens, somit eine Durchbrechung des im übrigen allgemein gültigen Prinzips der Beweislastverteilung nach Art. 1 des Prisenhofabkommens, dar.*

Die nach Ausscheidung dieser Ausnahmen übrig bleibenden Fälle weisen ein gemeinsames Merkmal auf: sie stimmen alle insofern überein, als der Beklagte, um sich dem Anspruch des Nehmers zu entziehen, jeweils einen *Umstand* nachweisen muß, *der dem zur Begründung der Klage vorgebrachten prisenrechtlichen Tatbestand selbständig gegenübersteht.* Greifen wir auf die einzelnen Fälle zurück, so ist die im Beweisrecht übliche Unterscheidung, ob sich der vom Beklagten behauptete und zu beweisende Umstand als Gegenrecht, als rechtszerstörende oder rechtshemmende Einrede qualifiziert, allerdings mit Schwierigkeiten verbunden. Um eine rechtszerstörende Einrede handelt es sich zweifellos in dem unter 2 zitierten Beispiel. Das kommt klar zum Ausdruck durch die Fassung: „Die Ware nimmt die neutrale Eigenschaft wieder an.“

Daraus, daß der Beklagte die Beendigung des klägerischen Anspruchs darzutun hat, ergibt sich für die Beweispflicht des Nehmers der weitere wesentliche Satz, daß das *Fortbe-*

stehen des einmal bewiesenen Anspruchs des Beweises nicht bedarf, sondern vermutet wird.

In allen übrigen Fällen macht der Beklagte m. E. dem klägerischen Anspruch gegenüber ein besonderes Gegenrecht geltend, so vor allem im Falle Ziff. 8, wo er dem vollständig begründeten Anspruch des Klägers gegenüber die Unmöglichkeit der Benutzbarkeit für den derzeitigen Krieg dartut, oder in den Fällen, in denen er sich auf Nichtkenntnis des Kriegszustandes, oder wie im Falle Ziff. 4 darauf beruft, daß er sein Schiff den mit der feindlichen Eigenschaft verbundenen Konsequenzen nicht entziehen wollte. Gerade der letzte Fall gibt indes zu Zweifeln Anlaß. Man kann nämlich der Meinung sein, der Nehmer habe, um die Beschlagnahme zu rechtfertigen, nicht nur den nach Beginn der Feindseligkeiten erfolgten Übergang des Schiffes zur neutralen Flagge zu beweisen, sondern auch den Mangel der Absicht auf seiten des Privaten, sein Schiff den Folgen des Seebeuterechts zu entziehen. Diese Beweiskonstruktion ist indes falsch; das allgemeine Prinzip lautet: Der Übergang zur Neutralität nach Beginn der Feindseligkeiten ist nichtig. Der Nehmer genügt daher seiner Beweispflicht vollständig, wenn er nachweist, daß der Übergang tatsächlich nach Kriegsbeginn stattgefunden hat. Daß er ohne Arglist stattgefunden hat und daher nicht zur Beschlagnahme Anlaß gibt, stellt die Ausnahme, einen besonderen Umstand, dar. Ihn hat infolgedessen der Private zu beweisen.[1]) Auch ist zu bedenken, daß der Nehmer vielfach gar nicht in der Lage wäre, den Beweis der mangelnden Arglist zu führen, da es sich hiebei in erster Linie um einen internen Vorgang auf seiten des Schiffseigentümers handelt.

Schließlich kommt für die Beurteilung des Beweisthemas der beklagten Partei folgende Besonderheit entscheidend in Betracht: Die Beweispflicht des Beklagten hängt vielfach zusammen mit der bei einzelnen prisenrechtlichen Tatbeständen vorherrschenden, irrtümlichen strafrechtlichen Auffassung der Londoner Deklaration. In dem unter Ziff. 7 zitierten Fall des Art. 21 kommt dies besonders deutlich zum Ausdruck. Wenn man hier der Ansicht ist, daß der Blockadebruch „bestraft" werden muß, so kann man den Befrachter natürlich nur dann zur Verantwortung ziehen, wenn er die Absicht des Blockadebruchs zur Zeit der Verladung der Ware gekannt hat oder kennen konnte. Ist das nicht der Fall, so muß man ihn unbehelligt lassen und ihm gestatten, aus seiner bona fides ein entsprechendes Gegenrecht gegenüber der Klage herzuleiten. Sein Beweis trägt unter diesen Umständen die Kennzeichen eines Exkulpationsbeweises.

[1]) Vgl. auch Schramm S. 802; Ullmann S. 42.

Ähnlich sind die Fälle 9 und 10 zu beurteilen.

Mit Rücksicht auf diesen strafrechtlichen Gesichtspunkt, der die Beweislast des Beklagten in entscheidendem Maße mitbeeinflußt hat, erscheint es daher gar nicht wünschenswert, das Beweisthema desselben nach der im Zivilrecht üblichen, stereotypen Formel: Gegenrecht, rechtszerstörende, rechtshemmende Einrede, zu gliedern, wie es denn überhaupt vermieden werden muß, zivilrechtliche Begriffe in schematischer Weise auf eigengeartete, völkerrechtliche Tatbestände zu übertragen.[1])

Es kann uns vollständig genügen, wenn wir — und damit fasse ich das Ergebnis unserer Untersuchung zusammen — folgendes Beweisprinzip feststellen können:

I. Der Kläger hat die zur Begründung seines Anspruchs erforderlichen, rechtserzeugenden Tatbestandsmomente zu beweisen; dem einmal bewiesenen Anspruch steht die Vermutung der Fortdauer zur Seite.

II. Der Beklagte hat, ausgenommen die Fälle der gesetzlichen Vermutungen, nie den Mangel eines prisenrechtlichen Tatbestandsmerkmals darzutun, sondern besondere, außerhalb des behaupteten Tatbestandes bestehende Umstände, die den Anspruch des Klägers vereiteln.

§ 41.

Beweismittel, Beweiserhebung und Beweiswürdigung im internationalen Prisenprozeß.[2])

I. Das charakteristische Merkmal des internationalen Prisenprozesses besteht in dem Prinzip größtmöglicher Freiheit in der Zulassung verschiedenartiger Beweismittel. La plus grande latitude est laissée à la Cour en ce qui touche les moyens d'information, lautet der bezeichnende Satz in Renaults Bericht, der dem Art. 35 des Prisenhofabkommens vorangeht. Damit kommt klar zum Ausdruck, daß dem internationalen Verfahren eine Beschränkung der Beweismittel mit Rücksicht auf ihre Art fremd ist. Der Prisenhof schöpft seine Überzeugung in erster Linie aus den Ergebnissen der kontradiktorischen Hauptverhandlung, in der die Parteien den Stand der Sache in tatsächlicher und rechtlicher Beziehung darlegen. Außerdem begegnet uns vor dem internationalen Prisenhof der Zeugen- und Sachverständigenbeweis, und ebenso wird sich unter Umständen die Notwendigkeit einer Augenscheinseinnahme ergeben.

Eine ganz besondere Rolle spielt naturgemäß der Urkunden-

[1]) Dieser Gedanke wird auch von Zorn vertreten (Fortschritte, S. 178).

[2]) Hiezu Pohl, Prisengerichtsbarkeit, S. 154/155; Fellmann S. 83, 84.

beweis. In der Londoner Deklaration findet sich eine Reihe von Einzelfällen, in denen teils die Schiffspapiere (vgl. Art. 32, 35 und 50) teils das Schiffstagebuch und seine Einträge (vgl. Art. 16, 44 und 54) teils sonstige Beweisstücke (Art. 50) und zweckdienliche Papiere von Wichtigkeit für den Beweis werden. Findet ein Flaggenwechsel statt, so muß die Übertragungsurkunde auf ihre Echtheit und Gültigkeit geprüft werden, während im Fall des Geleites die schriftliche Auskunft und die Protokolle des Kommandanten des Geleitschiffes für die Entscheidung von Belang sind. Endlich ist es bei Umwandlungen von Handelsschiffen in Kriegsschiffe erforderlich die Liste der Kriegsschiffe einzusehen, um zu konstatieren, ob die zur völkerrechtlichen Gültigkeit der Umwandlung nötige Eintragung erfolgt ist.

II. Die Beischaffung des Beweismaterials für die Verhandlung vor einem Gericht, das über Streitfälle internationalen Charakters zu entscheiden hat, ist unter Umständen mit sehr erheblichen Schwierigkeiten verbunden. Art. 27 des Prisenhofabkommens trägt daher dafür Sorge, die in dieser Richtung erforderliche Tätigkeit des Prisenhofes mit besonderen rechtlichen Garantien zu umgeben. Er kann sich nämlich zur Bewirkung aller Zustellungen an die Parteien, Zeugen sowie zur Herbeiführung irgend einer Beweisaufnahme unmittelbar an die Regierung der Macht wenden, in deren Gebiet die Zustellung, bzw. Beweisaufnahme, erfolgen soll. Die zu diesem Zweck erlassenen Ersuchen sind nach Maßgabe derjenigen Mittel zu erledigen, über welche die ersuchte Macht nach ihrer inneren Gesetzgebung verfügt. Sie sind also mit der gleichen Sorgfalt auszuführen, als ob es sich um das Ersuchen einer Behörde des betreffenden Landes handelte, und können nur dann abgelehnt werden, wenn diese Macht sie für geeignet hält, ihre Hoheitsrechte oder ihre Sicherheit zu gefährden. — Auch in finanzieller Hinsicht darf die Beweisbeschaffung nicht erschwert werden. Wird nämlich dem Ersuchen stattgegeben, so dürfen die Kosten nur die Auslagen begreifen, die durch die Erledigung wirklich entstanden sind.

Dem Prisenhof steht es in gleicher Weise frei, die Vermittlung der Macht in Anspruch zu nehmen, in deren Gebiet er seinen Sitz hat.

III. Die Urteilsfällung des Prisenhofes beruht auf dem System freier richterlicher Beweiswürdigung. Sie gründet sich auf den Inbegriff des Akteninhalts, der Beweise und der mündlichen Verhandlung. Renault bemerkt hiezu: toute liberté est laissée à la Cour quant à l'appréciation des éléments divers, qui lui sont fournis pour déterminer son opinion. Il n'ya pas ici un système légal de preuve. Dieses Prinzip führt zu äußerst wichtigen Konsequenzen: Ist der Prisenhof auf Grund der gelieferten Beweise der Ansicht, daß dieselben zur Fällung der

Entscheidung genügen, so wird er eine Beibringung weiterer Beweise verhindern. Ist er dagegen der Ansicht, daß dieselben noch nicht in ausreichendem Maße vorhanden sind, so wird er zu einer Ergänzung der Beweisaufnahme schreiten, bezüglich deren er an keinen bestimmten Zeitpunkt gebunden ist (Art. 35 des Prisenhofabkommens). Diese kann wieder in verschiedener Weise stattfinden, entweder nach Maßgabe des bereits besprochenen Art. 27, oder vor dem Prisenhof selbst, oder vor einem oder mehreren seiner Mitglieder am Ort des Gerichts, oder außerhalb des Gerichtssitzes vor abgeordneten Gerichtsmitgliedern. In diesem letzteren Falle muß die Zustimmung der fremden Regierung eingeholt werden.

Schluß:

§ 42.

Der praktische Wert des neugeschaffenen Prisenrechts, dargestellt im Hinblick auf die Stellungnahme Englands.[1])

Zwei Erwägungen veranlassen mich auf Englands Stellungnahme besonderes Gewicht zu legen:

1. England ist zurzeit die größte Seemacht der Welt. Daraus folgt, daß es ebenso unmöglich ist, ohne Englands Mitwirkung ein internationales Prisenrecht zu schaffen, wie es unmöglich ist, ein unter der Zustimmung der englischen Konferenzbevollmächtigten geschaffenes Prisenrecht ohne Englands tatkräftige Mithilfe in der Praxis zu verwirklichen. Die Ratifizierung durch England ist somit die conditio sine qua non für das Zustandekommen jeder Reform auf dem Gebiet des internationalen Seekriegsrechtes.[2])

2. Weil England die größte Seemacht der Welt ist, wird es durch die Bestimmungen der Haager Abkommen und der Londoner Seerechtsdeklaration mehr wie jedes andere Land in seinen militärischen und handelspolitischen Beziehungen betroffen. Nirgends hat sich daher die öffentliche Meinung in intensiverer Weise mit der Kritik der neuen Regeln befaßt wie gerade in England. Männer der Wissenschaft und der Praxis,

---

[1]) Vgl. hiezu auch die Veröffentlichungen in den Times vom 18. Nov., 3., 27., 29., 31. Dez. 1910, 2., 6., 25., 26., 28., 31. Jan., 3., 4., 6., 9., 13., 14., 15., 17., 18., 20., 23., 24. Febr., 2., 4., 9., 10., 13., 15., 16., 17., 18. März, 6., 14., 24. April 1911, in der Daily News vom 25. Jan. 1911 und den M. N. N.

[2]) A. M. Niemeyer, England und die Londoner Seerechtsdeklaration im „Tag", (25. Okt. 1910) unter Hinweis auf die Pariser Seerechtsdeklaration, die ja auch ohne Amerika, Spanien und einige andere Staaten zustandegekommen sei. — Dieser Ansicht stehe ich äußerst skeptisch gegenüber, da man weder das Amerika v. J. 56 mit dem heutigen England und noch viel weniger die Pariser Deklaration in ihrer Bedeutung mit der Londoner Deklaration vergleichen kann.

Privatleute wie Vertreter des Staates, Berufene und minder Berufene haben sich in ausgiebigem Maße an dieser Diskussion beteiligt, die infolgedessen, im ganzen genommen, ein äußerst brauchbares Material für die Bewertung des neugeschaffenen Prisenrechts darstellt.

Der Kampf um die Londoner Deklaration und um das Prisenhofabkommen wird von den Gegnern der Ratifizierung zum Teil mit auffallender Leidenschaftlichkeit geführt. So meint E. H. Pickersgill in einer unterm 23. Februar 1911 an die Times gerichteten Zuschrift: A British minister should cut off his right hand rather than use it to sign a Declaration which authorizes the destruction of neutral vessels. Ein anderer phantasiebegabter Engländer, namens William Bill, brachte seine Abneigung gegen die Londoner Deklaration in noch drastischerer Form zum Ausdruck. Er ließ nämlich auf einer Plakatsäule ein zum Sinken gebrachtes neutrales Getreideschiff zur Darstellung bringen, in der Absicht, damit die Aufmerksamkeit der Einwohner Londons auf die Gefahren hinzuweisen, die die Ratifizierung der Deklaration bezüglich der Nahrungsmittelzufuhr für die friedliche Bevölkerung zur Folge haben werde.

Beide Vorfälle, aber auch die Äußerungen anderer Publizisten, vor allem die Veröffentlichungen des ehemaligen Marineleutnants Th. Gibson Bowles und seiner Anhänger, sind außerordentlich charakteristisch für das in gewissen englischen Kreisen vorherrschende Bestreben, die Londoner Deklaration als „sea law made in Germany" zu verunglimpfen, um auf diese Weise ihre Ratifizierung zu hintertreiben.[1]) Es ist daher zweifellos etwas Wahres daran, wenn Lord Reay in seiner gelegentlich der Verhandlungen im Oberhaus gehaltenen Rede behauptet: It seemed that the objections against the Declaration were really objections directed against the whole policy of entering upon any negociation with other Powers for the settlement of questions relating the international law. Es wird sich infolgedessen empfehlen, die Argumente der Gegner mit äußerster Sorgfalt zu prüfen, um nicht für bare Münze zu nehmen, was in Wirklichkeit auf Übertreibung oder tendenziöser Entstellung beruht.

Die Gegner der Ratifizierung zerfallen in zwei Gruppen: in eine Gruppe der Radikalen,[2]) die jeder Kodifizierung des internationalen Seekriegsrechtes schroff ablehnend gegenüberstehen und diese ihre Ansicht folgendermaßen begründen:

---

[1]) Dagegen nimmt Mac Kinnon Wood Stellung (Times, 15. März), der nachdrücklich auf die Vorteile der Deklaration für England hinweist, ebenso L. Mackay (Times, 17. März.) und F. Harrison (Times, 18. März).

[2]) Hierher sind die meisten Offiziere der englischen Marine zu rechnen, deren Haltung von Lord Ellenborough durch den charakeristischen Satz gekennzeichnet wird: They thaught all the tangles in the Declaration caused by dubious wording would be eventually cut by

Die gegenwärtig herrschende Unklarheit auf dem Gebiete des Seekriegsrechts gereicht England zum Vorteil; was England nottut, ist jetzt und in Zukunft eine gewaltige, auf allen Meeren gebietende Flotte, die imstande ist, die augenblicklich bestehenden, verworrenen Rechtsverhältnisse nach Kräften zu ihrem Vorteil auszubeuten; jede Festsetzung internationaler Rechtsnormen bedeutet dagegen eine Bindung und infolgedessen ein Hemmnis für die uneingeschränkte Machtentfaltung der englischen Seestreitkräfte.

Die Vertreter dieser Ansicht sind glücklicherweise in der Minderzahl. Es besteht daher m. E. keine Veranlassung, auf ihre von brutaler Machtpolitik diktierten Argumente näher einzugehen; sie richten sich von selbst.

Die Vertreter der anderen Gruppe stehen einer internationalen Regelung prisenrechtlicher Fragen prinzipiell nicht ablehnend gegenüber, verfechten aber die Anschauung, daß die in London geschaffene Seerechtsdeklaration für England so schwere Nachteile zur Folge haben werde, daß man von einer Ratifizierung derselben absehen müsse. Zu dieser Gruppe gehören insbesondere die Vertreter der englischen Schiffahrt und des Handels sowie deren Organe, die Handels- und Schiffskammern, wie auch die Versicherungsgesellschaften, während die englische Regierung sich alle erdenkliche Mühe gibt, um die Ratifizierung der Deklaration und des Prisenhofabkommens durchzusetzen.

Am wenigsten werden die Bestimmungen der Londoner Deklaration über das Blockaderecht[1]) bemängelt. Man gibt im Gegenteil ziemlich allgemein zu, daß die hierüber getroffenen Vereinbarungen den Vorzug der Klarheit und Bestimmtheit

---

the sword. Vgl. auch die Äußerungen des Admirals C. C. Penrose-Fitz-Gerald gelegentlich einer Versammlung der Imperial Maritime League (mitgeteilt in der Times v. 3. Febr. 1911). Ebenso E. Monselly in der Fortnightly Review 1911, Febr.: The conclusion that the writer of this article very diffidently comes to is, that we stand to lose infinitely more than we stand to gain by the ratification of the Declaration, even if we examine each section separately; moreover the total effect of the various sections will be cumulative and exceedingly dangerous to us .... we should have to face starvation and starvation would probably mean an unqualified surrender, the end of our country and our Empire. (!) Dagegen Admiral Cyprian Bridge: I am of opinion that whatever force it may carry (nämlich die Londoner Deklaration) tends to the advantage rather than to the detriment of Great Britain. (Daily News, 25. Jan. 1911).

[1]) Cohen bezeichnet die Regeln der Londoner Deklaration über die Blockade als a complete and admirable code (Law Quarterly Review 1911, Jan. S. 23, ähnlich S. 14). — Ähnlich Denys P. Myers (The legal basis of Rules of Blockade in The American Journal of Intern. Law, Juli 1910). Er meint, die Blockaderegelung sei exceptionally complete and truly does „note, define and complete what might be considered customary law“. — Ebenso Lord Wardale im Oberhaus.

besitzen, in den meisten Punkten mit den englischen Grundsätzen übereinstimmen und eine erschöpfende Regelung der ganzen Rechtsmaterie darstellen.

Auch den Mangel einer Verständigung über die Frage, ob der Wohnsitz oder die Nationalität des Eigentümers für die Bestimmung des Warencharakters maßgebend sei, empfindet man nicht als eine besondere Benachteiligung Englands. Aber auch das durch die Londoner Deklaration ebenfalls nicht gelöste Problem der Behandlung neutraler Schiffe, die zu Kriegszeiten in einer den feindlichen Kauffahrteischiffen vorbehaltenen Schiffahrt tätig werden, beschäftigt die öffentliche Meinung nur in untergeordnetem Maße.

Die Hauptangriffe der Gegner richten sich gegen den geplanten internationalen Prisenhof, gegen die Bestimmungen der Londoner Deklaration über die Zerstörung neutraler Prisen und des Haager Abkommens über die Umwandlung von Kauffahrteischiffen in Kriegsschiffe, vor allem aber gegen die Regelung, die die Londoner Konferenz der Konterbande zuteil werden ließ.

I. Der geplante internationale Prisenhof ist den Gegnern vielfach noch verhaßter als die Deklaration, und ihr Kampf gegen diese ist ihnen nur das Mittel um die Einsetzung jenes Gerichtshofes zu hintertreiben. So meint G. Bowles in seiner „Kritik" des Prisenhofes: derselbe sei a fancy tribunal, the accumulated hostility, focussed, licensed .... To a court like that he would not commit the destinies of a shepherd from Dartmoor .... Auf gleicher Stufe wie diese „kritischen Bemerkungen" steht die Beurteilung, der sich der Prisenhof bei den Vertretern des englischen Handels erfreut. Man wirft ihm insbesondere vor, seine Richter rekrutrierten sich hauptsächlich aus den Delegierten kleinerer Staaten, denen infolgedessen bei der Ausübung ihres verantwortungsvollen Amtes das nötige Verständnis für die Interessen großer Seestaaten fehle; der Prisenhof sei ferner zuständig zur Entscheidung über alle Fälle der Beschlagnahme; außerdem sei er befugt seine eigenen Regeln zu schaffen.[1])

Gerade dieser letzte Einwand zeigt recht deutlich, in welch' skrupelloser Weise von den Gegnern zu Werke gegangen wird. Sie haben von der Befugnis des Prisenhofs zur autonomen Regelung seiner Geschäftsordnung gehört und deuten dies nun so, als ob derselbe berechtigt sei, selbständig und auf eigene Faust materielles Recht zu schaffen. Nun stellt aber die dem Prisenhof eingeräumte Kompetenz, seine Geschäftsordnung festzusetzen, gar keine Besonderheit dar; andere Gerichtshöfe besitzen in dieser Richtung die gleiche Selbständigkeit. Aber

---

[1]) Dies ist z. B. die Ansicht der englischen Navy League (Times 3. Dezember 1911).

selbst wenn man sich auf den Boden des Art. 7 des Prisenhofabkommens stellt und von hier aus versucht, dem Einwand der Gegner eine gute Seite abzugewinnen, so wird man doch zu keinem brauchbaren Resultat gelangen; denn auch Art. 7 spricht mit keinem Wort von einer Kompetenz des internationalen Prisenhofes zur Schaffung neuen materiellen Prisenrechts. Diese Befürchtung muß unter den gegebenen Verhältnissen um so unbegründeter erscheinen, als die nunmehr existierende Londoner Deklaration in Verbindung mit den einschlägigen Abkommen der II. Haager Friedenskonferenz eine nahezu umfassende Regelung des internationalen Prisenrechts darstellt. Angesichts dieser Sachlage verlohnt es sich nicht, auf die übrigen Einwände der Gegner einzugehen. Ein Blick in das Prisenhofabkommen zeigt, daß es sich hier um Behauptungen handelt, die mit unglaublicher Leichtfertigkeit in die Welt gesetzt werden.[1])

Die ganze gegen den Prisenhof gerichtete Polemik beruht in letzter Linie auf tendenziöser Mache einzelner Kreise, deren Ziel es ist, England nach wie vor die größtmögliche Willkür und Schrankenlosigkeit in der Ausübung seiner Kriegsrechte zu sichern. Gerade die innere Haltlosigkeit der gegnerischen Angriffe berechtigt m. E. zu der Hoffnung, daß es der englischen Regierung gelingen wird, die Stimmen der Opposition durch das Gewicht ihrer Vernunftgründe zum Schweigen zu bringen.

II. Der zweite Hauptangriff der Gegner richtet sich gegen die durch die Londoner Deklaration gestattete Zerstörung neutraler Prisen. Man sagt: Hier handle es sich um nichts Geringeres als um die Änderung einer nunmehr seit 200 Jahren bestehenden, entgegengesetzten Praxis, die ausnahmslos die Freigabe neutraler Prisen fordere (Morley). Das englische Recht gestatte überhaupt nur die Zerstörung feindlicher Schiffe. Selbst wenn man sich zugunsten des Haager Abkommens entscheide, so müsse doch behauptet werden, die ausnahmsweise gestattete Zerstörung neutraler Prisen komme mehr oder weniger allen anderen Staaten, nur nicht England, zu statten; denn England besitze in allen Teilen der Erde Kolonien, sei infolgedessen stets in der Lage, neutrale Prisen zur Entscheidung über die Rechtmäßigkeit der Wegnahme in einen seiner Häfen zu verbringen. Nicht so die andern Staaten. Bei ihnen liege die Sache daher vielfach so, daß „die Befolgung des Art. 48 das Kriegsschiff einer Gefahr aussetzen oder den Erfolg der Operationen, worin es derzeit begriffen ist, beeinträch-

---

[1]) Vgl. foreign Office replie, im Auszug mitgeteilt in den Times vom 3. Dezember 1911, ferner Lord Wardale im Oberhaus. Vgl. auch die Ausführungen Civis' und Ch. Wrights (Times 4. März), die sich beide durchaus günstig zu dem geplanten internationalen Prisenhof stellen.

tigen könne." Sie seien daher in der günstigen Lage, von dem Recht der Zerstörung einen viel ausgiebigeren Gebrauch zu machen als England, das im Kriegsfall als neutrale Macht dadurch geschädigt sei.[1])

Demgegenüber betonen die Anhänger der Deklaration: Die Möglichkeit der Zerstörung sei zwar eine harte[2]) Maßregel; da sie aber durch die Gesetzgebungen Japans, Rußlands, Frankreichs, Deutschlands, wie auch durch das Institut für internationales Recht anerkannt sei, sei es, nachdem man doch mit dieser Eventualität zu rechnen habe, ungleich vorteilhafter, bestimmt abgefaßte, internationale Regeln zu besitzen, als der willkürlichen und unter sich abweichenden Rechtsprechung der genannten Staaten zu unterliegen. Auch seien der durch Art. 49 gestatteten Zerstörung die denkbar engsten Schranken gezogen, und außerdem erlange man durch die Annahme des Entwurfes im Fall einer ungerechtfertigten Zerstörung Anspruch auf Schadensersatz, dessen Zubilligung eventuell durch die Rechtsprechung des internationalen Prisenhofs gesichert sei.[3])

Diese Meinung ist m. E. durchaus zutreffend.[4])

Sollte sich wirklich mit Rücksicht auf den verschieden großen Kolonialbesitz einzelner Länder eine Benachteiligung der kolonisatorisch vorangeschrittenen Staaten ergeben, so würde dieses Resultat nicht das Mindeste gegen die Brauchbarkeit der in London vereinbarten Regeln beweisen. Wir hätten es vielmehr mit einer Erscheinung zu tun, die sich von selbst aus den tatsächlich bestehenden Verhältnissen ergibt. Abgesehen davon sind die Vorteile, die für Staaten mit ausgedehntem Kolonialbesitz im Falle eines ausbrechenden Krieges erwachsen, von so unschätzbarem Werte, daß die Frage einer eventuellen Benachteiligung dieser Staaten als Neutrale durch das 4. Kapitel der Londoner Deklaration überhaupt nicht den Gegenstand einer ernsthaften Diskussion bilden kann.

---

[1]) Vgl. auch den Aufsatz in der Quarterly Review 1911, 2. Heft: The conclusion seems inevitable that Art. 49 does recognice a right to sink which may be used practically at the will of the captor, nämlich on the ground that he cannot conveniently spare a crew to navigate the prize to one of his own ports.

[2]) Admiral Bridge gibt auch das nicht zu: a glance at the stringent terms of the Declaration removes that idea. . . . . Granting the existence of one or other of these circumstances (nämlich der beiden Zerstörungsvoraussetzungen des Art. 49) no naval commander could be expected to take any other course than to destroy the neutral ship.

[3]) Lordkanzler im Oberhaus.

[4]) Bentwich a. a. O. S. 338: Here the Conference has effectively established law in the place of licence; ferner S. 339 sein Gesamturteil über die Londoner Deklaration: she (England) has most to lose by the previous uncertainty; she has gained most by the settlement.

Fitger vertritt in seiner Schrift: „Das Seekriegsrecht nach den Beschlüssen der internationalen Konferenzen von Haag 1907 und von London 1908/09" die Ansicht: der Ausdruck „Operation" werde in der Praxis zu extensiv interpretiert werden. — Diese Befürchtung teile ich nicht. M. E. läßt dieser Ausdruck keinen Zweifel darüber bestehen, daß darunter nur eine militärische Operation verstanden werden kann. — Auch das Wort „ausnahmsweise" in Art. 49 erregt Fitgers Bedenken als „ein sehr undeutlicher Ausdruck"; wie ich glaube, ebenfalls zu Unrecht. Dadurch soll lediglich festgestellt werden, daß Art. 49 die Ausnahme des durch Art. 48 sanktionierten allgemeinen Prinzips darstellt. Eine Verschiedenheit in der Handhabung des Art. 49 ist aber hievon durchaus nicht zu besorgen; denn die Ausnahmefälle selbst sind durch Art. 49 nach Zahl und Art genau umgrenzt.

Nachdem einmal die Möglichkeit der Zerstörung neutraler Prisen durch die Gesetzgebungen verschiedener Staaten vorgesehen ist, bin ich der Meinung, daß man die durch die Londoner Konferenz getroffene Lösung als äußerst gelungenes Kompromißwerk bezeichnen darf, besonders wenn man bedenkt, daß die hier geschaffene Möglichkeit der Zerstörung mit den denkbar strengsten Kautelen umgeben ist.

III. Der dritte Angriff der Gegner richtet sich gegen das Abkommen der II. Haager Friedenskonferenz betreffend die Umwandlung von Kauffahrteischiffen in Kriegsschiffe.

Man befürchtet von derselben ein Wiederaufleben der bereits im Jahre 1856 abgeschafften Kaperei unter verschleierter Form.[1]) Diese Befürchtung wurde bereits an anderer Stelle als unzutreffend charakterisiert.[2])

Die Gegner[3]) sind außerdem der Ansicht, die Möglichkeit der Umwandlung führe im Seekrieg zu einer unvermuteten und ungerechtfertigten Vergrößerung der feindlichen Flotte. Die feindlichen Kauffahrteischiffe würden in Zukunft danach streben, die Gastfreundschaft der Neutralen möglichst lange auszubeuten, dann aber einen geeigneten Platz ausspähen um die Umwandlung zu bewerkstelligen. Als Kriegsschiffe würden sie dann nicht nur den Feind zu schädigen suchen, sondern auch die Neu-

---

[1]) Viscount Morley im Oberhaus.

[2]) Vgl. § 9 der Abhandlung.

[3]) Vgl. auch die Erwiderung des Admirals a. D. C. C. Penrose-Fitz-Gerald in der Fortnightly Review, Mai 1911, auf den Artikel Excubitors: It would seem to be an elementary act of self-preservation that Great-Britain should refuse, to ratify the Declaration of London, unless there is a clause added to it forbidding the conversion of merchant ships into war-ships on the high sees without going into one of their own ports and being only commissioned as men-of-war.

tralen durch Ausübung des Anhalte- und Durchsuchungsrechts belästigen. Am bedenklichsten sei es aber, das die Deklaration zur Frage der Umwandlung von Kauffahrteischiffen auf hoher See sowie zu der der Rückumwandlung während des Krieges keine Stellung nehme; beides sei infolgedessen gestattet; auch der internationale Prisenhof werde sich dieser Ansicht anschließen, und man müsse daher mit der Möglichkeit rechnen, daß sich die Handelsschiffe des Feindes auf hoher See bald als Kriegsschiffe, bald als feindliche Kauffahrteischiffe gerierten, wie es eben die jeweilige Situation als wünschenswert erscheinen lasse.[1])

Da die Londoner Deklaration die Frage der Umwandlung von Kauffahrteischiffen auf hoher See nicht geregelt hat, so hat es bei dem bisherigen Rechtszustand sein Bewenden. Danach nehmen insbesondere Deutschland, Frankreich, Rußland und Japan das unbeschränkte Recht der Umwandlung von Kauffahrteischiffen in Anspruch,[2]) während Italien auf der II. Haager Friedenskonferenz einen vermittelnden Standpunkt einnahm.

Es ist nun nicht zu leugnen, daß das Recht der Umwandlung auf hoher See geeignet ist schwere Bedenken zu erregen, und auch die Anhänger der Deklaration in England haben dies unumwunden zugegeben. Sie haben aber ebenso richtig darauf hingewiesen, daß man unmöglich die Haager Konferenz hiefür verantwortlich machen kann. Die Haager Konferenz habe diesen Rechtszustand nicht neu geschaffen,[3]) sondern ihn

---

[1]) Vgl. hiezu die Ausführungen des österr. Bevollmächtigten Henri Lammasch auf der II. Haager Friedenskonferenz Prot. III S. 820/21: Il nous paraît nécessaire d'établir le caractère des navires aussi stable, aussi permanent que possible, et de ne pas créer une sorte d'hermaphrodites navals, c'est-à-dire des navires qui, selon les circonstances, pourraient assumer à un moment donné le sexe masculin en participant directement ou indirectement au combat, ou à un autre moment le sexe feminin, en se contentant de nourrir leur peuple. Ähnlich Lord Reay (Prot. III S. 931), der mit Rücksicht auf die Möglichkeit beliebiger Umwandlung von einer „création de vaisseaux hybrides" spricht, qui suivant leurs intérêts, prendraient telle ou telle forme, qui pourraient sous la forme commerciale, entrer dans les ports neutres et s'y ravitailler, puis se transformer et faire acte de belligérant. — Die ganze Frage blieb schließlich ungelöst, da man, hauptsächlich durch Japans hartnäckiges Verhalten bewogen, zu der Ansicht kam, die Frage nach der Dauer der Umwandlung stehe in engem Zusammenhang mit der nach dem Ort der Umwandlung.

[2]) Aber auch England, dem natürlich die Umwandlung ebenfalls zustatten kommt. Admiral Bridge betont in dieser Beziehung sehr richtig: „In any case this omission (sc. of any prohibition concerning the conversion of merchantmen into ships of war) makes for the advantage of a country, which, like us, has an enormous mercantile marine, many of whose vessels could be used with advantage in warlike operations."

[3]) So insbes. der Lordkanzler.

bereits vorgefunden und mit ihm notgedrungen als einer gegebenen Tatsache rechnen müssen, da es trotz der ernsten, auf die Beseitigung der bisherigen Rechtslage abzielenden Bemühungen der englischen Delegation nicht gelungen sei, eine Einigung über diesen Punkt zu erreichen. Das Haager Abkommen bedeute also keinesfalls eine Verschlechterung der bisherigen Praxis, sondern eine wesentliche Verbesserung derselben, da es, wenn auch in einem Hauptpunkt unvollständig,[1]) die Umwandlung nur unter ganz bestimmten Bedingungen gestatte und dadurch wesentlich dazu beitrage, die bisher auf diesem Gebiete herrschende Willkür der Kriegführenden in wirksamer Weise einzudämmen. England handle daher weise, das Abkommen in seiner gegenwärtigen Gestalt zu ratifizieren.

Ich habe diesen m. E. durchaus zutreffenden Ausführungen nichts beizufügen.

IV. Wir kommen nunmehr zum Hauptgegenstand des ganzen Meinungskampfes: der Regelung der Konterbandefrage durch die Londoner Deklaration. Die Gegner befürchten von dieser Regelung insbesondere, daß auch Nahrungsmittel, die für die friedliche Bevölkerung bestimmt sind und auf deren Zufuhr speziell England in hervorragendem Maße [2]) angewiesen ist, in Kriegszeiten der Beschlagnahme durch feindliche Schiffe ausgesetzt sind. Sie behaupten: Art. 34 der Deklaration berechtige den Kommandanten des Kreuzers, die durch Art. 33 geforderte, spezielle feindliche Bestimmung stets dann anzunehmen und infolgedessen zur Beschlagnahme zu schreiten, wenn die Ladung an einen Unterhändler im Lande des Feindes gerichtet sei, der notorisch an die feindliche Regierung liefere. Diese Vermutung trete auch dann in Wirksamkeit, wenn die Ladung für die friedliche Bevölkerung des Landes bestimmt sei. Das gleiche Ergebnis sei zu befürchten, wenn die Ladung des Schiffes nach einem der Streitmacht Englands als Basis dienenden englischen Hafen bestimmt sei; denn auch für diesen Fall treffe die Vermutung des Art. 34 zu. Da außerdem der von Renault verfaßte und von der Konferenz akzeptierte Generalbericht, der für die Rechtsprechung des internationalen Prisen-

---

[1]) Bentwich a. a. O. S. 332 meint: Schlimme Erfahrungen, die die Kontinentalstaaten in einem künftigen Krieg als Neutrale von der augenblicklichen Rechtslage zu gewärtigen hätten, würden sie vielleicht geneigter machen, Englands Vorschläge bezüglich der Regelung der Umwandlungsfrage zu akzeptieren.

[2]) Nach einer Äußerung des Colonels Hughes gelegentlich einer Sitzung der vereinigten Handelskammern Englands bezieht England $^{5}/_{6}$ seines Nahrungsmittelbedarfes durch Zufuhr von auswärts (Times, 15. März 1911). Vgl. hiezu auch Wehberg a. a. O. S. 116 ff. und Francis W. Hirst, a letter etc. — Ferner Niemeyer, Seekriegsrecht. — Geffcken in Holtzendorffs Handbuch des Völkerrechts S. 599 zitiert eine Äußerung Boyd Kinnears aus dem J. 86: If our commerce by sea is stopped now, we perish by starvation.

hofes bindend sei,[1]) den Ausdruck „Basis“ nicht nur im Sinne einer Operations-, sondern auch im Sinne einer Zufuhrbasis auslege, so sei zu Kriegszeiten so ziemlich jeder englische Hafen als „Basis“ für die englische Streitmacht zu erachten. Aber selbst wenn diese Annahme nicht zutreffe, so werde doch der Kommandant des feindlichen Kreuzers mangels genauerer Kenntnisse der englischen Verhältnisse geneigt sein, jeden englischen Hafen als Basis anzusehen, um auf diese Weise seiner Sache ganz sicher zu gehen und jedes nach England Getreide oder sonstige Nahrungsmittel befördernde, neutrale Schiff beschlagnahmen zu können.[2]) Da endlich der Transport von Lebensmitteln den zur Verfügung stehenden Raum des Schiffes regelmäßig vollständig in Anspruch nehme, so sei gemäß Art. 40 der Deklaration nicht nur die Ladung, sondern auch das Schiff der Konfiskation verfallen. Die Bestimmung des Art. 34 in Verbindung mit Art. 35 erweise sich daher als grossly unfair für England as an Island Power. „They imperilled our food supplies and other articles of conditional contraband, while they secured them for possible Continental enemies, when carried in neutral ships.“ (So der Demokrat Viscount Morley[3]) im Oberhaus, Times 9. III. 1911). Nicht eines Gegners überlegene Streitmacht habe England im Fall eines Krieges zu fürchten, sondern famines prices und starvation würden sein Schicksal besiegeln.

---

[1]) Ich bin mit Holland (Times, 20. Febr. 1911) der Meinung, daß der Generalbericht kein bindendes Vertragsrecht darstellt. Als Kundgebung einer angesehenen Körperschaft wird er jedoch praktisch die Entscheidungen des Prisenhofes wesentlich beeinflussen. Vgl. aber auch Deutsches Weißbuch S. 9.

[2]) Vgl. hiezu auch die Ausführungen H. F. Wyatts gelegentlich einer Versammlung der Imperial Maritime League, die um der Kürze und Prägnanz willen bemerkenswert sind, mit der sie den im Text wiedergegebenen Gedankengang zum Ausdruck bringen. Wyatt sagt u. a.: The extreme ambiguity of its wording left it absolutely to the discretion of the hostile capitains of hostile cruisers to seize all neutral ships carrying conditional contraband to the British Isles, and since the Navy even assuming, that it would be able to protect all shipping in home waters, was beyond all doubt absolutely inadequate to defend such shipping in the distant seas, it followed that famines prices must be expected in this country upon the outbreak of war with a Great Maritime Power. — Niemeyer (Seekriegsrecht, S. 38 und im Tag 1910) übersieht die Tragweite des Art. 34. So einfach und günstig, wie er die Sache für England darstellt, verhält sie sich doch nicht. Man würde sonst nicht begreifen, weshalb die Engländer ganze Spalten ihrer Zeitungen mit Erörterungen über die Frage: Declaration and food supplie, conditional contraband and food supplie, etc. anfüllen. — Deutschland ist durch die Fassung des Art. 34 weniger betroffen, da es als Kontinentalstaat seine Zufuhr auch auf dem Landweg beziehen kann.

[3]) In der gleichen Rede sagt Morley: These island were small and there were no port suitable for the reception of grainships which could not serve as a base for armed forces or which as a matter of fact did not do so.

Die Anhänger der Deklaration suchen diese Befürchtungen durch verschiedene Erwägungen zu entkräften.

1. Sie betonen an erster Stelle, that use by the enemy population is not included in the destination of which the presumption is laid down. (So Westlake, Times, 9. II. 1911). Ferner sei es durchaus unzutreffend zu behaupten, daß jeder englische Hafen in Kriegszeiten als „Basis" angesprochen werden könne. Westlake meint, the only reasonable conclusion sei, that m a g a z i n e s or at least some s y s t e m a t i c t i e which the military or naval administration is needed to make a commercial port a base. (Vgl. hiezu auch die ähnlichen Ausführungen des Kapitäns Starke auf der Londoner Konferenz, Prot. S. 150, 151.)

Ich teile diese Ansicht Westlakes. Indes, wer bürgt dafür — und darauf kommt m. E. doch alles an — daß sich auch der Kapitän des feindlichen Kreuzers zu dieser „only reasonable conclusion" bekennt? Ich glaube, im Falle eines Seekriegs mit England wird er es, vor allem um sicher zu gehen und mangels anderweitiger Information, noch um vieles „vernünftiger" finden, 90% aller englischen Häfen als Zufuhrbasen anzusprechen, und sich infolgedessen gemäß Art. 34 zur Wegnahme von Getreide- und sonstigen Lebensmitteltransporten entschließen. Berücksichtigt man außerdem, daß unter den Engländern[1]) selbst keine Einigkeit darüber herrscht, welche englischen Häfen im einzelnen als Zufuhrplätze in Betracht kommen, so wird man es dem feindlichen Kapitän wohl nicht allzuschwer ankreiden dürfen, wenn er seinem Patriotismus bei seiner approximativen Schätzung etwas die Zügel schießen läßt. Wer übrigens die Sache noch pessimistischer betrachtet, wird vielleicht der Ansicht huldigen, daß sich der feindliche Kreuzerkommandant überhaupt nicht in spitzfindigen Spekulationen ergeht, sondern den Charakter englischer Häfen als Zufuhrbasen für die Streitmacht als eine selbstverständliche Tatsache erachtet. Auch diese Ansicht läßt sich verteidigen.[2])

---

[1]) Vgl. hiezu die Auseinandersetzungen im Oberhaus zwischen Lord Halsbury, Selborne und dem Lordkanzler darüber, ob Glasgow, Southampton, Portsmouth, die Thames und insbesondere Bristol eine Basis im Sinne des Art. 34 ist oder nicht. — Nach Graf Selbornes Ansicht ist ferner alles nach Südafrika bestimmte Getreide der Beschlagnahme ausgesetzt, da Südafrika überhaupt nur über zwei Häfen verfüge, die infolgedessen als Basen zu erachten seien.

[2]) Interessent ist übrigens, daß W e s t l a k e seine ursprünglich vertretene Ansicht in einer Zuschrift an die Times (20. März 1911) modifiziert und die Ratifizierung der Deklaration nur mit einem Vorbehalt zu Art. 34 empfiehlt. (NB.! Der von englischen Publizisten vielfach erteilte Rat, Reserven zu einzelnen Artikeln der Deklaration zu machen, verstößt gegen Art. 66. Vgl. hiezu auch den Generalbericht, der zu dieser Frage eigens Stellung nimmt. So auch H o l d v. F e r n e c k a. a. O. S. 334/35).

2. Die Anhänger der Londoner Deklaration meinen nun: Zugegeben, Art. 34 habe diese verhängnisvolle Wirkung für England, so handelt es sich doch um eine widerlegbare Vermutung. Erbringt also der Kapitän des angehaltenen Schiffes den Beweis, daß der Bestimmungsort der Ladung überhaupt keine Zufuhrbasis ist, oder daß die Sendung trotz Zutreffens der Verdachtsmomente für die friedliche Bevölkerung bestimmt ist, so entgeht er dadurch der Beschlagnahme.

Auch diese Erwägungen sind leider nicht stichhaltig; denn wie sollte der Neutrale wohl imstande sein diesen Beweis zu liefern? Selbst im Prisenprozeß dürfte ein solcher Beweis mit erheblichen Schwierigkeiten verbunden sein, im Moment der Beschlagnahme vollends erscheint er praktisch so gut wie unmöglich. Der Besitzer der Ware weiß wohl, was ein befestigter Platz ist, aber er weiß nicht ohne weiteres, ob ein Platz, der kein eigentlicher militärischer oder maritimer Stützpunkt ist, nicht doch als Basis für die bewaffnete Macht des Feindes dient. Er kann sein Schiff in bestem Glauben nach einem bestimmten Hafen schicken und hinterher die Entdeckung machen, daß er es nach einer feindlichen Zufuhrbasis geschickt hat. — Nicht minder schwer gestaltet sich für den Kapitän der Nachweis der unschuldigen Bestimmung der Ware, besonders im Hinblick darauf, daß Lebensmittelladungen vielfach den Eigentümer auf hoher See wechseln. (Vgl. hiezu die Ausführungen der Londoner Handelskammer, im Auszug mitgeteilt in der Times vom 15. II. 1911). Unter diesen Umständen erscheint der dem geschädigten Privaten „gestattete" Gegenbeweis als nahezu wertlos.[1])

3. Die Verteidiger der Londoner Deklaration behaupten weiter: Die durch Art. 64 festgesetzte Schadensersatzpflicht werde den feindlichen Kreuzerkommandanten davon abhalten, von der Vermutung des Art. 34 einen unberechtigten Gebrauch zu machen. Auch die Befürchtung, sich eine Bestrafung durch den eigenen Staat zuzuziehen, werde den feindlichen Kapitän in diesem Sinne beeinflussen.

Demgegenüber hat Graf Selborne anläßlich der Verhandlungen im Oberhaus mit Recht darauf hingewiesen, daß die Entscheidung des Prisengerichts, die der geschädigten Partei Schadensersatz zubilligt, erst spät nach Beendigung des Krieges erfolgt. England sei jedenfalls mit dieser nachträglichen Schadensersatzpflicht nichts gedient; es sei durch die Beschlagnahme

[1]) Vgl. Quarterly Review 1911, 2. Heft: Proof of innocent destination might be forthcoming at some subsequent stage before a prize court, but that would not prevent the stoppage of the food-supplies at the moment or save Great-Britain from being starved into surrender.

von Nahrungsmitteln tatsächlich geschädigt.[1]) Der Nehmestaat aber habe damit sein Ziel erreicht und werde sich infolgedessen durch die ihm eventuell erwachsende Schadensersatzpflicht gewiß nicht von einer ungerechtfertigten Beschlagnahme abhalten lassen, deren taktischer Wert den Betrag der zu erstattenden Vergütung reichlich wettmache. Auch der Kreuzerkommandant, der durch sein Vorgehen seinen Staat finanziell geschädigt hat, werde in solchen Fällen, wenn er überhaupt eine Ahndung zu gewärtigen habe, mit einer gelinden Strafe davonkommen. Auch ihn werde daher die Furcht vor Bestrafung nicht davon abschrecken, eine ungerechtfertigte Beschlagnahme zu riskieren, wenn er hoffen dürfe, seinem Vaterland dadurch einen wichtigen militärischen Dienst zu leisten.

4. Das letzte und zweifellos am meisten beachtenswerte Argument der Befürworter der Londoner Deklaration gründet sich auf folgende Erwägungen:

Die Freiliste des Art. 28 der Deklaration umfasse beinahe $^1/_3$ des gesamten englischen Außenhandels; sie bedeute sonach eine wertvolle Sicherung der englischen Handelsinteressen in Kriegszeiten. Ferner habe durch die Londoner Deklaration die Praxis gewisser Länder, Nahrungsmittel für absolute Konterbande zu erklären, ein Ende erreicht. Da Nahrungsmittel in künftigen Kriegen nur mehr als relative Konterbande in Frage kämen, sei es speziell für England von außerordentlicher Bedeutung, daß die Londoner Deklaration die Theorie der einheitlichen Reise für die relative Konterbande abgeschafft habe. Diese Rechtslage bedeute für England die definitive Sicherstellung seines Nahrungsmittelbedarfes. Infolgedessen komme es in Zukunft nur darauf an, Getreide und sonstige Lebensmittel auf neutralen Schiffen nach neutralen, England möglichst nahegelegenen Häfen zu befördern; von hier aus werde es dann ein Leichtes sein, die einzelnen Ladungen auf eigenen Schiffen und unter dem Schutz der englischen Kriegsflotte ungefährdet ihren definitiven Bestimmungsplätzen zuzuführen. Die ganze Nahrungsmittelfrage sei also letzten Endes eine Frage der englischen Suprematie zur See, und es gelte daher auch in Zukunft eine überlegene Kriegsflotte bereitzuhalten, die imstande sei, die Getreidezufuhr nach England in wirksamer Weise sicherzustellen.[2])

---

[1]) Vgl. auch den Aufsatz in dem 2. Heft der Quarterly Review 1911: If it does (nämlich wenn der feindliche Kapitän zur Beschlagnahme schreitet), the harm will be done, and no Court will be able to undo it.

[2]) Vgl. hiezu die Rede Lord Reays im Oberhaus, aber auch Cohen in der Law Quarterly Review, der eben deshalb der zweideutigen Fassung des Art. 34 keine Bedeutung beimißt. In my opinion Arts. 33 and 34 of the Declaration of London are of

Man wird zugeben müssen ,daß diese Beweisführung Beachtung verdient; sie leidet jedoch an verschiedenen Mängeln:

1. Sie macht eine enorme Vergrößerung der englischen Kriegsflotte und damit eine entsprechende Erhöhung des englischen Marinebudgets notwendig.

2. Gleichwohl ist es nicht ausgeschlossen, daß die Sicherung der Lebensmittelzufuhr auf eigenen Schiffen mißlingt,[1]) besonders zu Zeiten, in denen ein großer Teil der englischen Kriegsflotte mit der Erfüllung militärischer Aufgaben in Anspruch genommen ist, also nur ein verhältnismäßig kleiner Teil zum Schutz der Lebensmittelzufuhr herangezogen werden kann.

3. Die Zwischenverladung der nach England bestimmten Nahrungsmittelsendungen in neutralen Häfen ist mit vielen Umständlichkeiten und großen Kosten verbunden. Auch erscheint es fraglich, ob die in Betracht kommenden neutralen Mächte andauernd bereit wären, ihre Häfen zu diesem Scheinmanöver zur Verfügung zu stellen. Sie hätten m. E. sicher mit der Gefahr zu rechnen, von der auf diese Weise benachteiligten Kriegspartei als Feind angesehen und mit in den Krieg hineinverwickelt zu werden.

4. Schiffe mit Lebensmittelvorräten, die ihre Ladung nicht in einem England nahegelegenen, neutralen Hafen absetzen,

---

comparatively very little importance as regards the question of our food supply in case of a war, to which Great Britain is a party. The doctrine of continuous voyage does not apply to food stuffs inasmuch as they are conditional contraband; they therefore could be carried from food-supplying countries such as Russia, the United States or the Argentine to some neutral ports near England either by English or neutral vessels and thence safely brought to this country by English vessels as long, but of course only so long, as we kept the command of the neighbouring seas. That we shall be able to keep the command of these seas is a fact, which we are entitled allways to assume, for it is the unanimous opinion of the highest authorities, that, if we failed in so doing for a considerable time, this would necessarily involve the irretrievable ruin of this country (S. 26); und später: Art. 33 and 34, though framed in language it must be admitted loose and vague, are intended to carry out the same principle (nämlich, daß relative Konterbande der Beschlagnahme nur unterliegt, wenn sie eine spezielle feindliche Bestimmung hat). But as I said before as long as we keep the command of the seas surrounding this country, there is not the slighest danger that those articles will have the effect of stopping our food-supply for any appreciable time (S. 27). — Ähnlich Admiral Bridge: assuming that England is engaged in war the same measures, which she must take to prevent her own merchantmen from capture would defend neutral ships, bearing food-stuffs to England, so that given the predominance of the English Navy as a fundamental principle, this clause hardly affects us at all (Daily News, 25. Jan. 1911).

[1]) Vgl. auch Francis W. Hirst, ferner Geffcken bei Holtzendorff S. 599 ff.

sondern direkt nach England transportieren würden, würden nach wie vor riskieren, der Beschlagnahme in fernen Meeresteilen zu unterliegen. Ein Teil der englischen Kriegsflotte müßte also jedenfalls auch zum Schutze solcher Schiffe verwendet werden.

5. Selbst wenn aber die Lebensmittelzufuhr auf dem Wege gelänge, den die Befürworter der Deklaration für gangbar erklären, so wäre damit noch lange nicht der Beweis erbracht, daß die gegenwärtige Fassung des Art. 34 einwandfrei ist. Art. 34 träte in diesem Falle ja überhaupt nicht in Wirksamkeit; man hätte ihn vielmehr auf geschickte Weise ausgeschaltet. Dadurch wird aber gerade der Beweis dafür erbracht, daß man von Art. 34, falls man nicht zu diesem Ausweg griffe, eine ungünstige Wirkung zu gewärtigen hätte.

Ich fasse zusammen:

Die Art. 34 und 33 stehen zueinander im Verhältnis von Ausführungsvorschrift und Rechtsnorm. Das Prinzip des Art. 33 ist unanfechtbar. Dagegen hat die Ausführungsbestimmung des Art. 34 die Folge, daß dieses Prinzip in der Praxis nur mangelhaft zur Verwirklichung gelangt,[1]) da auch die für die Zivilbevölkerung bestimmte Lebensmittelzufuhr bedroht erscheint.[2])

Es gilt daher den Mangel des Art. 34 zu beseitigen, jedoch nicht dadurch, daß man ihn durch Scheinmanöver und unlautere Manipulationen zu umgehen sucht, die auf die Dauer doch keinen Erfolg versprechen, sondern dadurch, daß man ihm eine gediegenere sprachliche Fassung zuteil werden läßt. Je größer die Personenverbände sind, deren gegenseitige Beziehungen es auf dem Wege der Gesetzgebung zu ordnen gilt, je bedeutender infolgedessen die Interessen sind, die auf dem Spiele stehen, desto höhere Anforderungen müssen an die Präzision der zur Regelung derselben berufenen Rechtsnormen gestellt werden. Zweideutigkeiten in der Fassung des Gesetzestextes sind deshalb auf dem Gebiet des internationalen Rechts vor allem zu vermeiden. Da nun über das Prinzip (Art. 33) Einhelligkeit herrscht, müßte es — so sollte man wenigstens meinen — nicht allzuschwer sein, diesem Prinzip auch eine einwandfreie Ausführungsvorschrift an die Seite zu stellen. Es wäre in der Tat im höchsten Maße zu bedauern, wenn die Ratifizierung der Deklaration, die ja bekanntlich nur als Ganzes angenommen werden kann, an der

---

[1]) Quarterly Review 1911: If this statement of the general principle (gemeint ist Art. 33) stood alone, there would be no difficulty, but it does not. Art. 34 proceed to declare. . . . . .

[2]) Der Ausdruck „befestigter Platz des Feindes“ (of the enemy), der ebenfalls den Argwohn der Gegner erregt, gibt m. E. zu Bedenken keinen Anlaß. Richtig auch Bentwich a. a. O. S. 334, der ebenfalls der Meinung ist, daß „enemy“ allein nicht im Sinne von „feindlicher friedlicher Bevölkerung gedeutet werden kann.

unglücklichen Redigierung dieser einzigen Bestimmung scheiterte. Damit wäre nicht nur die so dringend notwendige Reform auf dem Gebiete des Seekriegsrechts vereitelt, sondern auch die Errichtung des projektierten internationalen Prisenhofes abermals in Frage gestellt.

So wie die Verhältnisse in England augenblicklich gelagert sind, läßt sich nicht mit Bestimmtheit voraussehen, ob die Ratifizierung der Deklaration und des Prisenhofabkommens zustandekommen wird oder nicht. Viel, wenn nicht alles, wird von der Stellungnahme abhängen, die das Parlament[1]) gelegentlich der bevorstehenden Beratung der Naval Prize Bill dem neugeschaffenen Prisenrecht gegenüber[2]) einnehmen wird.[3]) Daß die englische Regierung ihre beste Kraft einsetzen wird, um die Annahme desselben zu erreichen, darf als sicher erachtet werden; ist doch gerade sie als Vertreterin der größten Seemacht der Welt wie als Miturheberin des Prisenhofabkommens und Einberuferin der Londoner Konferenz mehr wie jede andere Regierung am Zustandekommen des ganzen Gesetzgebungswerkes interessiert. Würde sie jetzt, im entscheidenden Moment der Ratifizierung, ihre Mithilfe verweigern, so hätte sie zweifel-

[1]) Vgl. Cohen a. a. O. (Schluß): The real question to be settled by Parliament is, whether these defects and this incompleteness are not greatly conterbalanced by the advantage of having two excellent codes of the law of contraband and of blockade together with valuable provisions relating to the right of search and the right to compensation and by the establishement of an Intern. Prize Court instead of the Prize Court of a belligerent power for determining the rights and obligations of neutral governments and neutral subjects; or whether it should be reserved for negotiations between the Naval Powers or for another Haag Conference to remove the defects of the Declaration and to solve the questions it has left unanswered.

[2]) Über die Zuständigkeit des Parlaments hiezu vgl. Bentwich a. a. O. S. 327.

[3]) Nachträgliche Anmerkung. Inzwischen hat das Oberhaus in seiner Sitzung vom 12. Dezember 1911 die zweite Lesung der Naval Prize Bill, deren dreimalige Lesung im Unterhaus bereits stattgefunden hatte, mit einer Mehrheit von 145 gegenüber 53 Stimmen abgelehnt. Damit ist das Schicksal der N. P. B., die, soweit England in Betracht kommt, die innerstaatliche, gesetzliche Grundlage für das neugeschaffene, internationale Prisenrecht bilden sollte (vgl. hiezu die Ausführungen Greys im Unterhaus vom 7. Dezember 1911), besiegelt und damit auch die Ratifizierung der Londoner Deklaration sowie der einschlägigen Haager Abkommen als gescheitert zu erachten. The defeat of the Bill does not necessarily prevent the Government from ratifying the Declaration, but it ensures that such ratification will remain a purely platonic proceeding, unless and until the Lords either reconsider their verdict or are overruled under the provisions of the Parliament Act. (Dies die Auffassung in dem Artikel: „The Rejection of the N. P. B.“, Times vom 13. Dezember 1911). — Vgl. im übrigen auch die Times vom 4. Juli, 4. November, 8., 12. und 13. Dezember 1911.

los eine Einbuße ihres politischen Ansehens bei den übrigen Regierungen zu gewärtigen.

Aber selbst angenommen, die Ratifizierung des internationalen Prisenrechts scheiterte trotz der Bemühungen der englischen Regierung -- und es wird vielleicht gut sein, auch diese Eventualität in den Kreis unserer Erwägungen zu ziehen — so bedeutete dieser Mißerfolg doch nur eine Aufschiebung, nicht aber einen definitiven Verzicht auf die in Aussicht genommene Seekriegsrechtsreform; denn man kann unmöglich der Ansicht sein, daß die langjährigen und gerade auf diesem Gebiete besonders intensiven Bestrebungen der Mächte resultatlos im Sande verlaufen. Das Werk, das zwei Konferenzen unter den verheißungsvollsten Auspizien in Angriff genommen und nahezu zum Abschluß gebracht haben, wird die geplante dritte Haager[1]) Konferenz der sicheren Vollendung entgegenführen.

[1]) Vgl. hiezu Cohen, zit. auf S. 157 und Nippold, Das Seekriegsrecht in der Zeitschr f. intern. Recht 1911, S. 10: Nachdem in London die meisten Lücken, die das Jahr 1907 offen gelassen hatte, ergänzt worden sind, dürfte nunmehr der Zeitpunkt nahe sein, wo man die Bruchstücke zu einem Ganzen zusammenzufügen sich anschicken wird.

FSC
www.fsc.org
MIX
Papier | Fördert gute Waldnutzung
FSC® C083411

Kolibri 360 GmbH
Ferdinand-Jühlke-Straße 7
99095 Erfurt, Deutschland
produktsicherheit@kolibri360.de